ESPAÑOL CON FINES ESPECÍFICOS

TEMAS DE TURISMO

**Manual para la preparación del Certificado Superior
de Español del Turismo de la Cámara de Comercio de Madrid**

Carmen Rosa de Juan
Marisa de Prada
Ana E. Gray
Pilar Marcé
Eloísa Nieto

Edi
numen

Queremos agradecer muy especialmente la colaboración prestada por Ruth Álvaro, Laura Acuña, Dánica Salazar, Carlos Madruga, Sandra Benzal, Mayte Campo, Rosie Lawhorn, Miquel Bonet y María Garzón, todos ellos profesionales de diferentes campos del turismo.

También nuestro agradecimiento a las siguientes publicaciones, empresas e instituciones: ABC, Actualidad Económica, Asociación Crucerista de España, Consumer Eroski (consumer.es), Emprendedores, Infocruceros, La Vanguardia, Recoletos Grupo de Comunicación S.A., Revista Pasos, Revista Práctica Deviajes, Spanish Infovia y Tourspain.

© Editorial Edinumen
© Carmen Rosa de Juan, Marisa de Prada, Ana E. Gray, Pilar Marcé y Eloísa Nieto

1.ª edición: 2006
2.ª impresión: 2008
3.ª impresión: 2013

Editorial Edinumen
José Celestino Mutis, 4
28028 - Madrid
Tlf.: 91 308 51 42
Fax: 91 319 93 09
e-mail: edinumen@edinumen.es
www.edinumen.es

ISBN: 978-84-95986-99-3
Depósito Legal: M-3824-2013

Diseño y maquetación: Antonio Arias y Carlos Casado
Fotografías: Archivo Edinumen, www.sxc.hu
Imprime: Gráficas Glodami. Coslada (Madrid)

ÍNDICE

Introducción

Este manual ha surgido de la necesidad de desarrollar materiales para cursos de español del turismo y/o de preparación para el Certificado Superior de Español del Turismo de la Cámara de Comercio de Madrid. El manual permite a los estudiantes capacitarse para realizar las siguientes actividades:

► Comprender y elaborar mensajes orales y escritos, con soltura y eficacia, y utilizando el registro requerido, dentro del ámbito específico de la hostelería y el turismo.

► Elaborar textos escritos del ámbito profesional con unidad interna y sin errores destacados.

► Comprender el contenido de un texto, sin ningún apoyo, y contestar preguntas e iniciar una conversación sobre el mismo.

► Pasar del registro formal al informal y hablar de cualquier tema que no requiera especialización.

Además, este manual desarrolla los contenidos teóricos y prácticos exigidos para superar con éxito el examen mencionado anteriormente. Los contenidos teóricos incluyen las estructuras sintácticas y léxicas correspondientes al nivel B2 del Marco de Referencia Europeo, así como los contenidos comunicativos, económicos y técnicos que cubren todos los ámbitos relativos al turismo: definición del turismo, los medios de transporte, las empresas de hostelería, las empresas de restauración, características y destinos de diferentes tipos de turismo (de ocio, cultural, de naturaleza, rural y de aventura), la organización de reuniones profesionales (ferias, convenciones, congresos), los seguros de viaje (legislación aplicable, documentación, responsabilidad), y el *marketing* turístico.

En cuanto a los contenidos prácticos, este manual desarrolla las cuatro destrezas a través de actividades similares a las que el candidato encontrará en el examen:

► **Expresión y comprensión oral:** diálogos cortos, dramatizaciones, vacíos de información, y actividades libres, tales como debates, estudios de casos y presentaciones orales, que sean significativas y motivadoras para el estudiante.

► **Expresión escrita:** mediante actividades de preparación, actividades de práctica guiada y actividades de práctica libre, los estudiantes practican y dominan las técnicas de la correspondencia comercial en español.

► **Comprensión lectora:** a partir de materiales auténticos y actuales se desarrollan actividades de lectura intensiva y extensiva, actividades de preparación, actividades durante la lectura y actividades posteriores a la lectura.

El Certificado Superior de Español del Turismo de la Cámara de Comercio e Industria de Madrid confirma que el candidato tiene un nivel B2 de competencia lingüística dentro del ámbito de la hostelería, la restauración y el turismo, tanto en la expresión/comprensión oral como en la expresión/comprensión escrita.

Este examen se ofrece a través de convocatorias en el Instituto de Formación Empresarial de la Cámara de Comercio cuatro veces al año, o a través de convocatorias ofrecidas por diferentes Centros Colaboradores de la Cámara en España y en el extranjero.

El examen, tal como se describe en el catálogo de la escuela de idiomas para los negocios de dicha Cámara, consta de pruebas escritas (70/90) y una prueba oral (20/90).

Las pruebas escritas miden:

- **la comprensión lectora (20 puntos):** utilizando textos informativos especializados del nivel de semi-divulgación y, siempre dentro del ámbito económico y comercial del español de España o de Hispanomérica, a través de preguntas de opción múltiple, de completar huecos o de falso/verdadero.

- **los conocimientos específicos del idioma (20 puntos):** preguntas de opción múltiple sobre problemas gramaticales y de léxico.

- **la producción de textos escritos (30 puntos):** redacción de una carta o escrito comercial o administrativo partiendo de un supuesto o un escrito profesional conciso a partir de un supuesto.

La prueba oral **(20 puntos)** parte de la lectura de un texto escrito, su posterior resumen y opinión personal, y entrevista y diálogo con el tribunal.

Al final del manual se incluye un modelo de examen para que los estudiantes puedan verificar sus conocimientos y familiarizarse con el formato. Sin embargo, es importante señalar que este manual no solo se limita a preparar al estudiante para hacer y superar con éxito este examen, sino que le da conocimientos suficientes sobre el turismo español que le permitirán trabajar en una empresa española o hispanoamericana de este sector y asimismo lo prepara para acceder a estudios universitarios relacionados con los campos de la hostelería, la restauración y el turismo. Por último, y como valor añadido, hay que mencionar el elemento intercultural que está muy presente en este manual y que incita al estudiante a reflexionar sobre su propia cultura y sobre la de los demás.

EL TURISMO

TEMA 1

INTRODUCCIÓN: EL ORIGEN DEL TURISMO

1. Pre-lectura.

a) ¿Cuáles crees que fueron los orígenes del turismo?

b) ¿De qué manera influyeron los *Grand Tours* en el desarrollo del turismo moderno?

c) ¿En qué época se realizaban los *Grand Tours*?

d) ¿Cuál era el objetivo de tales viajes?

e) ¿Quiénes realizaban tales viajes?

f) ¿Cuáles eran los destinos habituales?

2. Comprensión lectora.
Los *Grand Tours* tuvieron una gran importancia en su época e influyeron de forma indudable en el turismo actual.
a) Vocabulario. ¿Sabes qué significan los siguientes términos?

viajes esporádicos   rutas   esplendor   fronteras   cuerpo de diplomáticos
     fenómeno aislado   prestigio   paisajes   clase alta   logros

b) Lee este texto y realiza las actividades que aparecen a continuación.

El *Grand Tour* y los viajeros ilustrados en Europa

El término "turismo" proviene del francés y es tomado del término *Grand Tour*, el viaje que los nobles europeos hacían a París y a otras ciudades de Europa en los siglos XVII y XVIII. Con el tiempo, la palabra fue adaptada al inglés, y transformada en *tourism*. A mediados del siglo XIX, el turismo era una actividad reservada a la **clase alta**.

El *Grand Tour* no se trataba de un **fenómeno aislado**, de **viajes esporádicos**, sino que algunos de los más conocidos *tourists* de esta época fueron personajes de reconocido **prestigio** como John Milton, Samuel Johnson o Boswell. Este viaje tenía como objetivo primordial el de enseñar a estos jóvenes candidatos los conocimientos y los **logros** de los estados europeos modernos y el **esplendor** de las antiguas civilizaciones griega y romana. Uno de los fines principales era el de formar un **cuerpo de diplomáticos**, políticos, abogados y militares, bien capacitado. El turismo, en ese momento, constituía una ciencia más que una actividad de ocio, una materia más entre las que se debían formar los *lords* ingleses. No se trataba pues de cultivar la *vista* ante fantásticos edificios antiguos o ante pintorescos **paisajes** sino el *oído* ante el saber que se les mostraba en el extranjero. Generalmente además, los tutores (los *tutors*) solían ser irlandeses.

Si Francia, Países Bajos, Alemania e Italia, formaban parte de las **rutas** de los *Grand Tours* desde finales del siglo XVI, no ocurrió así con la península Ibérica que quedó alejada casi siempre de estas corrientes de nuevos viajeros. Las razones pueden ser variadas y muchas han sido las explicaciones que tratan de entreverlas, pero entre ellas es fácil comprender el conflicto europeo entre el Reino Unido y la Corona española o las malas condiciones de las infraestructuras del transporte en nuestro país. Solo a partir de la llegada de la dinastía de los reyes de la casa de Borbón (los Borbones) al trono español cambió ligeramente la situación y algunos viajeros ilustres asomaron por las **fronteras** españolas.

Entre finales del siglo XVI, época por la que se constata el principio del fenómeno conocido como *Grand Tour*, y la primera mitad del siglo XIX, cuando comienza lo que se considera **turismo moderno**, nos encontramos en un periodo en el que el turismo es un método más de enseñanza. Sin embargo, ya antes de 1850 se da una serie de factores que van conformando de forma lenta pero decisiva lo que es el nuevo tipo de turismo; en primer lugar, los turistas de finales del siglo XVIII, los que se han venido a llamar turistas *neoclásicos*, y sobre todo los de principios del siglo XIX, los llamados turistas *románticos*, van a cambiar la concepción de sus viajes y se van a preocupar cada vez más por la observación de los lugares que visitan. Este cambio va a ser fundamental tanto para el turismo moderno, como para el contemporáneo.

Adaptado de varias fuentes

c) **Indica si las afirmaciones siguientes son verdaderas o falsas.**

	V	F
1. No existe relación entre los términos "Grand Tour "y "turismo".		
2. El *Grand Tour* se trataba de un fenómeno aislado, de viajes esporádicos.		
3. El objetivo principal del *Grand Tour* era estudiar la cultura de la Grecia antigua.		
4. Era muy importante cultivar la vista con pintorescos paisajes.		
5. España estaba incluida en la ruta de los *Grands Tours*.		
6. En la época del *Grand Tour,* el turismo era básicamente enseñanza.		
7. En el XVII en España, el transporte estaba plenamente desarrollado.		
8. Con los Borbones, España empieza a ser también destino turístico.		
9. El turismo moderno comienza a finales del siglo XIX.		
10. Los turistas románticos prefieren oír a ver y observar.		

d) **Resume el texto sobre el *Grand Tour* y los orígenes del turismo utilizando los términos de la actividad a).**

FICHA 1.1. DEFINICIÓN DE TURISMO

1. **Para ti, ¿qué es el turismo?**

2. **Aquí tienes tres definiciones de turismo. Léelas y marca la que consideras que se adapta mejor a tus criterios.**

Los economistas alemanes son los primeros que empiezan a dar una definición al turismo. Los economistas de la escuela berlinesa, Roscher y Stradner, lo definen como un "turismo de lujo".

Definición según Morgenroth: tráfico de personas que se alejan temporalmente de su lugar fijo de resi- ➡

dencia para detenerse en otro sitio con objeto de satisfacer sus necesidades vitales y culturales o para llevar a cabo deseos de diversa índole únicamente como consumidores de bienes económicos y culturales.

Definición según Gluskman: es la suma de las relaciones existentes entre personas que se encuentran pasajeramente en un lugar de estancia relacionándose con los nativos.

Definición de turismo según la OMT: las actividades que realizan las personas durante sus viajes y estancias en lugares distintos al de su entorno natural por un periodo de tiempo consecutivo inferior a un año con fines de ocio, por negocios y otros motivos.

3. Pre-lectura.

a) **¿Consideras al turismo como fuente de paz y prosperidad? Si has respondido afirmativamente, argumenta el motivo.**

b) **¿Qué factores positivos y negativos añadirías a los que ya has expuesto?**

c) **¿Qué palabras (verbos, nombres o adjetivos) consideras idóneas para discutir sobre el tema?**

4. Lee el siguiente texto y realiza las actividades que aparecen a continuación.

El turismo como fuente de paz y prosperidad

El turismo se ha consolidado como la principal actividad económica de muchos países y el sector de más rápido crecimiento en términos de **ingresos de divisas** y **creación de empleo**.

El turismo internacional es el mayor **generador de exportaciones** del mundo y un factor importante en la balanza de pagos de la mayoría de los países.

El turismo se ha convertido, por otra parte, en una de las principales fuentes de empleo y estimula enormes **inversiones en infraestructuras**, la mayor parte de las cuales contribuye a mejorar las condiciones de vida de la población autóctona además de las de los turistas. Los gobiernos, por su parte, obtienen unos sustanciales **beneficios a través de los impuestos**. La mayor parte de los empleos y negocios relacionados con el turismo se crean en países en desarrollo, lo que ayuda a equiparar las oportunidades económicas y evita que la población de las zonas rurales emigre a unas ciudades superpobladas.

La conciencia de la diferencia cultural y las amistades personales que promueve el turismo impulsan poderosamente la **comprensión entre los pueblos** y la **contribución a la paz** entre todas las naciones del planeta.

La Organización Mundial del Turismo alienta por tanto a los gobiernos a que asuman un papel relevante en el turismo, cooperando con el sector privado, las autoridades locales y las **organizaciones no gubernamentales**. Además, ayuda a los países de todo el mundo a maximizar los efectos positivos del turismo, minimizando al mismo tiempo las posibles consecuencias negativas para el medio ambiente y las sociedades.

Adaptado de varias fuentes

---

a) **Define todos los grupos de palabras que están en negrita en el texto. Puedes consultar el diccionario.**

b) **Resume el texto anterior usando todos esos bloques de palabras.**

c) **Vocabulario. Estos son los nombres que aparecen en esos bloques. Completa el cuadro añadiendo los verbos correspondientes.**

Nombre		Verbo
ingreso	➡	
creación	➡	
generador	➡	
inversión	➡	
beneficio	➡	
comprensión	➡	
contribución	➡	
organización	➡	

FICHA 1.2. TURISMO INTERNO Y TURISMO EMISOR ESPAÑOL

1. Conceptos.

Turismo interno: el de los residentes de un país que viajan únicamente dentro del propio país.

Turismo receptor: el de los no residentes que viajan dentro de un país dado.

Turismo emisor: el de los residentes de un país dado que viajan a otro país.

Estas tres formas básicas de turismo pueden combinarse a su vez dando lugar a las categorías de turismo siguientes:

Turismo interior: que comprende el turismo interno y el turismo receptor.

Turismo nacional: que comprende el turismo interno y el turismo emisor.

Turismo internacional: que comprende el turismo receptor y el turismo emisor.

Dentro de la estructura del mercado turístico, cabe distinguir entre:

Oferta turística: recursos e infraestructuras para atraer y prestar los correspondientes servicios a los turistas.

Demanda turística: conjunto de turistas que, de forma individual o colectiva, se sienten motivados por una serie de productos y servicios turísticos que trata de cubrir sus necesidades de descanso, recreo, esparcimiento y cultura en su periodo vacacional.

Un factor básico en el turismo de masas es la estacionalidad: acumulación de la demanda turística o de las corrientes turísticas en un determinado periodo del año, produciéndose dos etapas claramente diferenciadas:

Estación o **temporada alta** (en el Mediterráneo, los meses de julio, agosto y septiembre).

Estación o **temporada baja** (resto del año con oscilaciones: vacaciones de Navidad, Semana Santa, etc.).

2. Pre-lectura.

a) **Pon a prueba tus conocimientos sobre el turismo español.**

Ordena de mayor a menor porcentaje los siguientes factores relacionados con los viajes internos y los viajes emisores de los españoles. Marca 1, 2 y 3.

Según el tipo de alojamiento en un viaje interno	
Vivienda propia	
Vivienda de familiares y amigos	
Hotel	

Según los destinos en España	
Comunidad Valenciana	
Andalucía	
Cataluña	

Según el medio de transporte en un viaje interno	
En avión	
En coche	
En autobús	

Según el mercado emisor	
Andalucía	
Madrid	
Cataluña	

Según el destino en Europa	
Portugal	
Francia	
Italia	

Según el motivo del viaje	
Trabajo o negocios	
Visita a familiares y amigos	
Ocio, recreo o vacaciones	

Según el uso de Internet para la planificación del viaje	
Para buscar información	
Para realizar la reserva	
Para realizar el pago final	

3. Lee el texto sobre los viajes que realizan los turistas españoles y subraya los conceptos que hayan aparecido en el ejercicio 1.

El 93,9% de los viajes realizados por los turistas españoles durante el pasado año se concentraron en destinos internos, mientras que el 6,1% restante fueron a destinos emisores, principalmente europeos, según se desprende de la Encuesta de Movimientos Turísticos de los Españoles (Familitur), que cifra en 111,8 millones el total de viajes realizados por los residentes en España. Del estudio también se desprende que la mayoría de los españoles se desplaza en temporadas altas.

Andalucía fue el destino del 18% de los viajes de los españoles, seguida de Cataluña, con el 14,1%, y la Comunidad Valenciana, con el 11,9% de los viajes. Los destinos de los españoles que prefieren los viajes al extranjero atraídos por las ofertas turísticas que ofrecen son principalmente a países europeos, concentrando el Viejo Continente el 76,2% de los viajes de los residentes. Los tres países con mayor atractivo fueron por orden de preferencia: Francia, Portugal e Italia.

Paralelamente, Madrid, Cataluña y Andalucía siguieron siendo las comunidades más viajeras. El primer mercado emisor en España fue la Comunidad de Madrid, con 20,7 millones de viajes, el 18,5% del total de los viajes de los residentes en España. Le siguieron Cataluña, que emitió 17,7 millones de viajes (el 15,8% del total) y Andalucía, con 16,7 millones de viajes (el 15%).

El 52,4% de los viajes de los españoles se efectuó por motivos de ocio, recreo o vacaciones; la visita a familiares o amigos motivó el 28% de los viajes; trabajo o negocios, el 11,6%; y los viajes de estudios, el 4,4%.

➡

El tipo de alojamiento más utilizado por los españoles fue la vivienda de familiares o amigos, concentrando el 39% de los viajes. La vivienda propia fue el segundo tipo de alojamiento por orden de importancia, al representar el 23% de los viajes de los residentes.

El alojamiento no hotelero en su conjunto aglutinó al 80,2% de los viajes, mientras que en el 19,8% de los mismos se utilizó el hotel. Los viajes internos se caracterizan por hacer un uso más intensivo del alojamiento privado, mientras que el de los viajes al extranjero, el hotel pasa a ser el tipo de alojamiento predominante.

Por otro lado, el 78,9% de los viajes de los españoles se realizó en coche, frente al 7,8% del autobús y el 7,1% del avión. Hay una notable diferencia entre los medios de transporte utilizados en los viajes internos y emisores, ya que en los primeros predomina el uso del coche (82,1%), mientras que en los emisores el avión pasa a ser el medio de transporte principal (50,2%).

Adaptado de *Turismo europeo*

a) **¿Coinciden tus respuestas al test de la pre-lectura con las que nos da el texto? ¿Qué información te ha sorprendido más?**

b) **¿Qué información no has podido encontrar en el texto para poder responder a todas las preguntas?**

c) **Relaciona:**

1. País emisor de turismo:	**a.** flujo turístico que desplaza a los turistas de un punto geográfico a otro.
2. País receptor de turismo:	**b.** país que genera una corriente turística hacia otro.
3. Corriente turística:	**c.** país que atrae una corriente turística o flujo turístico hacia él.
4. Turismo interior:	**d.** conjunto de turistas que viaja en grupos numerosos y grandes en viajes organizados por agencias de viajes o turoperadores con precios baratos.
5. Turismo exterior:	**e.** turismo que se caracteriza por la permanencia prolongada en un lugar determinado.
6. Turismo individual:	**f.** el que se realiza dentro del propio territorio nacional.
7. Turismo de masas:	**g.** aquel que se produce entre dos o más países, es decir, que trasciende las fronteras nacionales.
8. Turismo itinerante:	**h.** el de los turistas que viajan de manera particular, organizando personalmente el viaje o con la ayuda de una agencia de viajes.
9. Turismo de estancia:	**i.** el que incluye en sus actividades la visita a distintos lugares con estancias cortas en cada uno de ellos.
10. Turismo social:	**j.** el relacionado con los jubilados, por ejemplo, y en general con clases sociales económicamente débiles.

1	2	3	4	5	6	7	8	9	10

FICHA 1.2.1. HÁBITOS TURÍSTICOS DE LOS RESIDENTES EN ESPAÑA

1. ¿Qué son para ti los hábitos turísticos? Discute tu definición con tus compañeros y detallad las ideas en las que coincidáis.

2. Partiendo de vuestras propias definiciones, tratad de explicar si los hábitos turísticos varían mucho o no de un país a otro y haced una puesta en común que explique qué factores (económicos, geográficos, socioculturales, etc.) determinarían esas variaciones, en el caso de que las hubiese.

3. Ahora, leed los datos que nos da el Instituto de Estudios Turísticos de España sobre los hábitos turísticos de los españoles y comparadlos con las conclusiones a las que hayáis llegado en los ejercicios que anteceden.

Los hábitos turísticos varían mucho de un país a otro. En ellos influyen factores de toda índole: económicos, socioculturales, geográficos, estacionales, etc.

Según el Instituto de Estudios Turísticos, los hábitos turísticos de los residentes en España muestran que solo un 49,8% ha viajado alguna vez fuera de España, mientras que el movimiento dentro del propio territorio español es bastante mayor. Por ejemplo, el 94,7% ha viajado alguna vez fuera de su municipio de residencia, el 95,1% fuera de su provincia, y el 89,2% fuera de su comunidad autónoma.

Resulta curioso observar hábitos como los de quedarse en casa durante las vacaciones de Navidad (más de un 80% opta por quedarse en casa durante estas fechas) y los residentes que viajan lo hacen a casa de familiares o amigos. Sin embargo, durante las vacaciones de verano, los hábitos viajeros aumentan, de modo que el 64% de los residentes viaja dentro o fuera de España.

Es importante mencionar que el porcentaje de los residentes que viajan fuera de España aumenta proporcionalmente a su nivel de estudios. Hay una clara propensión viajera relacionada directamente con niveles de estudios altos. Los analfabetos y personas sin estudios representan uno de los sectores que menos viaja.

También es destacable que el tramo de edad comprendida entre los 20 y los 40 años viaja más en relación con los más jóvenes, y principalmente en relación con las personas de más de 70 años que son, junto con los niños, las que menos viajan.

Los viajes por motivos de trabajo son mucho más habituales dentro del propio territorio que fuera de él. Es de resaltar el siguiente dato: el 91,6% de los residentes en España no realizan nunca viajes por motivos de trabajo. De hecho, los ejecutivos españoles son bastante reacios a viajar fuera de España e intentan reducir los viajes sustituyéndolos por otros medios de contacto, como las vídeo-conferencias.

Adaptado del *Estudio del Instituto de Estudios Turísticos*

a) Responde a las preguntas que se plantean, según el texto:

1 El porcentaje de españoles que más viaja está compuesto por:
  a) niños y mayores de 70 años.
  b) jóvenes con un alto nivel de estudios.
  c) analfabetos.

2 Las estadísticas muestran que los residentes en España viajan más:
  a) durante las vacaciones estivales.
  b) durante las vacaciones de Navidad.
  c) durante la Semana Santa.

3 Las estadísticas muestran que de los residentes en España:
  a) el 89,2% ha viajado alguna vez fuera de España.
  b) el 94,7% ha viajado alguna vez fuera de su comunidad autónoma.
  c) el 48,9% ha viajado alguna vez fuera de España.

4 Los viajes fuera del territorio español se deben básicamente:
  a) a los viajes por motivos de trabajo.
  b) a los viajes de negocios.
  c) a los viajes de placer.

5 Los hábitos turísticos de los españoles:
  a) son diferentes a los del resto de europeos, principalmente en lo referente a los viajes por motivos de trabajo.
  b) son similares a los del resto de europeos, principalmente en lo referente a los viajes por motivos de trabajo.
  c) son iguales a los del resto de europeos, principalmente en lo referente a los viajes por motivos de trabajo.

6 En Navidad, más del 80% de los residentes españoles:
  a) viaja a casa de familiares y amigos de su provincia.
  b) viaja fuera de su municipio.
  c) se queda en casa.

7 Luis es un empresario de 38 años de edad, es economista, habla tres idiomas y tiene un máster de negocios. Seguramente,
  a) nunca ha viajado fuera de su comunidad autónoma.
  b) nunca ha viajado fuera de su municipio.
  c) ya ha viajado varias veces fuera de España.

8 Según el texto, no es posible establecer una relación entre los hábitos turísticos y…
  a) la edad.
  b) el sexo.
  c) el nivel de estudios.

9 El perfil típico de un residente español que ha viajado fuera de España es
  a) el de un hombre mayor de 50 años, de estudios medios y renta alta.
  b) el de una mujer de 30 años, con un nivel de estudios alto.
  c) el de una estudiante de 16 años con notas muy altas.

10 Clara es una mujer casada, de edad indeterminada y que vive de rentas,
  a) seguramente, nunca ha viajado fuera de su municipio.
  b) seguramente, nunca ha viajado fuera de España.
  c) no es posible determinar sus hábitos turísticos a partir de los datos indicados.

FICHA 1.3. TURISMO RECEPTOR ESPAÑOL

1. Lee el texto y complétalo con una de estas palabras:

destino   cuota   datos   impulso

sede   incremento   actividad

España es el segundo país del mundo que recibe más turistas extranjeros, según [____(1)____] de la Organización Mundial de Turismo, tan solo por detrás de Francia, y disfruta de una [____(2)____] del 7% del turismo mundial, por delante de Estados Unidos e Italia.

Entre enero y noviembre del año pasado recibió un total de 52,4 millones de turistas extranjeros, un 6,2% más de los registrados en el mismo periodo del año anterior, según datos del Ministerio de Industria, Turismo y Comercio.

Cataluña es el primer [____(3)____] turístico de España. Los 13,2 millones de turistas que recibió suponen un 25,3% del total de las llegadas registradas en toda España, y representan un [____(4)____] del 12,7% respecto al mismo perio-do del año anterior. El segundo destino turístico de España son las Islas Baleares, que recibieron 9,4 millones de turistas los once primeros meses del año. Las Islas Canarias, con 8,6 millones de turistas, son el tercer destino turístico por delante de Andalucía, que alcanzó los 7,6 millones y la Comunidad Valenciana, con 4,8 millones.

La [____(5)____] turística de Madrid, importante como en otra capital europea, cobra nuevo [____(6)____] al acoger hoy día la [____(7)____] de la Organización Mundial de Turismo.

Según las previsiones de la Organización Mundial de Turismo, la llegada de turismo extranjero a España crecerá una media del 5% anual en los próximos veinte años, lo que hace prever que España recibirá 75 millones de turistas extranjeros en el año 2020.

Adaptado de varias fuentes

a) **Después de haber trabajado las actividades anteriores, escribe un texto sobre el turismo emisor y receptor de tu país. Indica las temporadas altas de algunas ciudades y pueblos de tu país y argumenta las causas. Si es necesario consulta los datos en Internet.**

b) **Presenta a toda la clase la información recogida.**

FICHA 1.3.1. HÁBITOS TURÍSTICOS DEL VISITANTE INTERNACIONAL

1. Interpreta los siguientes gráficos de los hábitos de los turistas extranjeros y compáralos con los datos de la ficha 1.2.1.

2. Busca las similitudes y las diferencias.

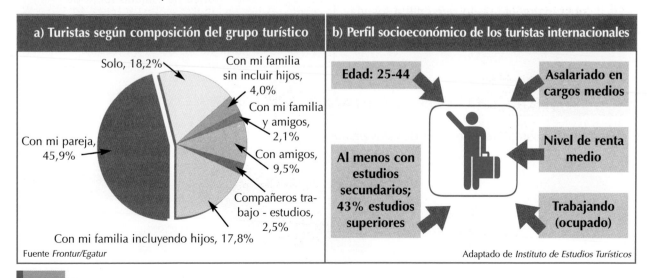

a) Turistas según composición del grupo turístico

Solo, 18,2%
Con mi familia sin incluir hijos, 4,0%
Con mi familia y amigos, 2,1%
Con amigos, 9,5%
Con mi pareja, 45,9%
Compañeros trabajo - estudios, 2,5%
Con mi familia incluyendo hijos, 17,8%
Fuente *Frontur/Egatur*

b) Perfil socioeconómico de los turistas internacionales

Edad: 25-44
Asalariado en cargos medios
Nivel de renta medio
Al menos con estudios secundarios; 43% estudios superiores
Trabajando (ocupado)
Adaptado de *Instituto de Estudios Turísticos*

3. Los visitantes extranjeros, ¿nos conocen bien? ¿Crees que los turistas que nos visitan conocen nuestros horarios y costumbres?

━━━━━━━━━━━ Cuestionario para responder antes de viajar a España ━━━━━━━━━━━

En parejas:

a) Escribe tu respuesta y la que te dé tu compañero.

Pregunta	Tu respuesta	Respuesta de tu compañero
1. ¿Cuál es la moneda en España?		
2. ¿Qué idiomas se hablan en España?		
3. ¿Qué debe saber en el caso de una reclamación en un servicio turístico?		
4. ¿Las propinas son obligatorias?		
5. ¿Dónde cambiar divisas?		
6. ¿A qué hora abren los comercios?		
7. ¿Qué hora es en España?		
8. ¿Cuáles son las temperaturas medias en España?		

Adaptado de *Turespaña*

4. Observa el siguiente gráfico y presenta a la clase las conclusiones a las que llegues a partir de él y del texto anterior.

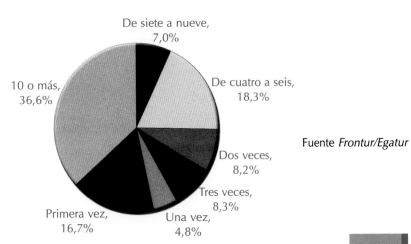

Turistas según número de visitas anteriores

De siete a nueve, 7,0%
De cuatro a seis, 18,3%
10 o más, 36,6%
Dos veces, 8,2%
Tres veces, 8,3%
Una vez, 4,8%
Primera vez, 16,7%

Fuente *Frontur/Egatur*

1. Lee el texto siguiente dos veces.

Los beneficios económicos del turismo

El turismo internacional es el primer sector de exportaciones del mundo y un factor importante en la balanza de pagos de muchos países. El turismo es un importante generador de empleo, que da trabajo a millones de personas en el mundo.

Los puestos de trabajo y las empresas de turismo se crean normalmente en las regiones menos desarrolladas, lo que ayuda a equiparar las oportunidades económicas a lo largo y ancho del país e incentiva a los habitantes a permanecer en las zonas rurales, en lugar de emigrar a ciudades ya superpobladas.

Los viajes y el turismo fomentan enormes inversiones en nuevas infraestructuras, la mayoría de las cuales ayudan a mejorar las condiciones de vida de los residentes locales, al mismo tiempo que las de los turistas.

La actividad turística proporciona a los gobiernos cientos de millones de dólares a través de los impuestos.

El medio ambiente y la cultura local se promueven cuando las autoridades restauran monumentos, abren museos y crean parques naturales para atraer a los visitantes. Al tiempo que aumenta el turismo, aumenta también la necesidad de los destinos de mejorar su infraestructura para atender esa afluencia. Entonces nacen nuevos aeropuertos, carreteras, puertos deportivos, plantas de tratamiento de aguas residuales, potabilizadoras de agua y decenas de otros adelantos, que aportan una mejora sustancial a la vida de los residentes locales, desde el acceso al agua potable hasta unas comunicaciones más rápidas.

Lo más importante: el turismo concierne al ser humano, enriquece a través de la cultura y de la sensibilización medioambiental y social, promueve la apertura y la amistad, ayuda a los familiares a pasar tiempo juntos, ya sea por ocio o por trabajo. El turismo promueve la paz y la cooperación entre las naciones y tiende puentes.

Adaptado de *http://www.world-tourism.org*

2. Sin consultar el texto anterior, finaliza las frases siguientes extraídas del mismo.

a) El turismo internacional es el primer sector de…

b) Los viajes y el turismo fomentan enormes…

c) La actividad turística proporciona a los gobiernos cientos…

d) El medio ambiente y la cultura local se promueven cuando las autoridades restauran…

e) Lo más importante: el turismo concierne al…

FICHA 1.5. ÉTICA Y TURISMO: EL TURISTA RESPONSABLE

El Código Ético Mundial para el Turismo (CEMT) es un **conjunto amplio de principios** elaborado por la Organización Mundial del Turismo (OMT) y cuyo propósito es orientar a los agentes interesados en el desarrollo del turismo: los gobiernos centrales y locales, las comunidades autóctonas, el sector turístico y sus profesionales y los visitantes, tanto internacionales como nacionales.

1. ¿Crees que existe alguna relación entre ética y turismo?

2. ¿Por qué piensas que la OMT decidió establecer un código ético mundial para el turismo? ¿Crees que es importante? ¿Por qué sí/no?

3. Lee el texto siguiente:

El Código Ético Mundial para el Turismo crea un marco de referencia para el desarrollo responsable y sostenible del turismo mundial al alba del nuevo milenio. Su texto se ha inspirado en numerosas declaraciones y códigos profesionales similares que lo precedieron, y a los que añade nuevas ideas que reflejan el incesante cambio de nuestra sociedad en el comienzo del siglo XXI.

Ante la previsión de que el turismo internacional llegue casi a triplicar su volumen en los próximos veinte años, los miembros de la Organización Mundial del Turismo están convencidos de que el Código Ético Mundial para el Turismo es necesario para ayudar a minimizar los efectos negativos del turismo en el medioambiente y en el patrimonio cultural, al tiempo que se aumentan al máximo sus beneficios para los residentes de los destinos turísticos.

El Código Ético Mundial para el Turismo aspira a ser un documento vivo. Léalo. Delo a conocer. Participe en su aplicación. Solamente con su cooperación lograremos proteger el futuro del sector turístico y aumentar su contribución a la prosperidad económica, a la paz y al entendimiento entre todas las naciones del mundo.

Adaptado de Francesco Frangialli, Ex-Secretario General de la Organización Mundial del Turismo

4. Según el texto anterior, ¿qué objetivos tiene el Código Ético Mundial para el Turismo?

5. La OMT aprobó en diciembre de 2005 por una resolución el texto "El turista y viajero responsable", que se basa en el Código Ético mencionado en las actividades anteriores. En este texto se incluyen los conceptos siguientes. ¿Podrías explicarlos? ¿Cuál de ellos piensas que se refiere a los efectos negativos del turismo?

tolerancia	diversidad	explotación	protección del hábitat	comercio justo

6. A partir del vocabulario anterior, ¿cuál crees entonces que es el contenido de ese texto?

7. Para difundir el texto a los turistas de todo el mundo, la OMT publicó un folleto con las siguientes recomendaciones. Con tu compañero, relaciona las frases de ambas columnas:

1. Ábrase a las culturas y tradiciones distintas de las suyas:	**a.** no compre productos elaborados a partir de plantas o animales en peligro.
2. Respete los derechos humanos:	**b.** compre artesanía y productos locales para apoyar la economía del lugar, y aténgase a los principios del comercio justo.
3. Proteja la flora y la fauna silvestres y su hábitat:	**c.** se ganará el respeto de la población local, y esta lo acogerá más fácilmente.
4. Respete los recursos culturales:	**d.** y asegúrese de que su salud y su seguridad personal no correrán peligro.
5. Su viaje puede contribuir al desarrollo económico y social:	**e.** cualquier forma de explotación vulnera los objetivos fundamentales del turismo.
6. Antes de salir de viaje, infórmese sobre la situación sanitaria efectiva de su destino y sobre el acceso en él a servicios consulares y de emergencia:	**f.** las actividades turísticas deben practicarse con respeto por el patrimonio artístico, arqueológico y cultural.

1	2	3	4	5	6

8. ¿Coinciden tus suposiciones sobre el texto con el contenido del mismo? ¿Te consideras un turista responsable? ¿Conoces ejemplos de turistas irresponsables?

9. Por parejas, preparad un *role-play* en el que uno de vosotros represente a un turista responsable, mientras el otro represente a un turista irresponsable. Escribid un pequeño diálogo que representaréis después ante la clase.

FICHA 1.6. LOS MEJORES PARA VIAJAR

1. Responde las siguientes preguntas y comenta tus respuestas con tus compañeros.

a) **En tu opinión, como destino de viaje, ¿cuál crees que es el mejor país? ¿Y la mejor ciudad del mundo?**

b) **¿Has viajado a alguna ciudad española? ¿Cuál prefieres como destino de viaje?**

c) **Cuando vas a viajar, ¿tienes alguna aerolínea favorita? ¿Alguna española?**

d) **¿Tienes un hotel favorito en el que te hayas alojado? ¿Y en España?**

2. A continuación te presentamos el resultado de una encuesta en la que participaron un total de 3150 participantes, un 66,1% hombres y un 33,9% mujeres, de 26 países diferentes y de 16 nacionalidades diferentes. Con sus votos a lo largo de varios meses, eligieron los mejores destinos, establecimientos y empresas del sector turístico.

Mejor país

Ranking	País	% Votos
1	Italia	16,07%
2	Francia	10,93%
3	México	6,25%
4	Estados Unidos	6,02%
5	Argentina	4,68%

Mejor ciudad del mundo

Ranking	Ciudad	% Votos
1	París	15,76%
2	Nueva York	9,23%
3	Londres	6,98%
4	Praga	6,30%
5	Roma	5,63%

Mejor ciudad de España

Ranking	Ciudad	% Votos
1	Barcelona	18,77%
2	Madrid	16,19%
3	San Sebastián	8,92%
4	Granada	8,68%
5	Sevilla	6,33%

Mejor aerolínea del mundo

Ranking	Compañía	% Votos
1	British Airways	15,57%
2	Air France	11,07%
3	Lufthansa	10,03%
4	KLM	7,26%
5	Thai Airways	6,92%

Mejor aerolínea española

Ranking	Compañía	% Votos
1	Iberia	70,95%
2	Vueling	18,56%
3	Air Europa	7,78%
4	Air Nostrum	2,93%

Mejor hotel del mundo

Ranking	Hotel	% Votos
1	Nacional de Cuba (La Habana)	4,31%
2	La Mamounia (Marraquech, Marruecos)	3,95%
3	Ritz París	3,59%
4	The Waldorf Astoria (Nueva York)	2,51%
5	Llao Llao Hotel & Resort (Bariloche, Patagonia argentina)	2,15%

Mejor hotel en España

Ranking	Hotel	% Votos
1	Hotel Arts Barcelona	6,09%
2	Hotel Ritz Madrid	3,96%
3	Gran Meliá Bahía del Duque (Costa Adeje, Tenerife)	3,65%
4	Alfonso XIII (Sevilla)	2,43%
5	Westin Palace Madrid	2,13%

Adaptado de *elmundoviajes.com*

3. Compara los resultados con tus respuestas. ¿Hay alguno que te sorprenda?

4. En vuestra opinión, ¿por qué los encuestados eligieron esas ciudades, hoteles y aerolíneas? ¿Creéis que tienen algo en común?

5. ¿Cuáles crees que serían los resultados si se hiciera la encuesta sobre los mejores ciudad, hotel y aerolínea de tu país? Explica los posibles resultados a tus compañeros.

6. Escribe un breve párrafo en que se expliquen los posibles resultados sobre tu país.

ACTIVIDADES RECOPILATORIAS

Completad la siguiente encuesta:

a) **Responde a la encuesta.**

b) **Formula esas preguntas a tu compañero.**

1. ¿Con qué frecuencia viajas?	**9.** ¿Qué beneficios ofrece la empresa de viajes, tanto a la empresa como a ti, privadamente?
2. ¿Cuáles son los destinos más habituales?	**10.** Cuando vas de vacaciones, ¿eliges destinos conocidos en los viajes de negocios? ¿Eliges los mismos hoteles u otro tipo de establecimientos?
3. ¿Cuáles son los destinos más esporádicos?	**11.** ¿Qué medios de transporte eliges en tus viajes privados o de ocio?
4. Duración de las estancias:	**12.** ¿Dónde sueles comer? ¿Eliges menú o carta?
5. ¿Dónde te alojas? (Si es hotel, indicar categoría)	**13.** ¿Qué medio de transporte utilizas en el lugar de destino, público o privado?
6. ¿Cómo viajas? (Medios de transporte más utilizados)	**14.** ¿Varían mucho los horarios con respecto a tu lugar de origen?
7. ¿La empresa trabaja con alguna agencia de viajes en exclusiva?	**15.** ¿Debes adaptarte a muchas variaciones de costumbres? ¿Por ejemplo...?
8. ¿Qué tipo de beneficios te ofrece la empresa por viajar?	Adaptado de Rosie Lawhorn para *Spanish Infovia*

c) **Discute con tus compañeros las respuestas dadas.**

d) **¿Cuáles consideráis las preguntas más interesantes para comentar con personas de distintos países?**

e) **¿Qué preguntas añadiríais o eliminaríais de la encuesta? Argumentad los motivos.**

AGENCIAS DE VIAJES

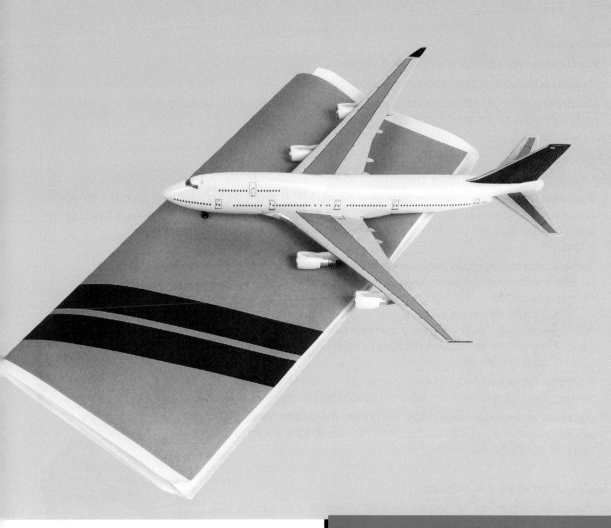

TEMA 2

1. Conceptos.

Las agencias de viajes son empresas mercantiles que se dedican a actividades de asesoramiento, mediación y organización de servicios turísticos, prestando a los clientes servicios tales como alojamiento, transporte, restaurante, guías, etc.

Funciones:

- **Asesoramiento:** informar y aconsejar al cliente.
- **Organización:** organizar y preparar viajes combinados.
- **Mediación:** poner en contacto a los prestatarios de los servicios con los posibles clientes, ampliando los puntos de venta de los prestatarios.

Clasificaciones:

Por el sistema de **organización y comercialización:**

a. **Agencias mayoristas:** organizan toda clase de servicios o paquetes turísticos que ofrecen a las agencias minoristas. Contratan servicios en grandes cantidades y los revenden plaza por plaza a través de las agencias minoristas. No pueden ofrecer sus productos directamente al usuario o consumidor.

b. **Turoperadores:** organizan paquetes turísticos (viajes todo incluido), pudiendo prestar ellos mismos todos o parte de los servicios. Pueden hacer uso de tres canales de comercialización:
  - a través de canales propios;
  - doble vía: canales propios y agencias minoristas;
  - a través de minoristas o detallistas, con lo cual llegan a suprimir sus oficinas al público.

c. **Agencias minoristas:** empresas cuya principal función es la de mediación de servicios turísticos sueltos o de paquetes elaborados por agencias mayoristas.

d. **Agencias mayoristas-minoristas:** empresas mercantiles que, según la legislación presente, pueden simultanear las actividades de las agencias mayoristas y minoristas.

Según los servicios que prestan:

a. **Agencias receptivas:** se ocupan de traer y atender a los turistas que proceden de otras zonas geográficas.

b. **Agencias emisoras:** organizan viajes a la demanda o petición previa, o servicios sueltos (reservas) y proceden a su expansión a los lugares de destino contratados.

c. **Agencias emisoras-receptivas:** realizan a la vez ambos tráficos, emisor y receptor.

d. **Agencias especializadas:** tanto mayoristas como minoristas que dirigen su producto hacia un segmento del mercado, con unos destinos, características y productos concretos.

2. Relaciona:

1. Paquete turístico:	**a.** viaje solicitado directamente por el cliente.
2. Servicio a la demanda:	**b.** tarifa especial más reducida que posee una agencia de viajes para poder obtener su margen de beneficio.
3. Servicio a la oferta:	**c.** tipo de producto que incluye todos los servicios organizados por una agencia mayorista o turoperador.
4. Tarifas confidenciales:	**d.** agencia receptiva que vende servicios de otra agencia.
5. Comisiones:	**e.** agencia de viajes que representa a otra agencia de viajes con relación de agencia receptiva.
6. Corresponsal o representante:	**f.** porcentaje de beneficio que ofrecen los proveedores a las agencias de viajes.
7. Rápeles o sobrecomisiones:	**g.** viaje programado y ofertado por las agencias de viajes.
8. Agente general de ventas:	**h.** porcentaje de beneficio que aumentan los proveedores por la venta de sus productos y servicios a las agencias de viajes.

1	2	3	4	5	6	7	8

3. En los conceptos anteriores aparecen las siguientes palabras. ¿Podrías definirlas? Si lo necesitas, puedes usar el diccionario.

Beneficio

Comisión

Tarifa

Proveedor

Servicio

4. Las agencias de viajes ofrecen servicios que pueden ser de dos tipos:

Servicios sueltos y *servicios combinados.*

¿Podrías decir a qué tipo de servicio corresponde cada una de estas definiciones?

1	[ ]	: ofrece la asistencia y mediación entre el cliente y el prestador del servicio.
2	[ ]	: programación, organización, elaboración y realización de viajes en los que se incluyen todos los servicios.

5. **Ahora, ordena los siguientes servicios:**

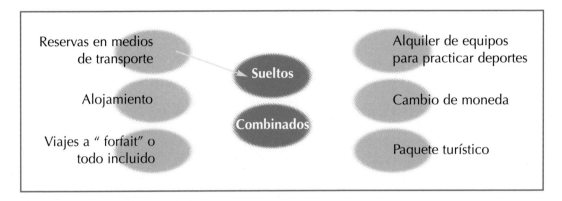

¿Puedes ampliar esta lista?

FICHA 2.1.1. AGENCIAS DE VIAJES: OFERTAS

1. **Actividades de pre-lectura.**

Responde a las preguntas según tus ideas:

a) **Fíjate en el título del texto. ¿Qué nombres de agencias es posible encontrar?**

b) **¿Qué tipo de descuentos son los más comunes? ¿Cuáles has aprovechado?**

c) **¿Piensas que los descuentos se relacionan con días de fiesta específicos?**

d) **¿Qué destinos piensas encontrar? ¿Sabes cuál es el más popular para los europeos?**

e) **¿Es posible que ofrezcan más del 30% de descuento?**

2. **Define, antes de leer el texto, los siguientes bloques de palabras. Puedes utilizar el diccionario:**

importe del coste   ofertas de última hora

agencias mayoristas   campañas de descuentos   leyes del mercado

3. Lee el texto.

Las grandes redes de agencias de viajes lanzan sus fuertes campañas de descuentos

Los operadores turísticos españoles han lanzado una campaña agresiva con importantes descuentos para la reserva de viajes en verano, con ofertas de 2x1 y de un ahorro de entre un 7 y un 11%.

Fuentes del sector añadieron que este año se han adelantado las ofertas de descuentos por venta anticipada, que tradicionalmente se comenzaban a anunciar una vez pasada la Semana Santa.

Marsans ofrece para todo el verano (mayo-septiembre) la posibilidad de ir al Caribe en un 2x1, con la posibilidad de anular el viaje hasta 21 días antes de la fecha de salida sin gastos. También ofrece un 20% de descuento en el caso de querer hacer un crucero, ir a Canarias, a las costas españolas, a Túnez u otros destinos del arco mediterráneo.

Halcón Viajes tiene también una serie de ofertas para aquellos destinos que une con su compañía aérea, Air Europa, y devuelve un 11% del importe del coste del viaje si se paga con la tarjeta Visa Halcón.

Por su parte, El Corte Inglés mantiene su tradicional descuento del 7% a quien compra sus vacaciones con, al menos, dos meses de adelanto.

Es de suponer que otros operadores lleven a cabo en los próximos días ofertas semejantes a las realizadas el año pasado dos meses antes del verano, como fue el caso de Viajes Iberia, Crisol o Soltour, que realizaban descuentos de entre un 12 y un 16% en las ventas de estancias en sol y playa. Viajes Iberia llegó a ofertar hasta un 42% de descuento para destinos muy determinados.

El pasado año, las agresivas campañas de descuentos causaron numerosas controversias entre las asociaciones, que perjudicaron en cierta forma la imagen del sector. Sin embargo, este año los ánimos están calmados y así lo demuestran las declaraciones, tanto del presidente de la Federación de Asociaciones de Agencias de Viajes Españolas (FEAAV), como del director general de la Asociación de Mayoristas de Agencias de Viajes Españolas (AMAVE).

El presidente de FEAAV indicó que "es una apuesta que hace el operador y que todas las agencias asumimos, no solo la red vertical". Para él, el cliente tiene la posibilidad de beneficiarse no solo del descuento, sino también de un producto y de fechas determinadas. "No se trata de poner ofertas de última hora en el mercado de forma indiscriminada, que crearían un caos ya que no hay dos pasajeros que hayan pagado lo mismo". Esta reserva anticipada es también positiva para los turoperadores porque, según Martínez Millán, "los hoteleros te exigen pagos anticipados, como hacíamos en España antes, para garantizar la ocupación".

Del mismo modo, el director general de AMAVE, ha manifestado a HOSTELTUR que no se incurre en irregularidades siempre que se respeten las normas éticas, "las leyes del mercado permiten realizar este tipo de campañas de descuentos".

Adaptado de *Sección Agencias Hosteltur*

4. Preguntas de comprensión: ¿verdadero o falso?

	V	F
1. En el pasado, los operadores turísticos empezaban sus ofertas de descuentos antes de la Semana Santa.		
2. Los descuentos que ofrece Marsans incluyen la zona del Mediterráneo.		
3. Los descuentos de El Corte Inglés no toman en cuenta la antelación con que se compra el boleto.		
4. Viajes Iberia descuenta los precios de los boletos hasta casi la mitad.		
5. Se asegura que se van a repetir agresivas campañas de descuento.		
6. Las campañas de descuento no están en contra de las leyes del mercado.		

FICHA 2.2. AGENCIAS DE VIAJES: CONTRATOS DE VIAJES COMBINADOS

Para el consumidor, comprar un viaje combinado supone una inversión, no solo en términos de dinero sino también en términos de tiempo, su tiempo libre. Por ello, puede decirse que un viaje combinado es una mercancía respecto a la cual los consumidores abrigan grandes expectativas. Este tipo de viajes tiene dos características típicas: se venden a partir de la información proporcionada por el organizador o el detallista, ya que, por lo general, el consumidor no puede familiarizarse por adelantado con el producto, y el viaje se paga por adelantado. Estos hechos han hecho necesaria la introducción de determinadas disposiciones especiales a la hora de poner la información a disposición del consumidor y de elaborar el contrato del viaje combinado.

1. ¿Alguna vez has firmado un contrato de viaje combinado? ¿Recuerdas qué información incluía? ¿Qué es "la letra pequeña" de un contrato?

2. Completa el texto siguiente con las palabras y expresiones del cuadro:

a) viaje combinado b) destino/-s c) fechas d) medio de transporte e) salida y regreso f) alojamiento g) organizador h) asegurador i) precio total j) impuestos k) reclamar l) formas de pago m) exigir n) reservas ñ) fecha límite de cancelación	El contrato de _____1_____ (dos servicios diferentes con una duración superior a las 24 horas) debe incluir, al menos, la siguiente información: • _____2_____ del viaje. • Periodos y ___3___ de estancia. • _____4_____, características y categorías. • Fechas, lugares y horas de ___5___. • Si hay ___6___: situación, características, homologación oficial y número de comidas. • Nombre y dirección del ___7___ detallista y en su caso, del _____8_____. • ___9___ y, si los hubiera, ___10___ no incluidos, así como indicación de posibles revisiones del precio. • ___11___ fechas y condiciones de financiación. • Si se exige un número mínimo de personas ___12___ que en todo caso sería, al menos, diez días antes de la salida. Plazo para ___13___ y plazo para ___14___ confirmación de ___15___.

Salud García, "La letra pequeña", adaptado de la *Revista Práctica Deviajes*

3. "Pasos para reclamar" es un texto donde se nos informa del camino que podemos seguir en caso de reclamación. Decidid:

a) Qué palabras clave, en vuestra opinión, pueden aparecer en el texto.

b) Qué significan las siguientes palabras y expresiones.

in situ	hojas de reclamaciones
a la vuelta	cuantificar el daño causado
indemnizaciones	posturas opuestas
reclamación	vía judicial
responsabilidad	acuse de recibo

c) Ahora lee el texto:

PASOS PARA RECLAMAR

IN SITU

En caso de que exista algún problema durante el viaje, lo mejor, siempre, es reclamar *in situ*. Así se podrá encontrar una solución o, en todo caso, dejar constancia de la queja para posibles indemnizaciones. Es recomendable hacer la reclamación por escrito, preferiblemente a través de las hojas de reclamaciones pertinentes, o mediante un relato detallado de los hechos. Pide siempre copia o acuse de recibo.

A LA VUELTA

Si se reclama a la vuelta del viaje, lo mejor es hacerlo por escrito y dirigirse a la agencia y/o al turoperador. La responsabilidad del viaje es del mayorista, pero el encargado de dar toda la información es del minorista. Las agencias de viajes han de disponer de hojas de reclamaciones para su entrega al cliente cuando este las solicite. También se podrá recurrir a una exposición escrita de los hechos. Si es responsabilidad del minorista, la reclamación se atenderá directamente en la agencia. En otro caso, se remitirá al turoperador. Hay que cuantificar el daño causado y argumentarlo con pruebas, de cara a una indemnización. Si hay posturas opuestas y es imposible llegar a un acuerdo, el consumidor puede acudir a la Dirección General de Turismo de la correspondiente comunidad autónoma. Si se demuestra que ha habido una acción punible por parte de la agencia o del turoperador, la comunidad autónoma sancionará a la empresa, pero no dará solución al cliente. Queda la vía judicial.

Salud García, "Pasos para reclamar", adaptado de la *Revista Práctica Deviajes*

d) Resume en pocas líneas el contenido del texto anterior.

e) Busca sinónimos de las siguientes palabras:

in situ: _____

a la vuelta: _____

exposición: _____

reclamar: _____

sancionar: _____

acuerdo económico: _____

4. Estos textos están desordenados. Relaciona cada columna con el apartado que le corresponda.

CONSEJOS PARA IR SOBRE SEGURO		
1. Antes de contratar el viaje	2. Al contratar el viaje	3. Una vez contratado
a.	b.	c.

a.	b.	c.
Lee atentamente todas las condiciones del contrato antes de firmarlo, incluida la **letra pequeña**. La OCU aconseja rechazar cualquier cláusula por la que la agencia de viajes se exonere de la actitud de su publicidad. Las organizaciones de consumidores ponen como ejemplo el caso de paquetes vacacionales, en régimen de pensión completa, donde, luego, no se incluye la bebida o los alquileres de apartamentos en los que no se especifica quién corre con los gastos de luz, gas, etc. Antes de formalizar el contrato o de pagar cantidad alguna, el cliente tiene derecho a conocer el **precio total** del servicio. La primera entrega de dinero a cuenta no superará el 40% del importe total. El precio acordado es vinculado y no puede ser alterado en los veinte días anteriores a la fecha de comienzo del viaje. En este periodo de tiempo se aceptan aumentos (subidas del carburante, tarifas de aterrizaje, variaciones en el tipo de cambio) aunque todo deberá estar documentado y previamente avisado. Exige la entrega de los títulos, bonos, billetes y demás documentos relativos a los servicios contratados. Comprueba que la documentación se corresponda con los servicios.	Exige **factura** detallada. Conviene delimitar al máximo los supuestos llamados de "fuerza mayor". Conserva toda la **documentación** (facturas, catálogos, publicidad, contrato, resguardos de billetes); será la prueba en caso de reclamación. Lleva la información y direcciones útiles sobre las **sucursales** de la propia agencia, sus delegados o representantes, oficinas de turismo local, etc. 	Dirígete a agencias de viaje autorizadas y de reconocida **solvencia** y, a ser posible, adheridas al arbitraje de consumo. Comprueba su código de identificación. Recaba todo tipo de **información** relativa al viaje (publicidad, catálogos, calendario de viaje, relación de alojamientos) y guárdala como prueba documental. Infórmate sobre **el lugar** a donde quieras viajar (costumbres, nivel de desarrollo, sanidad), del nombre del turoperador y, si lo hay, del corresponsal en el extranjero o, lo que es lo mismo, del minorista subcontratado que presta servicios de organización en otro país o localidad. Si entregas **dinero** en concepto de señal o reserva, reclama el recibo que detalle los servicios a prestar. Por ultimo, debes exigir siempre un **plazo** determinado para la confirmación de la reserva.

Salud García, "Consejos para ir sobre seguro", adaptado de la *Revista Práctica Deviajes*

• Si lo has ordenado bien, podrás completar el siguiente esquema con los puntos principales de cada párrafo:

ANTES	DURANTE	DESPUÉS
1.- 2.- 3.- 4.- 5.-	1.- 2.- 3.- 4.-	1.- 2.- 3.-

FICHA 2.3. AGENCIAS DE VIAJES POR INTERNET

1. Actividad de pre-lectura. ¿Conoces el término "reconversión"?

2. ¿Cómo puede aplicarse este concepto a las agencias de viajes?

3. Comprensión lectora.
Lee el siguiente texto sobre la reconversión del sector de las agencias de viajes y realiza las actividades a continuación.

LAS AGENCIAS DE VIAJES SE RINDEN A LA VENTA *ON-LINE*

El auge de Internet para comprar vuelos y paquetes vacacionales obliga a las empresas tradicionales a reinventarse para no perder negocio.

El auge de Internet en el turismo cada vez es mayor y para cualquier agencia de viajes, hotel o turoperador, su presencia en la Red es indispensable si no quiere perder negocio. Fuentes del sector aseguran que en torno al 5,5% del total de viajes en España se contrató a través de Internet. Se espera que la cifra aumente. Solo del total de las reservas aéreas llevadas a cabo el pasado año, el 8,2% fue *on-line*, un 131% más que en el año anterior.

Desde hace un par de años, las principales agencias tradicionales del sector han invertido millones de euros para actualizar sus páginas web y facilitar la compra *on-line* de sus productos. Pero no es fácil, ya que el desembolso es muy grande, aunque necesario si no quieren perder negocio. Viajes Marsans, empresa que facturó 1000 millones de euros el pasado año y cuenta con 731 puntos de venta, aún no vende mucho por la web (no llega al 1% del total). Pero en 2006 destinarán 1000 millones de euros para la actualización y renovación de su portal. El caso de Halcón Viajes es similar y tratará de canalizar la mayor parte de sus ventas por su página web. En la actualidad, el 5% de sus 1500 millones de euros de facturación es *on-line*.

Pero no solo el auge de Internet amenaza la existencia de las agencias que no se renuevan. La progresiva reducción de la comisión que las aerolíneas abonan a las agencias por la venta de sus billetes y la potencial eliminación de dicha tasa podría hacer desaparecer hasta 1200 puntos de venta en cinco años –de los 10 000 existentes en España–, especialmente aquellos que solo se dedican a la reserva y emisión de billetes.

El sector está pasando por una gran reconversión para mantenerse. Pese a que muchas agencias ya están vendiendo *on-line*, para la mayoría, el crecimiento de este tipo de billetes aún

➡

no se compensa con lo que se pierde en el mostrador. Para sobrevivir, hay que buscar nuevas alternativas, entre otras, ofrecer más paquetes, trabajar con empresas, programas de fines de semana, etcétera. Los viajes de negocios se han convertido en un filón para las agencias tradicionales y representan en algunos casos ya un 15% de sus ventas.

De momento, los datos demuestran que en España los puntos de venta en la calle siguen creciendo (un ejemplo es Marsans), y según los expertos, la clave está en dicha readaptación. La gran pregunta es si van a poder mantener en Internet la cuota que ya poseen en el mercado tradicional. Muchos expertos lo dudan, porque han llegado demasiado tarde a un segmento que necesita constante actualización.

Adaptado de María Canales en *Nueva Economía* del periódico *El Mundo*

a) **Contesta las siguientes preguntas sobre el texto:**

   1. **¿Por qué está amenazada la existencia de las agencias de viajes tradicionales en la actualidad?**

   2. **¿A qué se refieren en el artículo cuando se menciona la "gran reconversión" del sector de las agencias de viajes tradicionales?**

   3. **¿Cuáles son los problemas de las agencias de viajes tradicionales para realizar esa reconversión?**

   4. **¿Qué nuevas alternativas han encontrado para sobrevivir?**

   5. **"Los viajes de negocios se han convertido en un filón para las agencias tradicionales", ¿qué significa?**

b) **Después de leer el artículo, ¿puedes explicar su título?**

c) **Comenta el último párrafo del texto. ¿Crees que al final las agencias de viajes tradicionales desaparecerán?**

4. Estudio de un caso. Lee el caso y realiza las actividades que aparecen al final.

¿Compensa reforzar una web que no atrae clientes?

Nuestra empresa es una agencia de viajes que creamos hace 10 años y que estaba funcionando a las mil maravillas pero de golpe y porrazo vemos que todo ha cambiado. "Hay que estar en Internet", me decía todo el mundo. Al principio no veía muy claro para qué, pero acabé ilusionándome con la idea. Encargamos la web a una empresa especializada y nos la instaló después de un par de meses o tres de marearnos. Dicen que está muy bien diseñada e incluso es atractiva.

Ahora, a ver qué pasa, pensé. Pero no pasó casi nada. Los primeros días, los únicos visitantes debíamos ser los de la propia empresa y familiares y, supongo, el tío que nos había diseñado el invento. La verdad es que me llevé un chasco. De entrada, aparecíamos en muy pocos buscadores. Nuestro diseñador debe ser más artista que industrial y desde luego no conoce nuestro sector. No figurábamos ni siquiera en webs sectoriales: hubo que hacer manualmente un montón de operaciones para que se nos pudiera encontrar, y aun así...

Han pasado tres meses: contando todo, hemos recibido 273 visitas y nos han enviado siete de mensajes. Aparte de clientes, proveedores, amigos y –supongo– competidores, no sabemos si los que han venido a nuestro sitio lo buscaban expresamente o han aterrizado en él por casualidad.

Para colmo, los de informática y *marketing* están como el perro y el gato, echándose la culpa unos a otros del poco éxito que tenemos. Es difícil manejarse dentro de nuestro sitio porque está mal estructurado. El diseño gráfico es bueno, pero hay que hacer demasiadas operaciones para ir de un lugar a otro. No tenemos tantas novedades como para irla actualizando, con lo que el que nos ha visto dos veces no vuelve. Para activar el interés habría que promocionarla y no hay presupuesto para eso. El sistema se satura enseguida y la gente tarda mucho en entrar.

Parte del problema es que ninguno de los dos tiene la responsabilidad absoluta: cada uno defiende su parcela de poder, se creen los reyes de mambo. Haría falta alguien con visión global del negocio, con un objetivo claro. Por supuesto que hay que estar en Internet, pero ya estamos. Nosotros no vendemos al consumidor final y estoy convencido de que todos los potenciales interesados ya nos han visitado. Dudo que podamos captar un solo cliente más, salvo que nos gastemos un dineral con un resultado absolutamente incierto y cuando las propias empresas de Internet empiezan a estar de vuelta.

Adaptado de Carles M. Canals, "¿Usted qué haría?", *Actualidad Económica*

a) **Selecciona cuál de estas opciones explica mejor cada una de estas frases:**

"Estaba funcionando **a las mil maravillas**".	"**Se consideran los mejores**".
"**De golpe y porrazo** vemos que todo ha cambiado".	"**Perfectamente, sin ningún problema**".
"La verdad es que **me llevé un chasco**".	"**De repente; repentinamente**".
"Los de informática y *marketing* **están como el perro y el gato**".	"**Estar en una mala relación**".
"**Se creen los reyes de mambo**".	"**Me llevé una sorpresa desagradable**".

b) **Haz un resumen de la situación con tus propias palabras.**

c) **Completa las siguientes frases:**

Seguramente sus posibles clientes esperan una web que…
El experto en esta materia le aconseja que …

d) **¿Qué harías si fueras el dueño de esa agencia de viajes?**

e) **¿Que consejo te parece más adecuado, el 1 o el 2? Argumenta tu respuesta.**

La idea de que hay que estar en Internet ha llevado a situaciones tan absurdas como esta a un sinnúmero de empresas. Hay que estar, sí, pero con un propósito claro y definido. Rediseñe su web con la mente puesta en aportar valor a sus usuarios. Proporcione a sus clientes información completa y específica sobre sus productos. Pregunte a esos clientes, interaccione con ellos: seguro que se les ocurrirán cosas.

Un error común en las políticas de *internetización* es la obsesión por las ventas, por amortizar la inversión realizada. No vender en la red no es un fracaso. El comercio *on-line* es una opción válida más para una sede web, pero no la única: *marketing* activo, analizar las preferencias de los clientes, acciones promocionales, fidelizar consumidores, dar a conocer productos, recabar información sobre los gustos, necesidades y expectativas de clientes actuales y potenciales.

1. ¿Alguna vez has visitado alguna agencia de viajes *on-line*? En caso afirmativo, ¿para qué?

2. ¿Cuáles crees que son las ventajas y los inconvenientes de utilizar un agencia de viajes *on-line*?

3. Estas son las recomendaciones elaboradas por la Asociación Española de Comercio Electrónico para ayudar a los consumidores a la hora de contratar un viaje a través de la Red. Relaciona cada título con la recomendación correspondiente.

a. Autenticidad de la agencia de viajes *on-line*.	**1.** Una vez realizada la reserva *on-line*, la empresa debe enviar una confirmación sobre su realización, bien sea por e-mail, en la pantalla de su ordenador o por correo mediante mensajero. Si no lo hace, solicítela.
b. Los billetes y el precio.	**2.** Lea la información que la empresa debe proporcionarle sobre cómo se va a tratar la información que le proporcione. Cuando la empresa le pida información personal para hacer la reserva, asegúrese de que aparezca un candado en la parte inferior de su navegador, prueba de que este ha reconocido que está en "zona segura" y que solo la empresa podrá ver sus datos.
c. Realización de la reserva y cancelación.	**3.** En el precio de la reserva, asegúrese de si los impuestos o tasas aplicables están o no incluidos y, en su caso, los gastos de envío de la documentación necesaria para la realización del viaje.
d. Confirmación de la reserva.	**4.** Antes de hacer una reserva *on-line* debe saber a quién la está contratando. Las empresas españolas están obligadas a identificarse e incluir en su web su razón social, NIF, dirección postal de su sede en España y la de correo electrónico, así como los datos de su inscripción en el Registro Mercantil español y los de la licencia o autorización administrativa que les permite desarrollar este tipo de actividad.
e. Documentación de la reserva *on-line*.	**5.** En caso de que la empresa ofrezca diferentes formas de pago, elija la que más se amolde a sus necesidades y si el precio está sujeto a financiación, lea cuidadosamente el calendario de pagos y las condiciones.
f. Forma de pago.	**6.** Antes de hacer la reserva *on-line*, lea las normas o condiciones de la reserva, que deben estar en la web a disposición de los usuarios y deben incluir las condiciones para solicitar la cancelación de la reserva *on-line*. Si no las entiende o tiene alguna duda, póngase en contacto con la empresa por teléfono o por e-mail. En caso de algún incumplimiento de las condiciones de la reserva, deje constancia del mismo por escrito a la empresa para luego poder reclamar.

➡

g. **Protección de datos.**	**7.** Guarde la mayor cantidad de información posible sobre las características y la publicidad de la reserva que realice: las condiciones, la confirmación, bien sea en formato electrónico o en formato papel. Según cuál sea el tipo de reserva que realice, asegúrese de que en la información figuren todos los datos esenciales, como el destino o los destinos del viaje, el itinerario, las visitas, excursiones y el resto de servicios incluidos, las fechas de estancia, los medios de transporte que se van a utilizar, las fechas, horas y lugares de salida y de regreso, la situación, categoría turística y las principales características del alojamiento y el número de comidas incluidas, así como cualquier tipo de solicitud especial que haya realizado y que la empresa haya aceptado.

Adaptado del artículo "Consejos de AECE-FECEMD a tener en cuenta a la hora de contratar tus vacaciones a través de la red", en *www.aece.org*

a	b	c	d	e	f	g

4. En tu opinión, ¿están justificadas estas recomendaciones? Coméntalo con tus compañeros.

FICHA 2.4. PORTALES DE VIAJES: "CIBERAGENCIAS"

1. ¿Conoces estos portales de viajes?

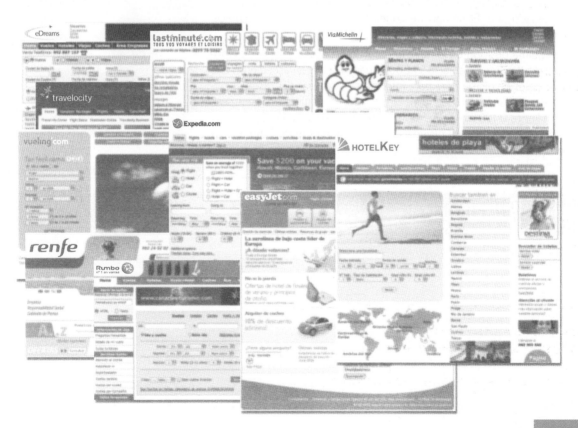

2. ¿Has visitado alguno? En caso afirmativo, ¿con qué frecuencia?

3. ¿Cuál crees que es el más visitado en España? ¿En Europa? ¿Y en Estados Unidos?

4. A partir del texto siguiente, completa el cuadro.

Ranking de portales más visitados en España

Por marcas, el portal de ViaMichelin lidera, con 880 000 personas, el *ranking* de portales de viajes más visitados durante el pasado mes de julio, lo que representa un aumento del tráfico del 190% con respecto al mismo mes del año anterior. En total, los potenciales viajeros que accedieron a este portal visitaron más de 23,4 millones de páginas, lo que supone incrementar en un 157% la cifra registrada el pasado año. Cada persona realizó una media de 1,5 visitas aproximadamente y navegó un promedio de 12 minutos y 14 segundos por este portal, prácticamente el mismo tiempo que en el mismo mes del año anterior.

eDreams ocupa el segundo puesto de este *ranking*, con un tráfico de internautas de 849 000 personas contabilizadas en julio del pasado año, lo que supone un incremento del 98,8% con respecto al mismo periodo del año anterior. Asimismo, la cifra de páginas vistas aumentó un 176%, hasta superar los 13,9 millones, y el número de visitas creció un 12%, situándose en 1,8 visitas por persona. El tiempo de navegación también registró un crecimiento de un minuto y quince segundos, situándose en 9 minutos y 33 segundos en julio del pasado año.

La tercera posición en el *ranking* la ostenta Ya.com Viajes, con un total de 680 000 internautas en julio del año pasado, lo que representa un incremento del 93% con respecto al mismo periodo del año anterior. El número de páginas vistas aumentó en 2000 aproximadamente hasta alcanzar los 6,7 millones en julio, con una media de 10 páginas vistas por usuario, frente a las 13 contabilizadas en julio de hace dos años. El tiempo medio de navegación por "viajero" también disminuyó en dos minutos y veinte segundos.

El portal Renfe.es también aumentó el número de internautas en más de un 37% en julio, hasta alcanzar los 610 000 usuarios. Estos visualizaron más de 9 millones de páginas en este periodo, un 54% más. Cada persona realizó una media de 1,6 visitas y visualizó también una media de 15 páginas, lo que supone un aumento del 6 y 15%, respectivamente, en julio del pasado año. El tiempo de conexión aumentó en dos minutos, hasta rozar los diez minutos.

La quinta posición en el *ranking* durante el pasado julio correspondió a Lastminute.com. En total, 459 000 usuarios (+109%) accedieron a la página de viajes de última hora para informarse y realizar sus reservas *online* durante el pasado mes de julio. El número de páginas vistas superó los siete millones (+100%), lo que representa una media de 15 páginas por usuario. El tiempo medio de navegación por persona fue de 7 minutos y 52 segundos, casi un minuto menos que en julio de hace dos años.

Fuente: *http://www.goodwill.es*

PORTALES	AUDIENCIA	AUMENTO DE TRÁFICO RESPECTO DEL AÑO ANTERIOR	TIEMPO DE CONEXIÓN

5. Después de conocer los datos actuales del uso de las ciberagencias, y con la información del artículo anterior "Las agencias se rinden a la venta *on-line*" (Ficha 2.3.), escribe un texto en el que expreses tu opinión sobre cuál es el futuro de ambos tipos de agencia de viajes. ¿Crees que pueden complementarse en el futuro o, por el contrario, las agencias tradicionales están condenadas a desaparecer?

ACTIVIDADES RECOPILATORIAS

1. En los viajes combinados pueden darse todo tipo de incidencias. Lee el relato de este viajero, para quien un crucero acabó siendo una experiencia inolvidable, aunque no precisamente por los buenos recuerdos.

"Escribo porque me gustaría que alguien me aconsejase sobre cómo actuar con una serie de problemas que tuvimos en un crucero, concretamente el "Grandes Capitales de Europa" que realizamos el pasado mes.

En principio, según el folleto "Cruceros 2005" editado por la agencia y concretamente en la página 47, se anuncia un crucero llamado "Grandes Capitales de Europa" que comprende París (Rouen), Londres (Tilbury), Amsterdam, Oslo y Copenhague, con la particularidad de que en la propaganda de este viaje la única foto alusiva al viaje es una de París, así que nos decidimos a contratarlo.

1.º- No se ve París. Te llevan a París, pero del aeropuerto se va al barco directamente y de ahí se zarpa hacia Londres. Yo contraté el viaje creyendo que vería la ciudad, pero solo pude ver una porción de la Torre Eiffel desde un autobús.

2.º- El barco tuvo que zarpar de Rouen (problemas con la marea) y, a resultas de que el avión que nos llevaba a París despegó una hora y media tarde, en lugar de embarcar ahí, lo tuvimos que hacer en Honfleur, lo que nos supuso pasar de embarcar a las 16:00 (hora prevista) a hacerlo a las 22:15. Pasamos la mayor parte de ese tiempo en un autobús persiguiendo al barco. En total, más de 6 horas de crucero perdidas, cambiando el confort del crucero por un autobús.

3.º- En Londres, se cambió el embarque de Tilbury por el mismísimo Londres. En principio fenomenal, porque estábamos en el mismo centro de Londres. Contratamos una excursión, que salió una hora tarde, y aunque volvimos a la hora prevista, al llegar vimos cómo el barco (por problemas con la marea nuevamente) zarpaba. Una hora después, se nos llevó en una "barcaza" de las autoridades portuarias londinenses y tres horas después, alcanzamos al barco. Como compensación se nos regaló el importe de la excursión.

Todo lo que he contado ocurrió en los tres primeros días del viaje. Yo me pregunto, ¿este operador se dedica al tema de los cruceros y no tiene en cuenta las mareas? Perdí más de 10 horas de estancia en el crucero y las pasé persiguiendo el barco. Como ciudadano, ¿tengo algún derecho? Mi idea ahora es reclamar al operador y, luego, presentar una reclamación en la oficina del consumidor, además de contarlo a los cuatro vientos para que veáis la "seriedad" de este operador.

¿Algún consejo sobre cómo actuar? ¿Os ha pasado esto o algo parecido alguna vez? ¿Me voy directamente a la oficina del consumidor? Disculpad el "rollo" y gracias por adelantado".

Adaptado de *Infocruceros*

a) **Juego de roles.**

ALUMNO A

Eres el desdichado viajero que llama al operador y le presenta sus quejas. Reclama con insistencia tus derechos a recibir algún tipo de compensación por los perjuicios y las medidas que piensas tomar contra la compañía.

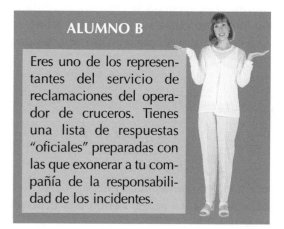

ALUMNO B

Eres uno de los representantes del servicio de reclamaciones del operador de cruceros. Tienes una lista de respuestas "oficiales" preparadas con las que exonerar a tu compañía de la responsabilidad de los incidentes.

b) **¿Puedes responder a las tres últimas preguntas del frustrado viajero? Comparte tus respuestas con tus compañeros.**

2. Uno de los principales servicios de las agencias *on-line* es la venta de billetes de avión. Haz las siguientes actividades:

a) **¿Qué es un billete electrónico?**

b) **En parejas:**

ALUMNO A: haz una lista de ventajas que este tipo de billete puede tener para el usuario.

ALUMNO B: haz una lista de ventajas que este tipo de billete puede tener para las compañías aéreas.

c) **A continuación, escucha la información que te explicará tu compañero para comprobar si dicha información coincide con tu lista de ventajas.**

Estudiante A: explica brevemente el siguiente párrafo a tu compañero.	Estudiante B: explica brevemente el siguiente párrafo a tu compañero.
Iberia ha comenzado a aplicar un recargo adicional de 15 euros por billete de avión tradicional, es decir, el de papel, en aquellos vuelos en los que el cliente tiene la posibilidad de optar por un billete electrónico o *ciberticket*. Hasta ahora, la diferencia de precio entre las dos modalidades se reducía a tres euros. Vueling estudia adoptar una medida similar, aunque aún no ha concretado ni la fecha de aplicación ni el importe del cargo. El objetivo de este gravamen es reducir los elevados gastos de impresión en papel (7,60 euros por billete), una medida que se enmarca en la actual política de reducción de costes con que las compañías tradicionales tratan de hacer frente a la situación creada por la escalada del precio del combustible (un 56% en el último año), las nuevas indemnizaciones por sobreventa y retrasos (600 millones de euros en el año pasado) y la fuerte competencia de las aerolíneas de bajo coste.	Además de ser más barato para el viajero, a favor del billete electrónico cuentan la seguridad, la comodidad y el ahorro de tiempo. Es imposible perderlo u olvidarlo porque solo existe en la base de datos de la compañía aérea. La reserva se puede hacer directamente por Internet o por teléfono, sin necesidad de desplazarse, o por las vías tradicionales: en agencias de viajes o en las oficinas y mostradores de aeropuerto de las propias compañías. Una vez hecha la reserva, la confirmación y los detalles del viaje se reciben por correo electrónico o fax, o se recogen en las oficinas emisoras. Para obtener la tarjeta de embarque solo se necesita el código localizador (un grupo de letras y/o números que se asigna en el momento de hacer la reserva) y un documento de identificación (DNI, pasaporte, tarjeta de residente o tarjeta de viajero frecuente). El *ciberticket* permite facturar el equipaje a través de las máquinas de facturación exprés, lo que permite ahorrarse las colas.

EL TRANSPORTE AÉREO

TEMA 3

FICHA 3.1. DIFERENTES TIPOS DE TRANSPORTE

El transporte es una actividad económica de servicio tanto a la población como a la producción. Las características del medio natural por el que discurre el recorrido determinan los **modos de transporte**:

a) Transporte terrestre: el medio natural por el que transcurre el recorrido es el suelo, sobre el que se interviene y se modifica en función de los diferentes medios de transporte a utilizar, a saber, construyendo caminos y carreteras y vías de ferrocarril.

b) Transporte acuático: el medio natural por el que transcurre el recorrido es el agua, sobre el que se interviene y modifica solo excepcionalmente (canales artificiales, rectificación de cauces y costas). Se subdivide en transporte fluvial (el que discurre por ríos y canales naturales o artificiales de agua dulce); transporte lacustre (el que discurre por lagos continentales); y transporte marítimo (el que transcurre por mares, océanos y canales marítimos).

c) Transporte aéreo: en este caso, el medio natural es el aire.

Adaptado de María Concepción Segovia, *El papel del transporte*

FICHA 3.1.1. EL TRANSPORTE AÉREO

Las compañías aéreas son aquellas empresas mercantiles que ofrecen un servicio de transporte aéreo en régimen de vuelo regular, chárter u otros tipos de servicios (aerotaxis, carga, etc.). Suelen tener una compleja estructura empresarial debido a la variedad de servicios: tierra, vuelo, mantenimiento, *catering*, seguridad, así como la gestión administrativa, comercial, financiera, de producción, *marketing*, delegaciones territoriales, personal, etc.

Clasificación:

A) Propiedad: públicas, semipúblicas, y privadas.

B) Servicios:

Regulares: nacionales, internacionales, regionales o de tercer nivel.

Discrecionales: chárter, aerotaxis.

Especiales: publicitarias.

1. De las siguientes compañías aéreas, ¿cuáles son públicas y cuáles privadas? ¿Puedes identificarlas?

AirEuropa

a. _____

IBERIA

b. _____

vueling com

c. _____

Lufthansa

d. _____

POLISH AIRLINES
LOT

e. _____

AA
AmericanAirlines

f. _____

easyJet.com   **AIR FRANCE**   BRITISH AIRWAYS   ▲**Delta**

g. _____   h. _____   i. _____   j. _____

a) **En parejas. Elige una de las compañías anteriores, busca información y preséntasela a tu compañe-ro. Él hará lo mismo.**

b) **Con toda la clase. Puesta en común.**

2. **El siguiente texto describe la situación actual del transporte aéreo.**
Léelo y completa los espacios en blanco con las palabras más apropiadas de las que aparecen después del texto.

Los consumidores ganan en el aire

El transporte aéreo mundial vive años de gran crecimiento y ya supera el ___(1)___ existente antes del 11-S. Las ___(2)___ anuales de incremento oscilan entre 4%-8%. Basta con ver la evolución de pedidos a los grandes fabricantes de aviones. El factor básico de crecimiento es el aumento de la competencia, que ha permitido que viajar frecuentemente en avión deje de ser un lujo.

En España, el crecimiento de tráfico aéreo, casi un 9%, está por encima de la ___(3)___ mundial. En rutas operadas por Vueling (una compañía aérea de bajo coste) el tráfico total ha crecido un 18% el pasado año. Un claro ejemplo es la línea Barcelona-Sevilla, que se ha duplicado en tres años, pasando de ___(4)___ 600 000 pasajeros hace tres años, a 1,2 millones en el presente año. Por encuestas a clientes, se sabe que el crecimiento viene del aumento de ___(5)___ que cada vez más tienen que ofrecer el mejor precio sin olvidar un buen servicio. Ofrecer la mejor calidad es el mayor reto, el factor fundamental está en ___(6)___ a la selección, formación y evaluación de las personas que contactan con el cliente.

El AVE (tren de alta velocidad) de la industria aérea ha sido la aparición de compañías como Vueling, que han intentado captar ese cambio de ___(7)___ de juego en las que manda el cliente. En este caso, los excelentes resultados del último ejercicio y las mejores perspectivas para el presente, dan la confianza de seguir avanzando en la línea de mejor precio y servicio.

Adaptado de Carlos Muñoz, *Actualidad Económica*

a) **Elección múltiple.**

(1)	**a.** volumen	**b.** tráfico	**c.** movimiento
(2)	**a.** cargas	**b.** acciones	**c.** tasas
(3)	**a.** media	**b.** mitad	**c.** parte
(4)	**a.** transbordar	**b.** trasbordar	**c.** transportar
(5)	**a.** operadores	**b.** gestores	**c.** transportistas
(6)	**a.** atender	**b.** prestar atención	**c.** llamar la atención
(7)	**a.** reglas	**b.** instrucciones	**c.** pautas

b) **En el primer párrafo se menciona que el factor básico para el crecimiento del transporte aéreo es el aumento de la competencia. ¿Podrías explicar a qué competencia se refiere?**

c) **¿Qué aerolíneas públicas, privadas o mixtas hay en tu país?**

3. Relaciona cada palabra con su concepto:

1. Vuelo regular:	**a.** tarifa en un circuito que solo incluye la ida.
2. Vuelo chárter:	**b.** transporte por encargo o el flete de aviones para servicios comerciales discrecionales, no sujetos a un itinerario, calendario, horarios fijos y tarifas más económicas.
3. Tarifa aérea:	**c.** tarifas que gozan de unas ventajas económicas, pero teniendo algunas limitaciones de uso.
4. Tarifas especiales:	**d.** tarifa en un circuito que incluye ida y vuelta.
5. Descuentos:	**e.** aparte de las tarifas especiales, tanto para las tarifas normales como para algunas especiales, pueden aplicarse descuentos.
6. Tarifa de ida:	**f.** precio que usted paga por su transporte y el de su equipaje, desde el aeropuerto de origen al destino.
7. Tarifa de ida y vuelta:	**g.** tarifa en un circuito, saliendo y regresando al mismo punto después de recorrer varios puntos.
8. Tarifa circular:	**h.** trasporte ejecutado a través del espacio aéreo, dentro de un mismo Estado o entre varios Estados, de carácter comercial público y regular, sujeto a un itinerario, calendario y horarios fijos publicados en manuales, circulares, guías y horarios.

1	2	3	4	5	6	7	8

4. Transporte aéreo.

A continuación te damos una serie de palabras relacionadas con el transporte aéreo ordenadas en cajas. Elige un título para cada caja:

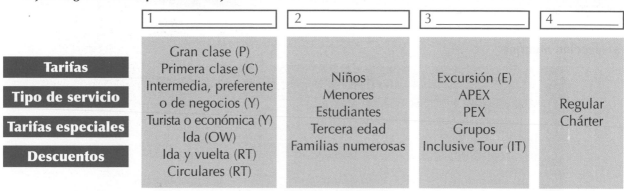

| 1 _____ | 2 _____ | 3 _____ | 4 _____ |

Tarifas

Tipo de servicio

Tarifas especiales

Descuentos

Gran clase (P) Primera clase (C) Intermedia, preferente o de negocios (Y) Turista o económica (Y) Ida (OW) Ida y vuelta (RT) Circulares (RT)	Niños Menores Estudiantes Tercera edad Familias numerosas	Excursión (E) APEX PEX Grupos Inclusive Tour (IT)	Regular Chárter

a) **Presta atención a las siglas que aparecen entre paréntesis.**

b) **Si tienes problemas para definirlas, aquí te explicamos algunas, pero te proponemos seguir con la actividad 5 para poder identificarlas y conocerlas todas.**

OW. *One Way.* Código aéreo de viaje de ida o viaje sencillo.

RT. *Round Trip.* Viaje de ida y vuelta.

5. Algunas tarifas promocionales.

Son tarifas interesantes por el ahorro económico que suponen pero suelen estar sujetas a condiciones restrictivas, como tiempo mínimo de estancia, imposibilidad de cambios, no devolución del billete, etc. Por tanto, conviene informarse bien de estas condiciones antes de reservar cualquiera de ellas.

PEX. Son las siglas de *Purchased Excursion* (Excursión adquirida simultáneamente). El descuento puede ser del 35 o del 40% respecto al precio de tarifa normal, aunque con una serie de requisitos:

- es obligatorio comprar un billete de ida y vuelta. Se exige pasar como mínimo una noche de sábado en el lugar de destino y se restringe la estancia máxima de uno a tres meses;

- el viaje de vuelta es cerrado, es decir, que en el momento de la compra es necesario fijar la fecha de regreso y no es modificable. En el caso de que se quiera cambiar será penalizado con un recargo de un 25 a un 50%.

APEX. *Advanced Purchased Excursion* (Excursión adquirida con antelación). La reserva y el pago de los billetes debe realizarse con una serie de días de antelación, que varían dependiendo de la compañía con la que se contrate el vuelo. Las limitaciones suelen coincidir con las de las tarifas PEX y la estancia máxima es de tres a seis meses. **IT** *Inclusive Tour.* Todo incluido. Paquete turístico. Viaje todo incluido en el que se vende por un precio global un conjunto de servicios, comprendiendo generalmente el transporte, alojamiento y otros. El **ITC** *Inclusive Tour Charter.* Viaje todo incluido utilizando vuelos chárter. **ITX** *Inclusive Tour Excursion.* Viaje todo incluido, utilizando compañías aéreas regulares.

Tarifas de excursión. Exigen iguales requisitos que las tarifas promocionales pero con la ventaja de que la vuelta no es cerrada y, en caso de que no se haya fijado, puede modificarse sin gasto alguno. Suele ser más cara que las dos anteriores.

Tarifa joven. Para menores de 26 años y estudiantes, siempre que se acredite esta condición. Si te interesa esta tarifa, debes consultar porque los tramos de edad pueden variar de unas empresas a otras.

Tarifas triangulares, que permiten viajar enlazando tres destinos.

Tarifas de vuelta al mundo, que combinan las ofertas de diversas líneas regulares y que permiten ir en un sentido pero no hacia atrás.

Descuentos especiales para mayores de 65 años, familias numerosas, niños, grupos, españoles residentes en las islas o en el extranjero, marinos, etc.

La labor del consumidor responsable que compara precios y los servicios ofrecidos es absolutamente imprescindible.

Una vez elegido el vuelo más adecuado a nuestras necesidades, es aconsejable reservar con antelación, sobre todo cuando se viaja en temporadas "altas", y cerrar el regreso (en el billete figuran las siglas OK), no sea que luego no podamos volver hasta fechas posteriores a las previstas.

Si hemos optado por un vuelo no directo, conviene informarse de las escalas; es decir, de las paradas que realiza el avión. Pueden durar muy poco tiempo —como en el caso de las escalas técnicas para repostar combustible—, horas, un día o varios. En el caso de que debas permanecer en un punto intermedio del itinerario horas o un día, pregunta si está o no incluido el alojamiento. A veces el tiempo es suficiente para conocer una ciudad, pero tendrás que prever si necesitas algún requisito especial para la entrada (visado, vacunas, etc.) y el cambio de moneda.

Algunos destinos marcan unas tasas de aeropuerto, que cobran generalmente al regreso y que no se encuentran incluidas en el precio del billete.

Infórmate, no sea que en el último momento andes justo de dinero y tengas que pedir en el aeropuerto o vender tu reloj o cámara fotográfica para pagarlas.

Adaptado de *Injuve*

6. Mira el significado de algunas anotaciones del billete aéreo siguiente. ¿Puedes explicar algunas referencias más?

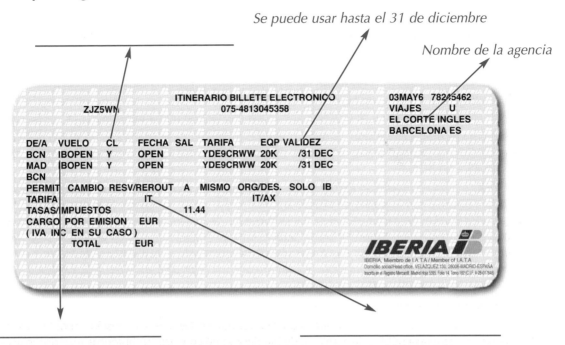

Se puede usar hasta el 31 de diciembre

Nombre de la agencia

ITINERARIO BILLETE ELECTRONICO
075-4813045358

ZJZ5WN

03MAY6 7824562
VIAJES   U
EL CORTE INGLES
BARCELONA ES

DE/A	VUELO	CL	FECHA	SAL	TARIFA	EQP	VALIDEZ
BCN	IBOPEN	Y	OPEN		YDE9CRWW	20K	/31 DEC
MAD	IBOPEN	Y	OPEN		YDE9CRWW	20K	/31 DEC
BCN							

PERMIT CAMBIO RESV/REROUT A MISMO ORG/DES. SOLO IB
TARIFA   IT.   IT/AX
TASAS/IMPUESTOS   11.44
CARGO POR EMISION   EUR
(IVA INC EN SU CASO)
        TOTAL   EUR

IBERIA

IBERIA, Miembro de I.A.T.A / Member of I.A.T.A
Domicilio social/Head office. VELAZQUEZ 130, 28006-MADRID-ESPAÑA
Inscrita en el Registro Mercantil. Madrid Hoja 5595, Folio 14, Tomo 182 (C.I.F. A-28-017848)

a) En el texto anterior, subraya los aspectos más importantes que crees que se deben tener en cuenta para conseguir tarifas económicas.

b) ¿Qué tarifas promocionales conocías?, ¿cuáles has utilizado?

c) A la hora de buscar un vuelo, ¿qué ventajas buscas?

d) Selección múltiple. Escoge la opción apropiada.

1 Las condiciones restrictivas de las tarifas promocionales suelen:
a) afectar al precio del billete.
b) mostrar sus ventajas.
c) indicar los horarios de los vuelos.

4 La diferencia entre las tarifas PEX y APEX es:
a) la fecha de compra del billete.
b) la anticipación con que adquieres el billete.
c) nula.

2 Para acceder a una buena tarifa te impondrán:
a) pasar toda la semana en el lugar de destino.
b) realizar un viaje de ida y vuelta en la misma jornada.
c) pasar la noche del sábado en destino.

5 En la tarifa joven:
a) no todas las compañías aéreas siguen los mismos criterios de edad.
b) la edad del viajero no es importante.
c) la edad del acompañante cuenta a la hora de abonar el billete.

3 Si tienes una tarifa PEX lo normal es:
a) dejar abierto el día de regreso.
b) no cambiar por ningún motivo la vuelta.
c) pagar un recargo al cambiar cualquier fecha fijada.

6 Las tasas de aeropuerto:
a) ya no se cobran.
b) se cobran en todos los aeropuertos.
c) se cobran generalmente a la vuelta en el aeropuerto de salida.

FICHA 3.2. PROFESIONALES DE LA AVIACIÓN

1.

a) Lee el siguiente texto y pon especial atención en lo que dicen las personas que dan su opinión. (Verás que sus nombres están en negrita).

Piloto en paro busca avión

Desde pequeño, **Raúl Fraguas** soñaba con ser piloto de aviones comerciales. Nos explicó que: "por falta de recursos económicos me matriculé en Químicas", pero añadió que: "al acabar la carrera aproveché la oportunidad que se me presentó de trabajar como auxiliar de vuelo para Iberia. Era una forma de estar cerca de lo que me gustaba. Después luché para convertirme en piloto y desde entonces llevo tratando de trabajar como piloto aunque sin éxito". La historia de Raúl no es un caso aislado.

En España, existen cuatro mil jóvenes en paro con el título de piloto bajo el brazo, tras haber invertido más de setenta mil euros, de media, en un curso de 18 meses. La mayoría ha pedido grandes créditos para lograr su sueño. "En los últimos años, ha habido un *boom* de pilotos. Han salido 800 profesionales al año, algo que ha sido imposible de absorber por el mercado laboral, pese a que ahora hay más aerolíneas que nunca", señaló **Javier Martín-Sanz**, vocal del Colegio Oficial de Pilotos (Copac).

Pese a los obstáculos para ponerse a los mandos de un Superjumbo, la meta vale la pena. Además de la imagen de glamur que arrastra la profesión y la sensación de pilotar un avión a diez mil metros de altura, la recompensa económica es elevada.

Los tiempos, sin embargo, han cambiado y entrar hoy en Iberia es casi misión imposible. Desde que dejó de ser una empresa pública, la aerolínea de bandera ya no convoca sus históricos macroconcursos para fichar nuevos pilotos. Ahora, solo cogen a gente puntualmente, y con mucha experiencia, con más de dos mil horas de vuelo y que tengan hechos los cursos de entrenamiento.

"Ya nada es como hace diez años. El sector ha dado un vuelco de 180 grados. Ha pasado de estar en manos de empresas públicas que tenían el monopolio a una feroz competencia. Las compañías han tenido que reducir costes, entre ellos los de formación. Así que los pilotos también han tenido que adaptarse a la nueva realidad del mercado", nos comentó **Antonio Yepes**, director de la escuela de pilotos *Airman*.

El principal culpable de este cambio de las reglas de juego es la irrupción de las empresas de bajo coste, que han obligado a todo el sector a apretarse el cinturón; también a los pilotos. Para trabajar en Vueling o Ryanair, el candidato tiene que tener entre quinientas y setecientas horas de vuelo.

La otra realidad es que las aerolíneas ya no pagan los entrenamientos para pilotar aviones comerciales, como hacía Iberia. "Algunas aerolíneas te lo pueden financiar, pero después te lo descuentan del salario", subrayó **Luis Tortras**, de 24 años, uno de los pocos que ha conseguido trabajo. Algunos profesionales están tan desesperados que se han planteado ir a trabajar a India o China, donde existe una gran demanda de pilotos comerciales.

El aumento de paro en el sector ha puesto en el disparadero a las escuelas de formación, todas privadas. "El problema es que esto se ha convertido en un negocio. Fabrican pilotos como churros. Su objetivo es coger a cuantos más alumnos mejor y la formación ya no tiene la calidad de antes. Es muy teórica. En España, hay 32 escuelas, por las tres que hay en Reino Unido. Es un sistema generador de paro", señaló **Xavier Canals**, responsable de formación del Copac. Canals añadió que "la solución sería que el título de piloto comercial se convirtiera en una carrera universitaria, pues no solo formarían para volar aviones, sino para trabajar en otros puestos del sector, como sería la gestión en *marketing* o en gestión de flotas y rutas".

Adaptado de *Expansión*

b) **Haz un resumen de la situación utilizando tus propias palabras.**

c) **Completa el siguiente cuadro siguiendo el modelo:**

Raúl nos explicó que se había matriculado en Químicas por falta de recursos económicos.
Raúl Fraguas añadió que...
Javier Martín-Sanz señaló que...
Antonio Yepes comentó que...
Luis Tortras subrayó que...
Xavier Canals señaló que... *y después añadió que...*

d) **¿Cuál es la razón fundamental que origina el paro entre los pilotos españoles?**

e) **¿Crees que se trata de una situación extrapolable a otros países?**

f) **Actualmente, algunas universidades, como la Autónoma de Madrid, la de Salamanca, La Coruña o Reus, tienen un título propio, no reconocido, en gestión aérea. ¿Existe esa posibilidad en tu país? ¿Lo ves como una solución o no es suficiente?**

2. **Tus compañeros y tú tenéis posturas muy diferentes con respecto al tema que estamos tratando. Cada uno tendrá que defender su posición partiendo de los argumentos que aparecen en los siguientes cuadros:**

ESTUDIANTE A	ESTUDIANTE B	ESTUDIANTE C
El origen del problema es la aparición de las compañías de bajo coste...	El origen del problema es el número excesivo de escuelas privadas...	El origen del problema es el excesivo número de pilotos, imposible de ser absorbido por el mercado laboral...

3. **Estudio de un caso. "El factor humano".**

El factor humano está presente permanentemente en el trabajo del piloto y es la causa de la mayoría de los incidentes y accidentes que ocurren en aviación.

Lee detenidamente este caso real y realiza las actividades que aparecen al final.

El hombre no es perfecto y lo que él hace, por ende, tampoco. Los procedimientos y las técnicas están perfectamente definidas, pero la intervención del hombre puede originar una situación no prevista.

El Aeropuerto de Barcelona tiene pistas cruzadas entre sí con un ángulo aproximado de 50°. Es normal allí que los despegues se efectúen desde una pista y los aterrizajes por la pista que cruza. Por lo tanto, mientras un avión despega, nadie puede aterrizar por la otra pista y viceversa.

Un determinado día, nos dirigíamos rodando a la cabecera de la pista 20, que era la que estaba en servicio para despegues y lo hacíamos detrás de un avión de la Compañía Iberia que al llegar a la cabecera fue autorizado a entrar en pista y despegar. El avión entró en pista, alineó y le dijo al controlador que necesitaban un minuto para hacer unas comprobaciones, a lo que el controlador contestó con un "Recibido". El tiempo empezó a transcurrir y un avión de la Compañía Air-Europa se presentó en aproximación final de la pista 25 para aterrizar.

Las secuencias de aproximación y despegue en el Aeropuerto de Barcelona son de un avión por minuto, aproximadamente. Entra uno, sale otro, entra uno, sale otro...

El avión de Air-Europa fue autorizado a aterrizar y cuando estaba llegando a la pista 25, el avión de Iberia, que estaba alineado en la otra pista cruzada, la 20, metió motor y empezó a rodar para el despegue.

Inmediatamente que lo vi, imaginé en mi cabeza, lo que podría llegar a ocurrir. Viendo la distancia a la que se encontraban los dos aviones y sus velocidades, las probabilidades de que colisionaran en el aire o en tierra en el cruce de las dos pistas eran elevadísimas. No lo dudé ni un segundo. Cogí el micrófono y por la frecuencia común que nos enlaza con la torre de control, le dije al Iberia: "No estás autorizado".

El avión de Iberia, abortó la carrera de despegue y le dijo al controlador: "Disculpe..., no sé si estábamos autorizados a despegar o no". El controlador le respondió: "No se preocupe, puede abandonar pista por la primera a la derecha y regresar al punto de espera de la pista 20". El avión de Air-Europa aterrizó felizmente por la pista 25 e inmediatamente nosotros fuimos autorizados a entrar y despegar por la pista 20, en secuencia normal, siendo transferidos después, ya en vuelo, a otra frecuencia de control.

Tengo la sensación de que cuando el Iberia abandonó la pista, el controlador ya no recordaba si él había cancelado la autorización de despegue del Iberia o no, por lo que por si acaso el error que había motivado todo este incidente era suyo, en lugar de recriminar al Iberia lo que estaba haciendo, se limitó a no adoptar ninguna iniciativa y simplemente le dijo al Iberia: "No se preocupe, puede abandonar por la primera a la derecha".

Qué felicidad..., como ninguno de los dos sabe lo que pasó, probablemente nadie hizo un informe, no fuera a ser que le exigiesen a él algún tipo de responsabilidad.

Algo que no se conoce, no puede dar lugar a un cambio de procedimientos o a implementar mejoras, por lo que es probable que una situación similar a esta pueda ocurrir de nuevo en cualquier momento, en este o en cualquier otro aeropuerto.

¿Qué hubiera ocurrido si yo no le digo al avión de Iberia nada? ¿Cómo pudo darse realmente esta situación?

Adaptado de *El factor humano* de Carlos Madruga

a) **¿Qué habría ocurrido si el piloto del caso no le hubiese dicho nada al avión de Iberia?**

b) **¿Qué habrías hecho tú en una situación semejante?**

c) **Responde a la pregunta: "¿Cómo pudo darse realmente esta situación?".**

d) **Por parejas, valorad la importancia de los errores cometidos según el piloto del caso. Razonad vuestras respuestas.**

PRIMER ERROR:
Cuando el avión de Iberia dijo que necesitaba un minuto, el controlador no le canceló la autorización de despegue. Solamente dijo: "Recibido".

SEGUNDO ERROR:
Una autorización a otro avión para aterrizar por una pista que cruza la de despegue, obviamente, impide cualquier despegue por la otra pista, se cancele o no la autorización dada con anterioridad al Iberia. No obstante, los pilotos de este avión estaban tratando de resolver algún tipo de problema y no atendieron durante este tiempo lo que se decía por la radio, como si no les afectara.

TERCER ERROR:
En un ambiente de falta de rigor y precisión, el controlador alertado por mi voz en la radio diciéndole al Iberia "No estás autorizado", se limitó a informar al avión de Air-Europa en corta final con la siguiente frase: "Europa..., para su información, tráfico en carrera por la 20". Como si se le hubiera escapado el avión y sin saber muy bien lo que estaba pasando. El piloto del avión de Iberia dijo que no sabía si estaba autorizado o no. En cualquier caso, debió pedir confirmación de la autorización de despegue que le habían dado hacía ya bastante tiempo. Los aviones van muy deprisa y en un minuto mal contado, en aviación, ocurren muchas cosas.

PRIMER ERROR:

_____

SEGUNDO ERROR:

_____

TERCER ERROR:

_____

e) **¿Pensáis que era necesario redactar un informe? Redactad uno con la ayuda de vuestro compañero.**

f) **¿Qué responsabilidades se les podía haber pedido?**

g) **Juego de roles. En grupos de 4 vais a representar lo sucedido en el caso mediante un diálogo que crearéis entre las siguientes personas: 1) El controlador; 2) El piloto del avión de Iberia que tenía problemas; 3) El piloto narrador de esta anécdota; 4) El piloto de Air-Europa.**

4. Descubre lo que nos desvela un piloto y una azafata.

Las siguientes preguntas se las formulamos a Carlos Madruga, piloto de Air Europa y a Mayte Campo, azafata de Iberia. En el cuadro presentado a continuación, algunas respuestas aparecen cambiadas. Márcalas con un cruz en el recuadro intermedio tal como se muestra en la pregunta 3.

PREGUNTAS	
1. ¿Qué le motivó a elegir su profesión?	5. La palabra TURISMO, ¿que le sugiere?
2. ¿Qué es lo que más le atrae de su trabajo?	6. Si no fuera azafata / piloto / guía turístico / XXX, ¿qué sería?
3. ¿En que empresas ha trabajado?	7. ¿Cuál es la situación más conflictiva / curiosa / interesante por la que ha pasado en su vida profesional?
4. ¿Qué diferencias existen entre ellas?	8. Describa su profesión con tres adjetivos.

Carlos Madruga, piloto		Mayte Campo, azafata
1. Mi profesión es consecuencia de la materialización de una vocación que se manifestó en mí siendo niño y que ha sido lo que, con diferencia, más me ha seducido de todo lo que podía hacer.		1. En primer lugar, entré en Iberia un poco por casualidad, como un medio de ganar dinero mientras acababa mis estudios, como otros muchos compañeros míos. Sin embargo, una vez aquí me quedé, y estoy muy contenta.
2. Volar, ver las cosas desde arriba, cada día distintas, con una perspectiva que no se tiene desde el suelo, a una hora del día diferente en la que los colores y las sombras cambian y todo parece nuevo ante tus ojos. Si tú estás abierto, todo puede ser sorprendente.		2. Lo mejor es sin duda tener suficiente tiempo libre, sobre todo entre semana, para poder hacer otras cosas que me interesan. Por otro lado, me permite trabajar con personas distintas cada día, y eso, junto con los horarios irregulares y los distintos destinos, me permite romper una rutina que a mí no me gusta nada.
3. La única empresa para la que he trabajado es Iberia, así que no puedo compararla con otras.	X	3. He sido instructor de vuelo en una escuela de pilotos, he volado aviones de carga y actualmente trabajo en una compañía de transporte de pasajeros.

Carlos Madruga, piloto		Mayte Campo, azafata
4. No puedo compararla con otras ya que siempre he trabajado en la misma y creo que seguiré aquí hasta… bueno, ni lo sé.		4. La instrucción es muy agradecida pero está muy mal remunerada. La carga es muy dura por los horarios que fundamentalmente son nocturnos, aunque las cajas no se quejan y los pasajeros, sí. Un amigo mío dice que cada pasajero es un problema.
5. A mí, particularmente y por deformación profesional, me sugiere necesidades de transportar pasajeros en avión, en cantidades importantes, de un lugar a otro. Lo veo desde el punto de vista del negocio del transporte aéreo, porque vivo de esto. En España, la mayor parte de los ingresos provienen del turismo, somos un país orientado a él. A título personal, la palabra turismo también me sugiere conocimiento de otras gentes y sus culturas y me genera una inquietud intelectual.		5. Con respecto al turismo, no te puedo contar mucho; lo cierto es que nos limitamos a transportar pasajeros a rutas ya establecidas, que en mi caso han sido a Europa durante muchos años y ahora principalmente a América, concretamente Latinoamérica, pero poco más te puedo contar. Nuestros pasajeros son tanto turistas como hombres de negocios como trabajadores inmigrantes que vuelven a sus países de vacaciones, pero poco sé de sus viajes, y menos aún de agencias, hoteles, destinos...
6. Me interesan cosas tan distintas como todo lo relacionado con la tecnología, la macroeconomía, las ciencias sociales o la música. Tengo formación en algunos de estos campos. Siempre estoy abierto a la adquisición de conocimientos sobre cualquier tema interesante y en cierta medida, siempre me he considerado un intelectual. En definitiva, me podría dedicar a un montón de cosas sin mayor problema.		6. Esta es una profesión que me gusta, así que no me veo dedicándome a ninguna otra cosa, aunque en alguna ocasión sí me he planteado dedicarme a otra cosa, puesto que hay temporadas mejores y otras peores, y este trabajo exige en ocasiones muchos sacrificios, sobre todo respecto a la familia, a los hijos... Pero como ya te dije antes, las ventajas de momento superan los inconvenientes, y a medida que pasa el tiempo resulta cada vez mas difícil replantearse la vida.
7. Con respecto a situaciones especiales, he tenido algún conato de motín con pasajeros indignados por algún retraso o avería, y algún contratiempo médico como infartos o ataques de ansiedad o de epilepsia, pero afortunadamente nada realmente serio, ninguna emergencia, todo lo más algún sustillo, sobre todo provocados por tormentas y cosas así, nada fuera de lo cotidiano. Anécdotas divertidas, bastantes, como todo el que trabaja cara al público, como una señora mayor que repetía muy asustada que el pasajero de detrás suyo tenía una bomba, aunque no era más que un sofisticado reloj digital…		7. La situación que reúne, probablemente, todos esos adjetivos es nuestra relación con los controladores de circulación aérea. Es conflictiva porque da lugar al mayor número de incidentes que implican riesgo en mi trabajo. Curiosa porque, a pesar de todo ello, nadie hace nada por buscar una solución e interesante porque de seguir así, me gustaría saber qué va a ocurrir en un futuro y quién va a asumir la responsabilidad de lo que suceda. Emergencias graves no he tenido ninguna en mis años de profesión. Anécdotas muchas. España es el país de la improvisación. Habitualmente transportamos órganos para trasplantes, enfermos que requieren atención especial, minusválidos, niños que viajan solos, deportados, soldados en misiones humanitarias de paz, equipos de fútbol importantes, orquestas, actores y políticos conocidos. Entre tanta gente de bien siempre aparece en algún momento un pasajero conflictivo. No obstante, estamos preparados para gestionar esta situación y evitar problemas mayores.
8. Vocacional, bonita y exigente.		8. Interesante, agotadora, poco rutinaria.

5. Ahora, por parejas, haceos vosotros las preguntas de la encuesta y anotad la respuesta en el cuadro:

1	
2	
3	
4	
5	
6	
7	

FICHA 3.3. COMPAÑÍAS AÉREAS DE BAJO COSTE

1. ¿Qué son las compañías aéreas de bajo coste? ¿Conoces el nombre de alguna que opere en tu país?

2. Vas a leer un texto sobre este tipo de compañías aéreas. De las palabras siguientes, subraya las palabras que crees que van a aparecer en el artículo titulado "Vuelos con mucho sabor". Después de leer el artículo, comprueba cuántas palabras has acertado.

> vuelo   reserva   supermercado   tripulación
>
> equipaje   competencia   compañía   tienda
>
> aceitunas   vales   promoción   venta   billete
>
> agencia de viajes   turista   bodega

3. Completa las palabras que faltan con las opciones que te presentamos a continuación. Opción múltiple de vocabulario.

(1)	**a.** movibles	**b.** aceptables	**c.** canjeables
(2)	**a.** apreciar	**b.** reservar	**c.** recordar
(3)	**a.** lanzó	**b.** permitió	**c.** resolvió
(4)	**a.** manifestar	**b.** sugerir	**c.** impedir
(5)	**a.** promoción	**b.** oportunidad	**c.** ventaja

Air Berlin venderá bonos de viajes en supermercados

Las 400 tiendas Lidl de España venderán durante ocho días vales ____(1)____ por billetes de avión de *low cost* a partir del próximo 1 de marzo. Los clientes podrán comprar los vales por trayecto en los establecimientos y posteriormente canjearlos a través de Internet con un código de identificación personal incluido en esos mismos vales.

Los vales estarán a disposición de los clientes entre el 1 y el 8 de marzo en todas las tiendas Lidl de España, aunque para ____(2)____ a través de la red, vía telefónica o las agencias de viajes que deseen participar, habrá tiempo hasta el 5 de abril. Además, se podrán elegir vuelos con salida entre el 1 de marzo y el 31 de octubre.

Air Berlin ya había experimentado este tipo de promoción el pasado año, en Alemania. En esa ocasión, sacó a la venta 300 000 bonos, los cuales fueron repartidos de la siguiente manera: 100 000 fueron comercializados en supermercados y 200 000 se dividieron entre agencias de viajes e Internet. La compañía consiguió vender 60 000 bonos en supermercados y 40 000 a través de su página web.

Después de que este diario diera la primicia de la promoción que realizaría la compañía de bajo coste alemana, ACAV ____(3)____ un comunicado considerando ilegal la venta en supermercados de bonos de viaje. "Estos bonos son, en realidad, billetes de avión y de acuerdo con la legislación vigente de Cataluña su venta solo puede realizarse o bien a través de agencias de viajes o bien a través de la web de la aerolínea".

Por otra parte, el presidente de FEAAV (Federación de Asociaciones de Agencias de Viajes Españolas), ha declarado a este diario que los agentes de viajes son personas prácticas y pragmáticas y no es su intención ____(4)____ límites a los cambios que se dan en el mercado. Sin embargo, el presidente resaltó que "es necesario que todas las actividades que sean de competencia de las agencias de viajes se rijan bajo las normas existentes en el sector". También ha resaltado que si Air Berlin pretende lanzar esta ____(5)____ , la asociación se asegurará de que lo haga bajo las leyes existentes.

Adaptado de la revista *Hosteltur*

a) **Marca si las siguientes afirmaciones son verdaderas o falsas:**

	V	F
1. Se podrán adquirir billetes de avión en cualquier tienda Lidl.		
2. Air Berlin consiguió vender 200 000 a través de la Red.		
3. La legislación de Cataluña autoriza su venta en agencias de viajes y en la web de la aerolínea.		
4. Los agentes de viajes son personas abiertas a nuevos cambios.		
5. El presidente de FEAAV afirmó que las actividades de las agencias deben ordenarse con las normas del sector.		

b) **Ampliación de vocabulario.**
   Aquí tienes algunas palabras que aparecen en el texto y otras cuyo significado seguramente sabrás. ¿Sabes cuál es la diferencia entre ellas? Si quieres, puedes consultar un diccionario para así poder realizar la actividad.

1	bonos de viaje ⟷	cheques de viajes
2	canjearlos ⟷	abonarlos
3	trayecto ⟷	itinerario
4	bonos ⟷	acciones
5	comercializados ⟷	promocionados
6	agentes de viajes ⟷	operadores turísticos

4. **¿Por qué las compañías aéreas de bajo coste gastan menos?**

Completa las frases siguientes con las palabras que aparecen en el cuadro. Luego descubre UNA frase que no es verdad sobre estas compañías.

1. Tienen más _____ en el avión.

2. Cuentan con menos servicios de asistencia _____ .

3. La mayoría opera en _____ secundarios.

4. El *catering* _____ es de pago.

5. Más del 90% de las ventas de _____ se realiza por Internet.

6. En general, pagan menores sueldos a la _____ .

7. Utilizan _____ del mismo modelo que las compañías tradicionales.

8. La mayoría usa aviones nuevos y eso reduce el gasto del _____ .

9. Las compañías aéreas de bajo coste tienen unos _____ fijos entre 20% y 30% superiores a las aerolíneas tradicionales.

10. Subcontratan _____ como la informática o el mantenimiento de los aviones.

a. a bordo
b. billetes
c. tripulación
d. combustible
e. servicios
f. asientos
g. en tierra
h. aeropuertos
i. costes
j. aviones

Adaptado de *Actualidad Económica*

5. **Debate.**

¿Qué opinas de las compañías de bajo coste (*low cost*)? Lee la siguiente opinión de una usuaria de este servicio.

"Hace unos meses una amiga me habló de las compañías aéreas de bajo coste y pensé que no sería mala idea pasar el fin de año en París. Así, me puse a averiguar si eran ciertos esos precios tan baratos y encontré tres compañías de este tipo que ofrecían vuelos a París.

La más barata ofrece vuelos que salen desde Gerona y para llegar allí desde Sevilla y hacer noche, no salía económico. Otra de estas compañías tiene sus salidas desde Madrid, pero es la más cara de las tres con diferencia y sus precios ya se acercaban a los de Iberia. Así que la elegida fue la que tenía los billetes baratos y salidas desde Barcelona y Valencia.

Además de París, tiene vuelos para otras ciudades, tanto españolas (Sevilla, Valencia, Bilbao, Palma de Mallorca...), como europeas (Berlín, Milán y Roma). En su página web se pueden consultar todas las conexiones posibles.

Esta compañía aérea es una empresa con sede en Barcelona y poco tiempo de existencia. Los bajos precios los basa entre otros aspectos en vender los billetes a través de Internet o por teléfono con un coste algo más elevado. Para conseguir los mejores precios hay que comprar los billetes meses antes de la fecha de salida. Yo lo hice unos dos meses antes y Sevilla-Valencia-París ida y vuelta me salió por unos 160 euros.

La compra hay que realizarla con tarjeta de crédito, y una vez hecha te envían un código de confirmación y los datos del vuelo por si quieres modificar la reserva o elegir asiento. Este código hay que darlo junto al DNI (Documento Nacional de Identidad) en el momento de facturar la maleta, que es cuando te dan físicamente el billete de avión.

El equipaje no puede pesar más de 20 K, si es así te penalizan con 6 euros el kilo, aunque en nuestro caso, como éramos dos, pesaron las maletas juntas y por tanto se dobló el peso máximo. Además se permite llevar equipaje de mano, que en mi caso probablemente pesaba más que la maleta.

➡

Otro de los motivos por los que los billetes son más baratos es que los horarios de los vuelos son algo inusuales. Supongo que aprovecharán las horas con menos tráfico aéreo, que por lo visto son las primeras de la mañana y últimas de la tarde. Además, las terminales desde las que se llega al avión son pequeñas y en el caso de París bastante alejada de las principales.

El avión no estaba mal, por fuera parece bastante nuevo, aunque el interior está algo más descuidado que en otras compañías. Según anunciaban, era un Airbus 320 con todas las garantías de seguridad y por lo que conté con 180 plazas para pasajeros, por supuesto, sin diferenciación de clases.

El trato fue muy amable en todo momento, eso sí, la comida a bordo hay que pagarla, incluso hay menús para elegir. Lo único gratis son revistas temáticas que puedes hojear durante el vuelo.

En fin, que los viajes fueron bastante bien, solo un poco de retraso en los vuelos de vuelta pero nada del otro mundo. Teniendo en cuenta la diferencia de precios y la calidad que ofrece, esta compañía supera en muchos aspectos a la clase turista de las compañías tradicionales".

Adaptado de varias fuentes

a) **¿Podrías resumir las ventajas y desventajas que para esta consumidora tiene este tipo de vuelos?**

Ventajas:	
Desventajas:	

b) **Tu compañero y tú tenéis posturas diferentes con respecto a este tema. Cada uno tendrá que defender su posición. Los argumentos que aparecen en las siguientes fichas os ayudarán.**

ESTUDIANTE A

- Más económico.
- Buena relación calidad / precio.
- Aviones nuevos en algunas compañías.
- Buenos destinos.
- Amabilidad en el trato.
- Se pueden cambiar o modificar los billetes.

ESTUDIANTE B

- Falta de seguridad por la reducción de costes.
- Baja calidad de sus servicios.
- Impuntualidad.
- No tienen muchos destinos.
- Uso de aeropuertos secundarios.
- Ausencia de servicios adicionales en el vuelo.

6. Expresión escrita.

Escribe una circular para que los viajeros que compran el billete en Viajar.com no tengan problemas a última hora. Has de mencionar los siguientes puntos:

- **La hora de llegada al aeropuerto antes de la salida de su vuelo** (2 horas antes en vuelos internacionales y 90 minutos en el caso de vuelos nacionales).
- **Condiciones generales que se adjuntan al billete** (cada compañía aérea establece sus propias limitaciones de responsabilidad en relación al equipaje, impuestos y horas límite de aceptación al vuelo).
- **Si NO usa el billete de ida** (si ha comprado un vuelo de ida y vuelta, y no utiliza el vuelo de ida, la compañía aérea anulará inmediatamente su billete de vuelta).
- **La confirmación del horario del vuelo** (los horarios a veces pueden cambiar).
- **Llevar en regla todos los documentos necesarios para emprender el viaje.**

El mensaje empieza así:

> No queremos que tengas un contratiempo de última hora. Por favor, ten en cuenta todas estas cuestiones y recuerda que es **responsabilidad única del viajero cumplir las normas** impuestas tanto por las compañías aéreas como por las autoridades de cada país.

ACTIVIDADES RECOPILATORIAS

1. **En un concurso de una revista empresarial, realizaron la siguiente pregunta:** *"¿Qué más incluirías en la clase Business de los aviones?".*
Lee algunas de las respuestas de los lectores. ¿Cuál crees que ganó?

1 Creo que solo hay una cosa más a pedir: salidas y llegadas puntuales. A mí no me importa la compensación monetaria o la gratuita botella de champán en el vuelo. Lo que es fundamental es mi tiempo y, más importante, el tiempo de mis clientes. ¿O es la manera deseada "ser puntual" un lujo inaccesible? (Enviado por: Jerker Olsson)

2 En el mejor vuelo que realicé en la clase business en una travesía de Madrid a Buenos Aires, la tripulación era excelente, las azafatas nos atendieron a las mil maravillas y todo el entorno que nos rodeaba era de gran calidad y confort. ¿Qué eché de menos? Una conexión a Internet. (Enviado por: Jaime Roca)

3 Afortunada o desgraciadamente, he de viajar con bastante frecuencia a EE.UU. y a Sudamérica y para mí lo más importante es el confort; el confort en los asientos, en la amplitud de espacio entre las butacas, en la buena calidad de los materiales, etc. Sin embargo, echo en falta una más amplia variedad de platos en los menús y que cada pasajero pueda decidir la hora de su comida, cena o desayuno; me molestan esos horarios tan rígidos. Creo que una buena opción sería tener la libertad de que nos sirvan lo que pidamos en el momento en que tengamos apetito o en la que nos apetezca cualquier refrigerio. (Enviado por: Ramón C.)

4 En viajes largos se necesita estar comunicado con el exterior, por lo tanto, si se pudiera usar el correo electrónico y lo que eso conlleva que es el fácil acceso a los mensajes que se reciben y el envío rápido de los que se mandan, podríamos sentirnos casi como en nuestro lugar de trabajo. Las horas que pasamos a bordo serían más productivas para nuestras empresas. También lo idóneo sería lograr un sueño reparador en un tipo de butaca-cama lo más cómoda posible, así que cuando llegáramos al lugar de destino, habríamos conseguido nuestros dos objetivos: trabajar como en la empresa y descansar como en nuestra propia casa. (Enviado por: Mercedes Segovia)

Adaptado de *Actualidad Económica*

a) **Escribe tu propia respuesta con alguna sugerencia nueva.**

b) **Escribe un breve artículo en el que presentas una nueva clase *business* con todas las sugerencias incorporadas.**

TRANSPORTE POR FERROCARRIL, POR CARRETERA Y MARÍTIMO

TEMA 4

El artículo 1 de la Ley de Ordenación de los Transportes Terrestres (LOTT) española define los transportes por ferrocarril como aquellos en los que los vehículos en los que se realizan circulan por un camino guiado sobre carriles de cualquier tipo, normalmente se entiende que los carriles son de hierro –ferro–, de modo que el conjunto camino-vehículo es una unidad de explotación. Quedan excluidos en el concepto de ferrocarril: los teleféricos u otros medios parecidos de transporte que utilicen cable o cables, tractor y portador y que no tengan camino terrestre de rodadura.

1. **Los ferrocarriles pueden ser de transporte público y de transporte privado.**
¿Qué diferencia(s) crees que hay en relación con la propiedad, los usuarios, el ámbito geográfico del transporte, etc.? Elabora una lista con tu compañero.

2. **A continuación leeréis la definición de cada uno. Completadlas con el vocabulario del recuadro.**

viajeros	económica	turístico	complejos	traslado	parques

- Son ferrocarriles de transporte público aquellos que llevan a cabo transporte por cuenta ajena mediante retribución _____(1)_____ . Tienen el carácter de servicio público y el Estado es su propietario. Deben ser admitidos para que lo utilicen todos aquellos _____(2)_____ que lo deseen y que cumplan las condiciones que se establezcan.

- Son ferrocarriles de transporte privado los que se destinan al transporte por cuenta propia. Complementan otras actividades principales realizadas por empresas o establecimientos del mismo propietario y están directamente relacionados con el desarrollo de dichas actividades. Por lo que se refiere al ámbito ____(3)____, habrían de ser considerados como ferrocarriles de transporte privado los que sean utilizados, por ejemplo, en el interior de los ____(4)____ turísticos tipo "resort", o en el interior de las "ciudades de vacaciones", o en el interior de ____(5)____ temáticos, etc., para el ____(6)____ de los turistas-usuarios de estas instalaciones de unas zonas a otras. Dicho transporte o traslado debe desarrollarse siempre en el interior del complejo turístico y estar financiado por la empresa explotadora del mismo.

a) **Comparad las diferencias que existen según las definiciones con las de vuestra lista.**

b) **¿Podrías dar ejemplos de empresas ferroviarias públicas y privadas de tu país? Explícaselo al resto de tus compañeros.**

3. **Los trenes también se pueden clasificar según la distancia recorrida y su horario.**

DISTANCIA	HORARIO
Cercanías y regionales. Semidirectos de media o corta distancia. Largo recorrido.	Diurno. Nocturno.

a) Observa los siguientes billetes. ¿A qué clasificación corresponde cada uno?

1. _____

Valencia - Barcelona Sants

2. _____

Madrid - Aranjuez

3. _____

Santiago de Compostela - A Coruña

b) Observa los modelos de billete anteriores. Haz una lista de la información que incluyen.

c) ¿Existe en tu país de origen alguna clasificación de este tipo para los trenes según el trayecto? ¿Puedes poner algún ejemplo?

FICHA 4.1.1. **EL FERROCARRIL DE TRANSPORTE PÚBLICO**

1. En España existen dos empresas de ferrocarril de transporte público: RENFE y FEVE.

Alumno A. Lee la información siguiente y explícasela a tu compañero. Luego escucha con atención la información que te explique.

Renfe (Red Nacional de los Ferrocarriles Españoles) fue un organismo paraestatal español de transporte ferroviario existente como tal entre 1941 y 2004. Fue fundado en 1941 a raíz de la nacionalización de diversas compañías ferroviarias españolas. El objeto de la creación de Renfe fue rehabilitar la red ferroviaria española, gravemente dañada como consecuencia de la Guerra Civil, ante la situación de quiebra económica de las empresas ferroviarias que hasta entonces habían explotado la red. Renfe explotó la red ferroviaria española desde su creación en régimen de monopolio hasta el día 31 de diciembre de 2004.

A partir de la década de los 70, y principalmente en la de los 80, Renfe se empezó a regir por una política de rentabilidad económica, por lo que todas aquellas líneas que no eran rentables fueron cerrándose al tráfico progresivamente. Las divisiones comerciales de Renfe son: Cercanías, Regionales y AVE, entre otras.

El 1 de enero de 2005 finalizó el monopolio legal de Renfe y la empresa se dividió en dos: Renfe Operadora, que se encarga del transporte de mercancías y pasajeros, en régimen de competencia con otras empresas, y ADIF, con las funciones de atribución de capacidades, mantenimiento y construcción de infraestructura de la RFIG (Red Ferroviaria de Interés General).

Adaptado de varias fuentes

Alumno B. Lee la información siguiente y explícasela a tu compañero. Luego escucha con atención la información que te explique.

Ferrocarriles Españoles de Vía Estrecha (FEVE) es una compañía pública de ferrocarriles de España que opera en las comunidades autónomas de Galicia, Asturias, Cantabria, País Vasco, Castilla y León y Murcia sobre una importante red de de 1250 km. La vía por la que circulan los trenes de FEVE, a diferencia de la de Renfe, es de ancho métrico. Se fundó en 1965 para responsabilizarse de la explotación de los distintos ferrocarriles de ancho inferior al normal en España que hasta ese año estaban bajo el control de otra empresa estatal. A lo largo de su historia, FEVE llegó a poseer simultáneamente ferrocarriles de cinco anchos de vía distintos.

Actualmente, la red de FEVE está formada por varias líneas de antiguas compañías de ferrocarril del norte de España. La línea más importante que posee la compañía tiene 330 km, es el conocido como Ferrocarril de La Robla.

FEVE está especializada en transporte de mercancías, y regional y de cercanías de pasajeros. El servicio estrella de la compañía es el tren turístico de lujo Transcantábrico, que funciona desde 1982. Realiza el trayecto Santiago de Compostela-Bilbao-León.

En el año 2005, ante el nuevo escenario ferroviario español consecuencia de la liberalización y la apertura a la competencia (de la que FEVE queda exenta), este ente público empezó un plan estratégico que hace hincapié en la optimización de los recursos humanos y en la especialización por sectores. Destaca la búsqueda de ingresos mediante la creación de recorridos de tipo turístico y de nuevos clientes en mercancías, así como su consolidación en viajeros de trenes cercanías y regionales.

Adaptado de varias fuentes

a) **En parejas. Haced una lista de las diferencias y semejanzas entre ambas empresas.**

b) **Escribid un breve texto en el que se resuman los puntos más importantes de la lista anterior.**

2. El AVE es el servicio de tren de alta velocidad en España.
Lee el siguiente artículo y realiza las actividades.

El AVE Madrid-Zaragoza-Lérida ya alcanza los 250 kilómetros por hora

El ahorro de tiempo es de 19 minutos en el primer tramo y de 28 minutos en el segundo.

Desde hoy los **trenes** que recorren la **línea de alta velocidad** Madrid-Zaragoza-Lérida circulan a una velocidad punta de 250 kilómetros por hora. Después de más de dos años con el límite en los 200 km/h, la entrada en funcionamiento de la primera fase del nuevo sistema de señalización y emergencia ERTMS (European Rail Traffic Management System) permite una velocidad similar a la del primer **AVE**, el Madrid-Sevilla.

El ahorro de tiempo es de 19 minutos en el primer **tramo** (Madrid-Zaragoza) y de 28 minutos en el segundo (Zaragoza-Lérida). En el resto de **trayectos**, la ventaja es proporcional: 25 minutos para circular entre Madrid y Guadalajara; 45 minutos hasta Calatayud; dos horas y 17 minutos a Tardienta, y dos horas y cuarto hasta Huesca. Estas nuevas relaciones han obligado a modificar los horarios de los **convoyes** que circulan por el corredor.

La mejora en el servicio no va acompañada, por el momento, de un **incremento** de las tarifas. Los **viajeros** pagarán lo mismo que en la actualidad al menos hasta dentro de tres meses, cuando Renfe tiene previsto estudiar una eventual **subida** de **precios**. La política tarifaria del corredor generó una gran polémica a finales del pasado año, cuando varias asociaciones de **usuarios** reclamaron y consiguieron una rebaja en base a la menor velocidad de los trenes.

Adaptado de *Consumer Eroski (consumer.es)*

a) **Agrupa las palabras en negrita en parejas de sinónimos.**

b) **A partir del artículo, ¿cuál crees que es la ventaja principal del AVE? ¿Presenta alguna desventaja?**

c) **¿Has viajado alguna vez en este servicio de ferrocarril? ¿Qué trayecto? ¿Es popular en tu país de origen?**

3. **Las ventajas de viajar en tren.**
Relaciona ambas columnas para completar las ventajas de viajar en tren que presenta una agencia de viajes.

1. Viaje...	**a.** de la ciudad.
2. Observe...	**b.** para iniciar sus operaciones comerciales.
3. Llegue al centro...	**c.** cómodamente.
4. Llegue a su destino más rápidamente...	**d.** a bordo.
5. Trabaje...	**e.** con la red de alta velocidad.
6. Llegue preparado...	**f.** a su bolsillo.
7. Ayúdele...	**g.** el mundo en pantalla gigante.

1	2	3	4	5	6	7

a) **Compara tus respuestas con las de tus compañeros. ¿Añadirías alguna otra ventaja?**

b) **En parejas, os han encargado elaborar un folleto destinado a los turistas con el fin de promover este tipo de transporte. Escribid un breve texto de cada ventaja (2-4 líneas) del ejercicio anterior para ese folleto.**

FICHA 4.1.2. **TRENES TURÍSTICOS**

El ferrocarril tiene una vinculación estrecha con el turismo por ser uno de los medios de transporte utilizado por las corrientes turísticas. Además de este servicio básico, existen otros trenes fletados y acondicionados para el uso exclusivo turístico, convirtiéndose en "hoteles rodantes" que cubren itinerarios por zonas geográficas de interés turístico.

1. **Aquí tienes un ejemplo de un tren turístico.**
Lee el siguiente texto y complétalo con las palabras del cuadro.

vapor	obsequian	tramo
remolcados	línea	fresas	raíles
recorrido	recrear	promovido

El Tren de la Fresa

Historia sobre [(1)].

El Tren de la Fresa cubre el [(2)] de la que fue la segunda [(3)] de la Península. Este [(4)] pionero para una salida ferroviaria al Mediterráneo, nació en Madrid-Aranjuez. Sus coches de madera, [(5)] por su locomotora histórica, transportan al viajero a los tiempos en que se ponía en marcha el primer tren madrileño, que llevaría hasta la capital los productos de la huerta de Aranjuez, principalmente las [(6)] que dan nombre a este tren. La inauguración de ese ferrocarril, [(7)] por el marqués de Salamanca, se celebró con una gran fiesta que presidió la reina Isabel II.

El Tren de la Fresa ofrece hoy en día la posibilidad de [(8)] aquel ferrocarril que, según cuenta la leyenda, llegaba hasta la misma puerta de la residencia real, y cuyos últimos metros eran de plata.

Las azafatas van vestidas de época y [(9)] a los pasajeros con fresones, mientras estos disfrutan de los paisajes que nos acercan hasta el siglo XVI, cuando los Reyes de España paseaban por los jardines de Aranjuez y celebraban fiestas en los salones de palacio.

El paisaje natural de Aranjuez está declarado Patrimonio de la Humanidad, así que el trayecto en el Tren de la Fresa, cuya locomotora principal funciona todavía a [(10)], es todo un placer para los sentidos y en todos los sentidos.

Adaptado de Museo del ferrocarril

a) A partir de este ejemplo, ¿podrías decir qué características tiene este tipo de producto turístico?

b) ¿Existen recorridos en tren de este tipo en tu país? Si no es así, ¿crees que tendrían éxito? ¿Por qué?

c) ¿Conoces algún tren turístico internacional?

d) Por parejas. Estos son otros trenes turísticos españoles. Explícale el texto a tu compañero y entre los dos decidid cuál de ellos elegiríais. Argumentad vuestra elección.

ALUMNO A

El Transcantábrico Clásico. Durante ocho días y siete noches podrás conocer el Norte, desde Santiago de Compostela a León, viajando al borde del mar Cantábrico, entre montañas escarpadas y verdes prados, junto a playas y acantilados, y descubrir las ciudades y pueblos del norte de España. Son lugares llenos de encanto, vitalidad e historia, convertidos en obras de arte por el paso de los siglos, como Santiago de Compostela, Ribadesella, Santillana del Mar, Santander y León, entre otras. El tren dispone de suites dobles o individuales. El viaje incluye el alojamiento y pensión completa, guía multilingüe durante todo el recorrido, excursiones programadas (con entradas a museos, catedrales, claustros, etc.) y un autocar de lujo que acompaña al tren, entre otros servicios.

Ficha técnica

Ubicación: El tren sale de la estación de León a Santiago de Compostela.
Salidas previstas: dos veces al mes, desde abril hasta octubre.
Teléfono: 902 555 902
Precios: 2550 euros por persona.
Más información: http://www.eltranscantabricoclasico.com

Ficha técnica

Ubicación: El tren sale desde la estación de Madrid-Atocha-AVE a las 11:00 horas.
Horarios: sábados y domingos, entre el 20 abril y el 23 de junio. Y desde el 28 de septiembre y el 1 de diciembre.
Teléfono: 91 889 26 94
Precios: adultos 14 euros y niños 9 euros.€
Más información: http://www.alcalaturismo.com/tren.html

ALUMNO B

Tren de Cervantes. Viaje exclusivo a Alcala de Henares, cuyo casco antiguo fue declarado Patrimonio de la UNESCO en 1998. El tren de Cervantes realiza un recorrido de unos 25 minutos, sale desde la estación Madrid-Atocha-Ave y cuenta con un eficiente grupo de animadores que nos harán viajar hasta la época del siglo de Oro de las letras españolas. Al llegar a Alcalá, nuestros guías nos realizarán una completa visita por sus calles donde podremos visitar, entre otras cosas, la universidad Cisneriana, la Capilla de Sán Ildefonso y el Paraninfo.

2. Guía rápida para novatos de Inter Rail.

Comprueba tus conocimientos con el siguiente cuestionario. Después, lee la información y comprueba tus respuestas.

	V	F
1. Inter Rail es una línea ferroviaria que se extiende solo por países de la Unión Europea.		
2. Solo pueden comprar el billete de Inter Rail los jóvenes menores de 26 años.		
3. Los países y compañías ferroviarias que participan están divididos en 8 zonas.		
4. No hay restricciones respecto a la nacionalidad o país de residencia de los usuarios.		
5. Durante el viaje, debe presentarse el billete junto con un documento de identidad, requisito indispensable para que se considere válido el billete.		
6. El billete de Inter Rail también es válido en el país de origen del viajero.		

¿Qué es Inter Rail y cómo funciona? Guía rápida para novatos

¿Qué es Inter Rail? Inter Rail es un BILLETE que permite viajar por Europa (28 países europeos y Marruecos) en clase Turista. El billete da la libertad de escoger el itinerario que se desea hacer por Europa y por países que forman parte de esta opción.

El precio. Hay distintas modalidades de Inter Rail (con distintos precios) según la edad y las zonas a las que se desea viajar y la duración del viaje. La edad cuenta en el momento del viaje, no al comprar el billete.

	< 26	> 26	< 12
1 ZONA 16 días	195 €	286 €	143 €
2 ZONAS 22 días	275 €	396 €	198 €
GLOBAL 1 mes	385 €	546 €	273 €

- **Inter Rail <26**: Válida para **jóvenes que no hayan cumplido 26 años** el primer día de validez de la tarjeta.
- **Inter Rail >26**: Válida para los **mayores de 26 años**, sin límite de edad.
- **Inter Rail <12**: Válida para los **niños que no hayan cumplido 12 años** el primer día de validez de la tarjeta. Los niños menores de 4 pueden viajar gratis sin ocupar plaza.

¿Dónde puedo viajar? Los países de validez del billete se distribuyen por zonas. Se puede comprar la zona que incluya el país del viajero, pero NO PUEDE USAR EL BILLETE EN SU PROPIO PAÍS. El sentido del Inter Rail es que los europeos conozcan Europa, no el propio país. Las distintas zonas están detalladas en el mapa.

¿Quién lo puede usar? Todos los nacidos en los países que componen la oferta (la mayoría de Europa), o que habiendo nacido en otro país tengan la nacionalidad de alguno de estos países (aunque sea doble). Además, lo pueden usar aquellos que demuestren una residencia en estos países de al menos seis meses.

Control. El titular escribirá en las Hojas de Recorrido, antes de iniciar el viaje, el trayecto que va a realizar. Se deberá presentar el billete Inter Rail junto a un documento de identidad a todo agente autorizado que lo solicite, de no cumplirse este requisito se considerará viajero "desprovisto de billete". Se permitirá el cambio de clase, previo pago de la diferencia de precio.

Adaptado de *varias fuentes*

---

a) ¿Has viajado alguna vez con este billete? ¿A qué países? ¿Cómo fue la experiencia?

b) ¿Qué recomendarías a alguien que está pensando viajar con este billete?

1. Según el DIRCE (Directorio Central de Empresas, fuente INE), en España existen 2434 empresas de alquiler de vehículos. Comenta la siguiente tabla que recoge la distribución de empresas y locales por Comunidades Autónomas:

Alquiler de vehículos. Empresas y Locales por CC.AA.	Empresas		Locales		Ratio l/e
Andalucía	415	17,05%	603	14,27%	1,45
Aragón	36	1,48%	62	1,47%	1,72
Asturias	20	0,82%	37	0,88%	1,85
Baleares	383	15,74%	735	17,39%	1,92
Canarias	551	22,64%	1211	28,66%	2,20
Cantabria	11	0,45%	17	0,40%	1,55
Castilla y León	46	1,89%	83	1,96%	1,80
Castilla-La Mancha	33	1,36%	61	1,44%	1,85
Cataluña	256	10,52%	358	8,47%	1,40
Comunidad Valenciana	182	7,48%	275	6,51%	1,51
Extremadura	18	0,74%	32	0,76%	1,78
Galicia	77	3,16%	128	3,03%	1,66
Comunidad de Madrid	301	12,37%	425	10,06%	1,41
Región de Murcia	32	1,31%	60	1,42%	1,88
Navarra	8	0,33%	27	0,64%	3,38
País Vasco	56	2,30%	95	2,25%	1,70
La Rioja	5	0,21%	10	0,24%	2,00
Ceuta y Melilla	4	0,16%	7	0,17%	1,75
TOTAL	**2434**	**100,00%**	**4266**	**100,00%**	**1,74**

Fuente: *INE*

a) ¿Cuáles son las CC.AA. con mayor número de empresas de alquiler de vehículos? ¿Por qué crees que es así?

2. A la hora de alquilar un vehículo, existe la opción de hacerlo con o sin conductor/chofer.

a) En parejas, leed la siguiente lista de vehículos y describidlos.

monovolumen	descapotable	todo terreno 4x4	minibús
autocar	autocaravana	limusina	furgoneta

b) Clasificadlos según la opción más habitual de alquiler.

CON CONDUCTOR	SIN CONDUCTOR

c) ¿Qué clase de clientes contratan alquiler con conductor? ¿Y sin conductor?

d) ¿Para qué tipo de servicios turísticos se alquilan los vehículos anteriores?

FICHA 4.2.1. VIAJAR EN UN VEHÍCULO ALQUILADO

1. ¿En tus viajes qué prefieres, vehículo de alquiler o vehículo propio? Coméntalo con tus compañeros.

2. Si para descubrir un lugar no se desea realizar un tour en autocar o depender del transporte público disponible, tal vez sea necesario llevar el propio coche o alquilar un vehículo en el destino vacacional una vez que se haya llegado a él a través de otros medios.

a) En parejas, ¿qué recomendaciones haríais a una persona que viaja en vehículo propio? ¿Y en vehículo de alquiler? Es posible que algunas recomendaciones sean válidas para ambas opciones. Escribid las recomendaciones con ayuda de las siguientes expresiones:

Es recomendable…   Deberá tenerse en cuenta que…

Es aconsejable…   Es mejor…

Conviene…   Procure…

ALUMNO A Si viaja en vehículo propio,	ALUMNO B Si viaja en vehículo alquilado,

b) Leed el siguiente texto y comparadlo con vuestra lista de recomendaciones.

¿Llevar el coche o alquilar uno en vacaciones?

Para viajar con tranquilidad en el vehículo particular es recomendable revisarlo antes de partir y comprobar que se lleva toda la documentación del coche: permiso de circulación, carné de conducir, certificado de la última inspección técnica obligatoria, tarjeta de esa inspección y póliza de seguro obligatorio en vigor, original o fotocopia compulsada por la Dirección General de Tráfico. Además habrá que tener en cuenta que, siempre que sea posible, es mejor realizar los viajes con la luz del día y, en caso de trayectos largos, descansos cada hora y media o dos horas, aunque solo sea para estirar las piernas. El conductor no podrá ingerir bebidas alcohólicas ni comidas abundantes y tal vez no deba conducir si tiene que tomar medicinas antes y durante el viaje. Estos consejos y el respeto a las normas de seguridad vial pueden ayudar a evitar accidentes.

Estas pautas son válidas también para el alquiler de vehículos. Pero aquí también hay que incluir otros aspectos prácticos. Procurar reservar el coche con antelación, no esperar a la llegada, y recordar que el precio del alquiler incluirá, sin coste adicional, el seguro obligatorio del automóvil a terceros y la fianza con garantías ilimitadas. De todas formas, siempre es recomendable una cobertura opcional que exima parcialmente al cliente de la responsabilidad económica por daños al vehículo por accidente o actos de vandalismo.

Adaptado de la revista *Consumer Eroski (consumer.es)*

c) **En el texto se hace referencia a los seguros de alquiler. A continuación te presentamos los distintos tipos en el caso del automóvil.**

CDW: cubre los daños al coche alquilado en caso de colisión.
PAI: seguro de ocupantes.
TP: seguro de robo.
A terceros: cubre cualquier daño que se produzca a un tercero (vehículo o persona).
Franquicia: en caso de producirse algún siniestro, es la cantidad que deberá abonar el asegurado, y la compañía de seguros se hace cargo del excedente del importe de la misma.

Fuentes: *varios*

3. **¿Qué aspectos debes tener en cuenta cuando vas a viajar en un coche alquilado en España? Relaciona cada uno de los siguientes apartados con su contenido.**

1. Contrato:	**a.** es muy importante confirmar la cobertura. Es necesario comprobar si en la tarifa base se incluye un seguro a todo riesgo, daños por colisión, robo, robo de objetos personales o daños del arrendatario y ocupantes. Algunas compañías pedirán una tarifa superior por contratar un seguro con mayor cobertura al no estar incluido en la tarifa inicial. Es importante asegurarse de si el seguro incluye algún tipo de franquicia (que limitaría la responsabilidad de la compañía arrendadora) y un seguro de exención parcial de responsabilidad por el robo del vehículo.
2. Forma de pago:	**b.** los contratos pueden tener kilometraje limitado o no. Cuando formalice el contrato fíjese en los kilómetros contratados, si los supera tendrá que pagar en función del exceso.
3. Requisitos:	**c.** por supuesto, deben respetarse las normas de circulación. Si resulta multado, la compañía identificará al usuario como conductor y recibirá la multa a su nombre. Ante un problema mecánico hay que llamar a la asistencia y no forzar el vehículo, cualquier problema por un mal uso podría repercutir el coste de la reparación. No debe dejarse el vehículo abierto o con las ventanillas bajadas, ni tampoco confiar la llave a desconocidos o aparcacoches.
4. Seguros:	**d.** se exige tarjeta de crédito, no siendo por norma general admitidas las de débito.
5. Gasolina:	**e.** se suelen añadir en caso de necesitar accesorios (algún equipamiento especial como silla de niños, manos libres, etc.), por cada conductor adicional y, muy probablemente, al alquilar el vehículo en un aeropuerto.

➡

6. Recargos:	**f.** se exige al menos un año de carné de conducir. En algunas compañías o categorías de vehículos se necesita además tener al menos 25 años. Impuestos: en los alquileres se aplica un I.V.A. del 16% en la península y del 13% en Canarias.
7. Kilometraje:	**g.** normalmente se paga el combustible consumido, debiéndose devolver el vehículo con el depósito lleno o pagar el repostaje. Es recomendable devolverlo con el depósito lleno ya que probablemente salga más económico.
8. Asistencia en viaje:	**h.** el acuerdo de alquiler incluye unas condiciones generales que deben ser aceptadas por el usuario. Las cláusulas no son negociables.
9. Uso del vehículo:	**i.** se dispondrá de un servicio de asistencia en carretera 24 horas. Conviene tener a mano el número de teléfono de la compañía.

Adaptado de *autocity.com*

1	2	3	4	5	6	7	8	9

a) **¿Existen las mismas condiciones en tu país de origen? Coméntalo con el resto de la clase.**

b) **En parejas, pensad otras cuestiones que se pueden preguntar a la hora de alquilar un vehículo. Luego, consultad la respuesta en los sitios de Internet de alguna de estas compañías o de otras que conozcáis.**

c) **Con el resto de la clase, compartid vuestras preguntas y respuestas.**

FICHA 4.3. TRANSPORTE MARÍTIMO DE PASAJEROS: LOS CRUCEROS

La Directiva 95/64/CE del Consejo de la Unión Europea define el transporte marítimo de pasajeros como los movimientos de pasajeros realizados por buques en viajes efectuados parcial o totalmente por mar.

1. Según la definición anterior, ¿qué tipo de embarcaciones y servicios puede incluir el transporte marítimo de pasajeros en el ámbito del turismo? ¿Qué tipo de oferta es el más popular en este medio de transporte?

El crucero se define como "un viaje marítimo, fundamentalmente de placer, con diversiones a bordo y excursiones a costas, riberas, playas y puertos del recorrido. De hecho, es un flete y los barcos siguen estrictamente el itinerario anunciado. Se llama también crucero al tipo de embarcación que realiza este tipo de viajes".

Fuente: *Diccionario general de turismo*. Editorial: *Diana*, México

2. ¿Has realizado algún crucero alguna vez? ¿Qué tipo de viajeros crees que escoge esta opción vacacional?

3. ¿Qué aspectos crees que deben tenerse en cuenta a la hora de contratar un viaje de este tipo?

4. ¿Cuáles son los itinerarios más habituales?

5. En parejas, explicad el significado de estas palabras relacionadas con el transporte marítimo.

Compañía naviera:
Flota:
Tripulación:
Nudos:
Tonelaje:

6. Completa el texto siguiente sobre cómo elegir el mejor barco de crucero con las palabras del ejercicio anterior.

Entre los factores a tener en cuenta a la hora de decidirse por hacer un crucero, destaca principalmente el precio, aunque no debe ser el único elemento a considerar. El tamaño del barco también es importante. Las [(1)] publican completa información sobre su [(2)], lo que permite evaluar el barco y por tanto el crucero. Esta es la información que debe tenerse en cuenta:

• [(3)] : existen barcos de 100 000 y hasta 150 000 toneladas. Antes, se evaluaba la capacidad de un barco en función de la cantidad de toneladas que el barco podía transportar. Evidentemente, los barcos de crucero no transportan toneladas, pero se ha conservado este concepto.

• **Espacio disponible:** es un dato fácil de calcular: tome el tonelaje y divídalo por el número de pasajeros. La cifra obtenida le dará una idea del espacio disponible sobre la siguiente escala: para 50 o más, espacio excepcional; de 30 a 50: muy espacioso, de 20 a 30 espacioso, de 10 a 20 espacio moderado y 10 o menos, poco espacio.

• **Velocidad:** notar que la velocidad viene expresada en [(4)], y uno representa el equivalente de una milla náutica (6080 pies, 1,852 km) por hora.

• **El número de pasajeros:** este dato es importante, pues permite evaluar el ambiente del crucero elegido. Existen cruceros con capacidad desde 400 pasajeros hasta 3200.

• **Número de miembros de la** [(5)] : independientemente de la capacidad del barco, 500, 2000 ó 3000 pasajeros, la mayoría de las grandes compañías aplican el famoso ratio de 1/3. El número de tripulantes en relación al número de pasajeros permite verificar que el servicio ofrecido será de alta calidad.

Adaptado de *varias fuentes*

7. Para ti, ¿qué es mejor: barco pequeño o barco grande? Relaciona cada uno de los siguientes barcos con su tamaño y sus características. Luego, en parejas comentad cuál escogeríais.

1. Tonelaje: entre 2000 y 20 000.

2. Su tamaño impone ciertas normas, como turnos de comida.

3. Tonelaje: entre 20 000 y 50 000 toneladas.

4. Puede embarcar hasta 500 pasajeros.

5. Ideal para puertos pequeños del Mediterráneo y fácil de maniobrar.

6. Tonelaje: entre 50 000 y 150 000 toneladas.

7. Más estables que los pequeños, realizan grandes travesías o alrededor del mundo.

8. Ofrecen más espacio y pueden navegar en cualquier tipo de climatología.

9. Servicio más cuidado pero más impersonal por su tamaño.

BARCO PEQUEÑO	BARCO MEDIANO	BARCO GRANDE

8. Una vez elegido el barco que se desea, es importante considerar los distintos tipos de cabina. ¿Cuáles crees que son las principales características que determinan el precio?

a) En el artículo siguiente, te presentamos las opciones. Presta atención, porque hay cuatro errores, ¿puedes señalarlos?

A la hora de elegir la cabina, es aconsejable escogerla en la cubierta superior y en el centro del barco, sobre todo si el pasajero es sensible al mar. Estos son los lugares donde el movimiento es más perceptible, aunque hoy en día la mayoría de los buques disponen de estabilizadores que disminuyen la sensación de balanceo.

Los diferentes emplazamientos de las cabinas y la presencia de ventana o no son las principales características aunque no hacen que varíe la tarifa del crucero. Así, en la mayoría de los barcos existen tres o cuatro tipos de cabinas en las que no hay diferencias en cuanto al confort, sino en cuanto a la presencia o no de ventana.

Las cabinas interiores son las más económicas puesto que no poseen ventana. Las exteriores tienen la misma superficie y también disponen de un ojo de buey o ventana. Precisamente, las cabinas exteriores situadas sobre puentes exteriores son más caras porque suelen tener un balcón exterior con vistas al mar.

Ciertamente las denominadas "suites" son las cabinas más costosas, debido a que son más espaciosas, con superficies que pueden superar los 200 metros cuadrados. Normalmente estos camarotes disponen de más comodidades, como un pequeño salón, jacuzzi y un balcón compartido.

Adaptado de la revista *Consumer Eroski (consumer.es)*

9. La Asociación Crucerista de España distingue, entre otros, los siguientes tipos de crucero:

Combinación de un crucero con estancia en tierra. Las combinaciones más habituales son combinar una estancia en un hotel antes de la salida del crucero, o bien después de su finalización (programa pre o post crucero). Algunos cruceros permiten desembarcar en una de las escalas de interés de la singladura y permanecer en este lugar hasta que nuevamente pasa el crucero siguiente, generalmente cada semana. Son lugares normalmente de vacaciones, para poder disfrutar de la playa y de los atractivos naturales de la zona.

Cruceros de menos y de más de 7 días. El mayor alto porcentaje de los cruceros programados son de 7 días (una semana), aunque también existen cruceros de menor duración, de 3 a 6 días. De una duración mayor, existen en todas las áreas geográficas de cruceros. La duración está determinada por las escalas del recorrido, puede variar entre 10 y 16 días máximo.

La vuelta al mundo. La vuelta al mundo en barco es el gran crucero. Probablemente sea el viaje más completo y más cómodo de todos, porque viajamos con el hotel flotante sin tener que hacer y deshacer equipajes en cada escala, a diferencia de cualquier otro viaje. La duración completa del crucero es de alrededor de 100 días, se da la vuelta al planeta recorriendo los cinco continentes, con especial atención al continente asiático, Oceanía y América. El recorrido completo está dividido por tramos o singladuras parciales. La realización del crucero completo es un privilegio de unos pocos, ya que hay dos factores determinantes para realizarlo: disponer de tiempo para poder completarlo y las condiciones económicas que lo permitan. El mayor porcentaje son personas que adquieren tramos concretos de su preferencia; estas singladuras parciales se convierten en cruceros de 8, 10, 15, 20 días… Normalmente se inician a finales o comienzos del año, en los meses de diciembre o enero, para finalizar en el mes de abril.

Cruceros fluviales. Son los barcos de crucero que discurren por los diferentes ríos del planeta y que admiten la navegabilidad de estas embarcaciones. Estos barcos son mucho menores en tamaño y dimensiones y existen también diferencias en sus formas, según las características de los ríos por los que circulan y la finalidad con la que se han construido. Su capacidad de pasaje oscila entre los 70 y 300 pasajeros. Se ofrecen itinerarios con recorridos desde 3 hasta 14 noches de crucero, pudiendo combinar varios países en sus recorridos, con una sabrosa gastronomía y un buen servicio a bordo. Las limitaciones por el cauce de los ríos hacen que estos cruceros se conviertan en paisajísticos y culturales. Existen también cruceros temáticos: el crucero fluvial gastronómico es un ejemplo. También se realizan cruceros fluviales en embarcaciones de una capacidad desde 2 hasta 12 personas. Estos comienzan a introducirse en España, con una demanda creciente, y no necesitan ningún tipo de licencia especial de manejo de embarcaciones, ni experiencia previa.

Cruceros temáticos. Hace años se comenzaron a programar diferentes cruceros denominados "temáticos" para los grupos con aficiones compartidas e intereses comunes. Programan estos "cruceros temáticos" en salidas concretas durante todas las temporadas, y los preparan y organizan con invitaciones a personalidades representativas del tema o asunto de que se trate para motivar la demanda. La decoración está cuidada al detalle, para crear un ambiente donde los participantes estén compenetrados con el entorno, además de las diferentes actividades y demostraciones relacionadas con el tema. A continuación se detallan algunos de los últimos cruceros temáticos realizados: de automóviles de competición, cruceros de enamorados (día de San Valentín), grandes bandas y conjuntos musicales, gastronómicos y culinarios, etc.

Cruceros exclusivos. La mayoría de los cruceros de mayor lujo son barcos de tamaño mediano o pequeño. Para su valoración, los dos parámetros básicos son: tripulantes por pasajero (el objetivo es lograr un tripulante por cada pasajero, que se considera óptimo) y el espacio que tiene cada pasajero en el barco. La mayoría de estos barcos de lujo poseen camarotes amplios, en muchos casos todos se pueden considerar suites, y ofrecen otros servicios exclusivos complementarios del camarote-suite: reproductor de vídeos, reproductor de CD, mini-bar más completo de lo habitual, mayordomo, etc. Por lo general, solo hay un turno de comidas, salvo excepciones, con restaurantes alternativos. Muchos de estos barcos tienen la gran mayoría de los servicios incluidos, también todas las bebidas que se consuman a bordo.

Adaptado de la Asociación Crucerista de España

a) **¿A qué tipo de clientela siguiente crees que se ajusta mejor cada tipo de crucero?**

1. Parejas que desean viajar con sus hijos:	
2. Un grupo de amigos:	
3. Una pareja de recién casados:	
4. Una pareja de jubilados:	
5. Una empresa para su viaje de incentivos:	

b) **Consulta en Internet un itinerario ideal para cada uno de los grupos anteriores ofrecido por alguna de las compañías de cruceros siguientes u otras que conozcas.**

| www.pullmantur.es | www.travelplan.es | www.royalcaribbean.es | www.msccruceros.es |

| www.costacruceros.es | www.iberojet.es |

10. **Hemos visto que un factor importante para decidirse por un crucero es el personal de a bordo. ¿Sabes quiénes lo forman? Relaciona cada cargo con sus funciones.**

1. Capitán.	**a.** Ayuda al Jefe de máquinas en todos los aspectos de su área de responsabilidad.
2. Capitán de la tripulación.	**b.** Es el encargado de todos los servicios de hotelería y atención a los huéspedes a bordo. Todos los departamentos de hotelería están a cargo de esta persona.
3. Jefe de máquinas.	**c.** Es la máxima autoridad a bordo, y tiene la responsabilidad total y general de la operación del barco, así como de la seguridad de los huéspedes y la tripulación.
4. Jefe de la tripulación de máquinas.	**d.** Es responsable de todas las funciones administrativas a bordo, y además supervisa las relaciones con los huéspedes a través del Mostrador de Información.
5. Director de hotel.	**e.** Su función principal es supervisar el cuarto de máquinas y todas las instalaciones técnicas relacionadas con la propulsión del barco.
6. Jefe de sobrecargos.	**f.** Es la mano derecha del Capitán y el segundo al mando en el barco.
7. Jefe de camareros.	**g.** Responsable de asistir a los viajeros en caso de urgencia médica.
8. Médico a bordo.	**h.** Está a cargo de todos los camarotes e instalaciones públicas, así como del servicio al camarote.

1	2	3	4	5	6	7	8

11. **Hasta hace algunos años, pensar en la posibilidad de realizar un crucero estaba limitada a determinados bolsillos. Hoy en día, la situación ha cambiado radicalmente. Los esfuerzos de las compañías marítimas y agencias de viajes por ofrecer precios más asequibles ha derivado en el hecho de que tan solo en el año 2006 la demanda de cruceros ascendiera a casi doce millones de desplazamientos, unos dos millones pertenecientes a ciudadanos europeos, según datos de la Organización Mundial del Turismo (OMT).**

a) **Comenta con el resto de la clase, ¿pensáis que continuará esta tendencia? Justifica tu opinión.**

ACTIVIDADES RECOPILATORIAS

1. Lee el fragmento siguiente del libro *De Barcelona a Pekín en el Transiberiano*:

> "El hombre ha alcanzado una nueva marca: circunvolar la Tierra en avión sin detenerse por el camino. Una estupenda promoción... del ferrocarril. Para percibir los latidos del planeta que vive y despierta cada día, para comprobar que la Tierra duerme día y noche, para tomar contacto con nuestro mundo, es preciso valerse del tren: él nos lo sirve, traviesa a traviesa, metro a metro. El viajero del camino del aire recogerá datos mudos, sin sabor, sin olor... En el camino de hierro del tren se recogen experiencias y recuerdos viajeros a través de los cinco sentidos, incluso del tacto con el viento que se roza con nosotros en la marcha".
>
> Fuente: Fernando Cavestany Sagnier

a) ¿Qué comparaciones establece entre los caminos del aire y de hierro? ¿Cuál prefiere el autor?

b) ¿Qué otras comparaciones podrías añadir?

c) ¿Y tú qué opinas? ¿Crees que el autor exagera en sus comparaciones? ¿Estás de acuerdo con el autor sobre su visión de viajar en avión? Coméntalo con tus compañeros.

2. Tomando como ejemplo el texto anterior, en parejas escribid un breve texto en el que comparéis dos medios de transporte y mostréis las ventajas de uno de ellos. Después, leed el texto al resto de la clase y escuchad los del resto de parejas.

3. Lee esta carta con atención.

> **RENFE (Grandes Líneas)**
> Avda. Ciudad de Barcelona, 6
> 28007-MADRID.
> A la atención de D. Alfredo García Fernández
>
> Barcelona, 20 de mayo de 2006
>
> Muy Sres. míos:
>
> En contestación a su atta. de fecha 11 del cte., me he llevado una gran decepción, ya que no se me da respuesta nada más que a la primera pregunta.
>
> En primer lugar, si en Tarragona a las 9 horas ya sabían que había avería y en qué consistía, ¿por qué dejaron salir a un tren de la categoría del Altaria "EUROMED"? Creo que es tanto una falta de responsabilidad del jefe de Tarragona si no avisó, como una falta de previsión.
>
> En segundo lugar, ¿por qué no pudimos salir en los autocares que estaban preparados en la estación de Tarragona a la espera de la orden de llevarnos a Aldea, donde podríamos haber enlazado con un Euromed que nos llevara a nuestro destino final?
>
> En tercer lugar, ¿por qué hizo más paradas que las que Vds. anuncian a bombo y platillo en la propaganda?
>
> En cuarto lugar, quiero recordarle con disgusto la poca amabilidad con que me atendió el empleado de Barcelona. Si tengo tres meses para reclamar, creo y espero poder hacer esa reclamación en el orden que más me interese a mí, no al señor del mostrador.
>
> En quinto lugar, a fecha de hoy, todavía no he recibido el correspondiente abono del importe de los billetes, que pagué con tarjeta de crédito.
>
> En sexto y último lugar, las 4 horas que perdimos mi esposa y yo, nadie nos las va a abonar. Además, nos trataron con muy poca amabilidad el resto del trayecto, ya que solamente nos ofrecieron un refresco o un café. Cuando llegamos a Valencia, tuvimos que ir a comer a un bar, pues eran las 16 horas y no pudimos llegar a tiempo a nuestro hotel, cuya tarifa también incluía el almuerzo de ese día.
>
> Les agradecería me indicaran la dirección del responsable de mantenimiento de Barcelona, para poder mantener una entrevista con él, ya que creo que fue tanto una falta de responsabilidad del departamento de mantenimiento como de previsión.
>
> A la espera de que me responda a las preguntas de la presente, aprovecho la ocasión para saludarle muy atentamente.
>
> Fdo.: Zacarías Jurado García

a) *Rol-play*. En parejas, representad la conversación entre el Sr. Jurado García y el responsable de mantenimiento de Renfe en Barcelona.

4. Estas son algunos de los itinerarios ofrecidos por las principales compañías de cruceros.

8 días en Marruecos, Canarias y Madeira

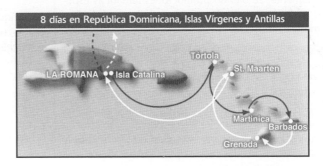

8 días en República Dominicana, Islas Vírgenes y Antillas

De Buenos Aires a Santos: 18 días

Río Amazonas: 21 días

a) **En parejas, elegid uno de ellos y diseñad un crucero completando el siguiente recuadro:**

1. Tipo de crucero:	
2. Cliente objetivo:	
3. Servicios incluidos en el precio del viaje:	
4. Excursiones:	

b) **Comparad vuestros proyectos con el resto de grupos de la clase.**

5. Tú y tu compañero estáis pensando hacer juntos un viaje el próximo verano. Alumno A propone hacer un crucero, mientras que Alumno B prefiere otro tipo de oferta vacacional. Defended vuestra postura y tomad una decisión final.

Alumno A: ventajas del crucero	Alumno B: desventajas del crucero
• Los cruceros se basan en la modalidad "todo incluido", lo que generalmente engloba el régimen de pensión completa, las actividades a bordo, fiestas y los principales servicios requeridos por los clientes durante el trayecto. • Ofrecen la posibilidad de disfrutar en un mismo lugar de piscina, gimnasio, videoteca, tiendas, biblioteca, campo de golf, galería de arte, atención médica, centro de negocios, cine, casino o *spa*.	• La congregación de un gran número de personas de diversos países aumenta el riesgo de contraer enfermedades como el sarampión, la gripe o la gastroenteritis, muy habitual en este tipo de viajes. • Los pasajeros no siempre residen en el lugar desde el que parte el crucero, por lo que se ven obligados a desplazarse hasta el puerto correspondiente y, en algunos casos, pasar la noche en un hotel, con el consiguiente gasto.

Alumno A: ventajas del crucero	Alumno B: desventajas del crucero
• Garantizan la visita a diversos países en apenas una semana. • Generalmente, se ofertan promociones temáticas especiales para familias, novios, tercera edad, grupos, solteros, minusválidos, etc. • De día, los pasajeros pueden aprovechar para practicar algún deporte en la cubierta o tomar el sol, mientras que, de noche, se ofrecen espectáculos, obras de teatro o conciertos. • Al reunir a gente de diversa cultura y procedencia, en los cruceros se cuida mucho la gastronomía y se ofrecen desayunos abundantes, gran variedad de platos fríos y calientes, y sofisticadas recetas para los paladares más finos.	• Aunque en la actualidad los barcos cuentan con modernos reguladores hidráulicos que equilibran el movimiento de la nave, siempre cabe la posibilidad de que el oleaje altere el periplo de los pasajeros y provoque incómodos mareos. • Permite poca flexibilidad a la hora de las excursiones: horario limitado. La cantidad de lugares visitados en pocos días puede producir la sensación de no haber visto nada.

6. Estos son los consejos de una asociación especializada en el alquiler de vehículos. Complétalos relacionando ambas columnas.

Si queremos ahorrarnos dinero, debemos buscar la tarifa que más se ajusta a nuestras necesidades. Generalmente el precio total del alquiler de un coche se compone de: alquiler + gasolina + seguro + kilometraje.

1. Antes de alquilar, pregunta por las tarifas según los días que te interesen. Generalmente, los precios por día disminuyen cuanto más largo sea el alquiler.

a. Esto no conviene hacerlo, puesto que el cálculo de los litros que faltan suele hacerse estimadamente, por lo que es posible que calculen a su favor. Además, el precio del litro llevará un recargo en concepto de gastos.

2. La gasolina nunca va incluida en el precio del alquiler. Generalmente te entregan el coche con el depósito lleno y te piden que lo devuelvas de igual forma. Si al devolverlo no está lleno, te cobran el precio estimado del combustible que falta.

b. En caso de sobrepasarlos, te cobran una cantidad determinada (aprox. 0,08€) por kilómetro extra. Ten en cuenta esta cantidad a la hora de elegir la compañía. Algunas empresas (por ejemplo PepeCar) permite pagar por adelantado una cantidad extra para aumentar la cantidad de kilómetros incluidos.

3. El vehículo lleva asociado el seguro a terceros, es decir, cubre los gastos que tú ocasiones a otros vehículos o personas. Los daños al propio vehículo no suelen estar cubiertos, por lo que te ofrecen la contratación de un seguro adicional para cubrir estos posibles daños.

c. Incluso a veces sale más económico el alquiler por un día más de lo previsto al cambiar de tarifa. Presta atención a los fines de semana, puede que cambie el precio.

4. Infórmate de los kilómetros incluidos en el alquiler. Habitualmente suelen incluir 350 kilómetros por día, aunque las compañías más económicas pueden reducirlo a 100 km o menos.

d. ¿Es conveniente? Depende de lo buen conductor que te consideres; si no eres conductor habitual y no te importa pagar unos euros más (en torno a 20€ por día), solicítalo.

1	2	3	4

ALOJAMIENTOS TURÍSTICOS

TEMA 5

1. En tu opinión, ¿crees que existe una clasificación de alojamientos turísticos internacional?

2. ¿Cuáles son, para ti, los factores que clasificarían los distintos alojamientos turísticos?

3. ¿Qué tipos de alojamientos turísticos conoces?

4. Los alojamientos turísticos son empresas que se dedican a proporcionar habitación o residencia a las personas, con o sin servicios complementarios. Hay dos tipos de alojamientos turísticos:

a) Alojamientos turísticos hoteleros.	b) Alojamientos turísticos extrahoteleros.

Menciona cuáles conoces de cada tipo.

5. Completa el texto siguiente con las palabras adecuadas:

requisitos	carretera	manutención
servicios sanitarios	alojamiento	instalaciones

Los establecimientos hoteleros se clasifican de la siguiente manera:

PRIMER GRUPO

- **Hotel:** establecimiento mercantil que facilita _____(1)_____ con o sin servicios complementarios, que ocupa un edificio o una parte independizada del mismo, constituyendo sus dependencias un todo homogéneo y que reúne los _____(2)_____ mínimos establecidos en las reglamentaciones. Tienen cinco categorías: de 5 a 1 estrellas, fondo azul turquesa, letra H.

- **Hotel-apartamento:** establecimiento mercantil que por su estructura y servicios dispone de las _____(3)_____ adecuadas para la conservación, elaboración y consumo de alimentos dentro de cada unidad de alojamiento. Se clasifican también en cinco categorías de 5 a 1 estrellas, fondo azul turquesa, letras HA.

- **Motel:** situado a pie de _____(4)_____ o cerca de ella, son apartamentos con garajes y entrada independiente. Estancias cortas (de 24 a 48 horas). Categoría única: fondo azul, letra M.

SEGUNDO GRUPO

- **Pensión:** establecimiento mercantil que ofrece el servicio de alojamiento y, a veces, también el de _____(5)_____ . Se clasifican en dos categorías: una y dos estrellas, fondo azul turquesa, letra P.

- **Hostal:** ofrece tanto alojamiento como comidas, con excepción de los hostales-residencia, que no tienen servicio de comedor. Se clasifican en tres categorías: de 3 a 1 estrellas, fondo azul turquesa, letra H y una s pequeña dentro de la H.

- **Fondas y casas de huéspedes:** prestan servicios de alojamiento y manutención. _____(6)_____ comunes. Categoría única. Letra F (fonda) y CH (casa de huéspedes).

6. Estudio de un caso. "Viaje de paso del Ecuador".

¿Qué te sugiere un título así? Lee atentamente el caso y realiza las actividades que te proponemos al final.

Viaje de paso del Ecuador

María Herrera y sus compañeros Antonia Moya y Luis Lozano estudian Turismo y son los encargados de organizar el viaje de paso del Ecuador* para el primer ciclo de la carrera.

Luis, experto en diseño gráfico y ordenadores, ha pensado organizar un concurso para crear un logo que luego servirá para estampar productos como camisetas, gorras, bolsos, cuadernos, etc. que se pondrán a la venta con el fin de recaudar fondos para el viaje.

María y Antonia prefieren organizar un concierto de música al que acuda como artista invitado un grupo de moda que cante "aunque sea una sola canción" para que sirva de gancho y así atraer a más público y cubrir sobradamente la inversión que tendrían que efectuar a priori.

Por otro lado, Luis quiere proponer un cuestionario para saber cuáles son las opciones más atractivas para buscar el destino y medios adecuados a los gustos de todo el grupo, porque no quiere meter la pata en la organización del viaje, dado que a estas alturas de la carrera todos saben ya diferenciar los destinos y las características de los alojamientos entre los que pueden elegir.

María y Antonia no quieren verse obligadas a elegir lo que decida la mayoría, pues saben que hay que mirar con lupa las superofertas que ofrecen algunas agencias de viajes, ya que al querer abaratar tanto los precios, luego resulta que la calidad de los alojamientos es deplorable. Además, muchas veces te enganchan diciéndote que si reservas ya el viaje con mucha antelación gozarás de descuentos especiales que sumados a los descuentos por grupo, por ser jóvenes menores de 26, etc. se hacen realmente difíciles de rechazar. El problema es que, una vez hecha la reserva, no es raro recibir una llamada de la agencia comentándote cuánto lo sienten porque el alojamiento del que se habló en un principio no está disponible en esas fechas y claro...

María es una joven extremadamente comprometida con el respeto al medioambiente y le atrae muchísimo la idea de buscar alojamiento dejándose caer por la Red Española de Albergues Juveniles, sin necesidad de hacer ningún cuestionario que les comprometa a elegir destinos típicos de ofertas atractivas para la mayoría. De paso, puede así mostrar a sus amigos los parajes preciosos que ella ya conoce por los Picos de Europa y por infinidad de entornos naturales en los que se pueden realizar actividades deportivas, tipo escalada o *rafting* en ríos.

Antonia le sigue la corriente a María, pero sin mucho entusiasmo, ella se halla realmente en el lado opuesto, ya que ni siquiera le gustaba ir de *camping* al Delta del Ebro con su familia cuando era niña. Le gusta la naturaleza, pero sin renunciar a las comodidades que solo puede ofrecer un hotel medianamente bueno. Ella quiere viajar fuera de España, por ejemplo a Cuba y quiere hacerlo bien. Quiere contratar los servicios de un amigo que colabora con una importante y conocida agencia de viajes especialista en viajes al Caribe. Sabe que un viaje así supone elevar mucho el presupuesto, pero tiene confianza en su buen hacer y en el de sus compañeros.

El problema principal es que el final de curso está a la vuelta de la esquina y tanto dinero no se reúne de la noche a la mañana. Está claro que no disponen de mucho tiempo para ponerse de acuerdo y tomar las decisiones definitivas que embarquen en una gran aventura a todo el curso de la Escuela de Turismo. ¿Qué posibilidades de éxito tienen?

*Este viaje se realiza cuando se termina el primer ciclo de la carrera y se va a empezar el segundo.

Adaptado de Rosie Lawhorn para *Spanish Infovia*

a) **Explica con tus propias palabras estas expresiones y escribe una frase con cada una.**

1	"una sola canción para que *sirva de gancho*"
2	"no quiere *meter la pata*"
3	"hay que *mirar con lupa*"
4	"muchas veces *te enganchan*"
5	"*de paso*, puede así mostrar a sus amigos"
6	"Antonia le *sigue la corriente* a María"
7	"el final de curso está *a la vuelta de la esquina*"
8	"tanto dinero no se reúne *de la noche a la mañana*"

b) **Haz un resumen de la situación con tus propias palabras.**

c) **¿Qué crees que deben hacer para ponerse de acuerdo?**

d) **¿Cuáles son las opciones en cuanto a alojamiento?**

e) **¿Qué ventajas y desventajas ofrecen para ti los siguientes tipos de alojamiento desde el punto de vista de un viaje en grupo de las características del caso? Escríbelas.**

	VENTAJAS	DESVENTAJAS
1. *Camping*		
2. Albergue juvenil		
3. Hostal		
4. Hotel de 2 ó 3 estrellas		
5. Hotel de 4 ó 5 estrellas		
6. Apartamento		
7. Casa rural		
8. Otros		

f) **Juego de roles.** Con otros dos compañeros, representad el diálogo que tendría lugar cuando se reúnen en el aula de estudio Luis, Antonia y María.

g) **Elabora el cuestionario** que Luis propone colgar en la sencilla web que ha creado para la situación. Utiliza preguntas que sirvan para clarificar las preferencias de los estudiantes en cuanto a destino, duración del viaje, medio de transporte, tipo de alojamiento, actividades a realizar, etc.

h) **Describe "brevemente y por escrito"** tu propia experiencia si has realizado un viaje similar y después compáralo con el caso.

FICHA 5.2. ALOJAMIENTOS HOTELEROS

La hotelería es un sub-sector de la HRT, es decir, del sector de la hotelería, la restauración y el turismo (HRT).

La hotelería comprende diferentes tipos de acomodación. La mayor parte del personal está, sin embargo, empleada en hoteles comunes. La mayor parte de ellos son de tamaño mediano, (hasta 100 camas), pero compañías hoteleras que manejan varios hoteles pueden ser bastante grandes. Las más grandes tienen hasta 3000 hoteles y 150 000 empleados en 100 países o más. No todas las grandes compañías que manejan estos hoteles son dueñas de estos. Muchas son franquicias, o las compañías las manejan a través de contratos de administración dándole a veces también su nombre. Los hoteles independientes siguen existiendo pero están perdiendo terreno contra las cadenas hoteleras, especialmente en Norteamérica.

Las pequeñas empresas juegan un papel importante en el sector, al emplear casi la mitad de la fuerza laboral y constituyen más del 90 por ciento de todas las empresas.

FICHA 5.2.1. CATEGORIZACIÓN HOTELERA

ESTRELLA: Calificativo aceptado internacionalmente para indicar la calidad en la prestación de los servicios hoteleros, existiendo otros indicativos para tal efecto, como diamantes, castillos, soles, letras, etc.

1. Los Ministerios de Turismo son los encargados de establecer los criterios para la calificación de sus hoteles.

La categorización es por estrellas y se fundamenta en la puntuación obtenida por el hotel. La calificación por puntos establece un rango para cada establecimiento dentro del cual corresponde una categoría. Como es notorio, esta categorización resulta muy técnica para el turista, por tanto damos a continuación criterios subjetivos internacionales para la calificación por estrellas. Pero hay un problema: los criterios han sido mezclados, de modo que tú debes hacer la correspondencia exacta entre comentario y número de estrellas que te presentamos en las columnas del cuadro siguiente:

ESTRELLAS	COMENTARIO
✳	**Excelencia** Instalaciones y servicios con exquisito buen gusto y confort especialmente personalizados. Atención y recursos altamente calificados al nivel de las grandes corporaciones hoteleras del mundo.
✳✳	**Valorado** Habitaciones simples con cierto acento en decoración. Dentro de la valoración del viajero con interés en pernoctar. Puede ofrecer servicio de habitación en horarios comunes, teléfono en la habitación, espacios comunes, TV en sala de estar y cafetería.
✳✳✳	**Lujo** Finas y cuidadas instalaciones con especial acento en la atención personalizada al cliente. Gran variedad de servicios, espacios para deportes, piscinas, restaurante de categoría, posibilidades de realizar encuentros de negocios.
✳✳✳✳	**Económico** Para el viajero con el simple interés en pernoctar. Usualmente asociado a habitaciones limpias con desayuno, sin servicios adicionales.
✳✳✳✳✳	**Moderado** Para estadías de descanso y recreación de grupos familiares. Servicio de habitaciones, TV y teléfono en la habitación con acento en la decoración y confort. Pueden disponer de restaurantes, piscinas o salas de reuniones.

✳	✳✳	✳✳✳	✳✳✳✳	✳✳✳✳✳
Económico				

2. ¿Estás conforme con los criterios anteriores? Si no es así, indica tus razones y/o añade aquellos comentarios que has echado de menos y que a ti te parecen importantes.

3. En la ficha 5.1. se ha planteado la existencia o no de una clasificación internacional de alojamientos turísticos y hemos dividido tales alojamientos entre hoteleros y extrahoteleros. Ahora vamos a plantear un tema controvertido de necesaria solución.

   a) ¿Piensas que un hotel de 3 estrellas en España, por ejemplo, reúne los mismos requisitos que uno de igual categoría en Francia o en Italia?

   b) ¿Cómo afecta ello a los consumidores?

   c) ¿Cómo afecta a las agencias de viajes?

   d) ¿Qué opinas de la siguiente afirmación?: "Unificar las categorías hoteleras es un gran reto para el sector turístico internacional".

4. Lee el texto y contrástalo con las respuestas anteriores. Después contesta a las preguntas que se plantean a continuación de la lectura.

La Organización Mundial del Turismo (OMT) desea unificar las categorías hoteleras en el mundo ya que ello será beneficioso para el sector y los usuarios. La Conferencia Mundial sobre Nuevas Tecnologías y Medidas en el Sector Hotelero, organizada por la OMT y la *International Hotel and Restaurant Association* (IHRA), propuso la necesidad de iniciar de forma sistemática la clasificación de hoteles a escala mundial, para conciliar las demandas y las preo-cupaciones de los consumidores y del sector con las obligaciones de las administraciones públicas.

En esta conferencia, en la que participaron 210 expertos de 22 países del mundo, se constató que una noción internacional común de las categorías hoteleras podría ayudar en las negociaciones comerciales multilaterales. Los delegados asistentes a este evento consideraron que la OMT y la IHRA, miembro afiliado a este organismo, deberían idear una metodología y unos instrumentos para establecer unos sistemas de clasificación que pudieran recomendarse a los diferentes países. Un estudio de la OMT advierte de que existen "distintas situaciones en el mundo y que, aunque los consumidores buscan la transparencia y la protección de su derecho a una información veraz que las clasificaciones deberían promover, el sector requiere un marco de referencia que garantice la competencia justa".

La conferencia instó a las autoridades a cooperar para avanzar en el tema. El presidente de la OMT señaló que los gobiernos tienen que revisar y actualizar las medidas reguladoras y los incentivos para promover inversiones en el sector, dada la globalización y las expectativas de que dichas inversiones contribuyan al desarrollo sostenible y a la disminución de la pobreza y satisfagan la demanda de los consumidores con servicios competitivos, seguros y de calidad. Los expertos dijeron que hoy los enfoques en materia de clasificación hotelera se basan en las diversas tradiciones culturales y administrativas. Algunos de ellos están inspirados en el Derecho Romano, que estipula la intervención del Estado y la existencia de una catalogación pública destinada a informar y proteger al consumidor.

Adaptado de *Turistel*

Según el diccionario, la categorización hotelera son las normas que, a nivel público o privado y para orientación del viajero o turista, adoptan los países para ordenar por categorías los establecimientos hoteleros en función de un precio y de una calidad basada en la prestación del servicio.

Tradicionalmente, se ha utilizado el sistema de estrellas, adoptado por casi el 85% de los hoteles del mundo afiliados a cadenas internacionales o a la Asociación Internacional de Hotelería.

Adaptado del *Diccionario del boletín turístico*

a) **¿Qué te ha sorprendido más del texto anterior?**

b) **Si tú estuvieras en la Conferencia Mundial sobre Nuevas Tecnologías y Medidas en el Sector Hotelero, organizada por la OMT y la *International Hotel and Restaurant Association* (IHRA), ¿cuáles serían tus propuestas?**

c) **Compáralas con las del resto de la clase. Argumentad vuestras decisiones.**

d) **En el texto anterior han aparecido los siguientes nombres y adjetivos. Completa el cuadro siguiente:**

Nombre		Adjetivo
1. *Ejemplo: el beneficio*	→	*beneficioso*
2. la necesidad	→	
3.	→	sistemática
4.	→	internacional
5. la transparencia	→	
6. la protección	→	
7.	→	veraz
8. la pobreza	→	
9.	→	competitivos
10.	→	seguros
11.	→	culturales
12.	→	administrativas

FICHA 5.2.2. HOTELES DE LUJO

1. Para ti, ¿qué es el lujo?

2. En tu opinión, ¿qué requisitos debe reunir un hotel para que sea considerado de gran lujo?

3. Observa las palabras y explica qué significan.

lugares de moda	buena acogida	reconocimiento	icono de modernidad

arquitectura de vanguardia	cosmopolita	transgresor

tutela	oferta gastronómica	mecenas

4. El siguiente titular te introduce al texto que debes leer antes de realizar las actividades que te proponemos a continuación.

Un catalán premiado en Madrid
EL URBAN ES EL PRIMER HOTEL DE LA CAPITAL QUE EN LOS ÚLTIMOS 30 AÑOS CONSIGUE LA CATEGORÍA DE GRAN LUJO

El hotel Urban, del empresario catalán Jordi Clos, arrasa en Madrid. En verano, la terraza del establecimiento, con vistas espectaculares sobre la ciudad, se convirtió en uno de los **lugares de moda** de la noche madrileña. Pasados los estragos del calor, la coctelería GlassBar ha sido la estrella del otoño, donde se ha dado cita *la flor y nata* de la capital.

Tras la **buena acogida** de madrileños y turistas, ahora le llega el reconocimiento por parte de la dirección general de Turismo de la Comunidad de Madrid, que le acaba de conceder la categoría Gran Lujo. De esta manera, este innovador establecimiento, que *ha roto moldes*, introduciendo un concepto de lujo diferente al que había en la capital, se convierte en el primer hotel de Madrid que en los últimos casi treinta años recibe este **reconocimiento**.

Inaugurado hace un año, el Urban es el segundo establecimiento de cinco estrellas —primero fue el Villa Real— que la cadena Derby, que preside Jordi Clos, abre en la capital. A Clos le gusta definir el Urban como "un hotel de sensaciones". Cierto es que este edificio situado en la Carrera de San Jerónimo, a escasos metros del Congreso de los Diputados y que *entra por los ojos*, nada tiene que ver con el resto de los hoteles de cinco estrellas de la ciudad.

Un sinfín de detalles lo convierte en un **icono de modernidad**. El edificio fue elogiado por el diario *The New York Times*, que destacó su **arquitectura de vanguardia** y su carácter **cosmopolita y transgresor**. El hotel se compone de una planta baja desdoblada parcialmente en una entreplanta, tres plantas tipo y el ático.

El arte desempeña un papel clave en el hotel. Jordi Clos es conocido por su destacada actividad de coleccionista y **mecenas**, sobre todo por la **tutela** del *Museu Egipci* de Barcelona. Por este motivo, el empresario ha llenado el edificio *de cabo a rabo* con piezas de arte. En el vestíbulo, restaurante y zonas comunes está expuesta una colección de grandes tótems, figuras religiosas y étnicas procedentes de Papúa-Nueva Guinea que *dejan de piedra* a más de un visitante. Además, cada una de las 96 habitaciones cuenta con piezas arqueológicas pertenecientes a diferentes culturas y épocas: piezas chinas, hindúes y budistas. En la planta sótano, un pequeño museo reúne una selección de antigüedades egipcias de diferentes épocas, algunas de hace más de 4500 años.

La oferta gastronómica del hotel la componen el restaurante Europa Decó y el GlassBar. La terraza, con su piscina al aire libre, le da el toque refrescante para el verano.

Adaptado de Elena Castells para *La Vanguardia*

a) **Expresiones idiomáticas: ¿sabes qué significan estas expresiones que han aparecido en el texto?**

a) la flor y nata
b) romper moldes
c) entrar por los ojos
d) de cabo a rabo
e) dejar de piedra

b) Indica si las siguientes afirmaciones son verdaderas o falsas. (V / F)

	V	F
1. El empresario Jordi Clos es el presidente de la cadena Derby.		
2. La flor y nata madrileña se da cita en la coctelería GlassBar.		
3. El Urban es el primer establecimiento de 5 estrellas de la cadena Derby.		
4. Jordi Clos ha llenado el interior del Urban de arte moderno, del que es gran admirador.		
5. El edificio del Urban ha sido considerado como un icono de modernidad.		

c) Según tú, ¿qué requisitos ha reunido el hotel Urban para recibir el reconocimiento de gran lujo?

d) Juego de roles. Por parejas, imaginad que tenéis la oportunidad de diseñar el proyecto de un hotel de lujo en tu ciudad. Pensad qué características os gustaría destacar en vuestro proyecto y utilizad el vocabulario que habéis aprendido.

FICHA 5.3. SERVICIOS HOTELEROS

1. Servicios y departamentos de un hotel. Si completas las frases con los elementos que te damos, obtendrás los departamentos de un hotel y algunas de sus funciones.

a) El departamento de administración	**d)** La atención al cliente	**h)** departamento de conserjería
b) En el departamento de cocina	**e)** departamento de reservas	**i)** la ropa de habitaciones
c) un subdepartamento de conserjería o de recepción	**f)** atender la entrada, "check in", y salida, " check out"	**j)** realizar compras, llevar el almacenaje y la gestión de los *stocks*
	g) el " sumiller" o " sommelier"	**k)** La seguridad del hotel

1. El _____ tiene como función canalizar las reservas individuales o de grupos verificando su aceptación.

2. Departamento de recepción: una de sus funciones principales es _____ de los clientes.

3. Los botones, porteros de accesos, ordenanzas de salón y ascensoristas son algunos ejemplos de personal que depende del _____ .

4. _____ en cuanto a la puesta a punto de la habitación y de la limpieza de las prendas de ropa personales, corresponde al departamento de pisos.

5. El control de los *stocks* e inventarios de _____ , cocina y comedor, corresponde al departamento de lencería y lavandería.

6. El departamento de economato y bodega tiene como función principal _____ de los productos alimenticios y de bebidas.

7. _____ está adscrito al departamento de comedor.

8. _____ es competencia del departamento de servicios de mantenimiento y seguridad.

9. _____ se calcula el precio de la confección de los distintos platos.

10. _____ es tan complejo y variado que está subdividido en otros departamentos (compras, ventas, *marketing*...).

11. El departamento de comunicaciones suele ser en la mayoría de los hoteles _____ .

2. En el siguiente ejercicio debes ordenar los perfiles del candidato con su puesto correspondiente. Alguien los ha desordenado.

> **POR APERTURA DE NUEVO HOTEL EN VERANO NECESITAMOS CUBRIR LOS SIGUIENTES PUESTOS:**

Relaciona:

PUESTO A CUBRIR	PERFIL DEL CANDIDATO
1. Recepcionista:	**a.** • Persona a la que le guste el orden, la limpieza, y sea discreta pero con buen carácter. • Experiencia en limpieza. • Inglés básico. • Formación básica.
2. Portero:	**b.** • Formación en Ingeniería técnica industrial. • 5 años en puesto similar. • Capacidad de planificación y organización. • Capacidad para solucionar emergencias en equipos de aire acondicionado, en equipos eléctricos e instalaciones de agua y gas. • Persona capacitada y muy responsable.
3. Botones:	**c.** • Persona motivada y flexible, de presencia y trato agradable. • Informática a nivel usuario (Fidelio y Outlook). • Inglés nivel alto. Conocimientos de otros idiomas. • Experiencia demostrable de 1 año en puesto similar (cara al público o recepción). • Valorable estudios de Turismo u Hostelería.
4. Responsable de mantenimiento:	**d.** • Permiso de conducir (para aparcar y recoger coches dado el caso). • Persona con capacidad para proporcionar direcciones de forma precisa. • Persona a la que le guste estar al aire libre y sea capaz de pasar largos periodos de tiempo de pie mostrando siempre energía y actitud positiva. • Alto nivel de inglés.
5. Sumiller:	**e.** • Persona con capacidad para conducir un equipo, dotes de mando y facilidad en el trato. • Valorable estudios de Turismo y formación específica en gestión de lavandería y planificación de tareas. • Inglés básico. • 3 años de experiencia en hoteles, aunque no sea en pisos.
6. Gobernanta:	**f.** • Persona flexible, motivada, dinámica y apasionada. • Capaz de organizar y seleccionar vinos como un reto para alcanzar los mejores resultados de la venta de estos. • Acostumbrada a ofrecer servicio al cliente del más alto estándar. • Alto nivel de inglés y francés.

7. Camarera de pisos:

8. Dpto. Restaurante. Maitre y 2.º Maitre:

9. Dpto. Cocina: Jefe de Cocina y 2.º Jefe de Cocina:

10. Dpto. Administración. Administrativo:

g.
- Conocimientos de cocina a nivel internacional.
- Experiencia en la creación de menús de banquetes, menús y cartas (excepto el 2.º jefe).
- Valorable formación en Hostelería.
- Experiencia en puesto similar de 2 años en el sector de restauración y / o hostelería.
- Conocimientos de inglés.
- Informática a nivel usuario.

h.
- Persona motivada, flexible, capaz de aguantar de pie muchas horas con energía y juventud.
- Valorable estudios de Turismo u Hostelería.
- Inglés nivel alto.
- Valorable experiencia en puesto similar.

i.
- Estudios de Bachiller o F.P. Administrativo (Formación Profesional).
- Conocimientos de contabilidad básica.
- Persona meticulosa y responsable.
- Informática a nivel medio.
- Inglés nivel medio.
- Experiencia en puesto similar.

j.
- Dominio de servicio en sala y del servicio en banquetes.
- Conocimientos de cocina y enología.
- Valorable formación en Restauración.
- Experiencia en puesto similar de 2 años (1 año para el 2.º).
- Nivel medio de inglés.
- Informática a nivel usuario.

Adaptado de oferta real publicada por *Hotel Amigo* de Bruselas

1	2	3	4	5	6	7	8	9	10

3. Seguro que echas de menos algún puesto que no aparece en el cuadro y que te parece importante, ¿en qué más departamentos y puestos puedes pensar?

4. En el siguiente recuadro marca con una X aquellos adjetivos que te parezca que describen mejor el perfil que debe tener cada una de las personas que deben cubrir los puestos propuestos:

RASGO	DIRECTOR DE HOTEL (CHAIRMAN)	DIRECTOR DE DISEÑO	RESPONSABLE DE RECURSOS HUMANOS	DIRECTOR DE FINANZAS	MI PERFIL
Puntual					
Responsable					
Agradable					
Educado					

RASGO	DIRECTOR DE HOTEL (CHAIRMAN)	DIRECTOR DE DISEÑO	RESPONSABLE DE RECURSOS HUMANOS	DIRECTOR DE FINANZAS	MI PERFIL
Satisfecho de sí mismo					
Meticuloso					
Competitivo					
Honesto					
Motivado					
Sensible					
Flexible					
Acostumbrado a dirigir un equipo					
Extrovertido					
Idealista					
Apasionado					
Discreto					
Preparado					
Dinámico					
Disciplinado					
Ambicioso					
Capacitado					

5. Fíjate en los adjetivos del recuadro anterior e indica cuáles de las características que se presentan pueden ser utilizadas con el verbo *estar*.

6. A continuación, defínete a ti mismo y después intercambia tu perfil con el de tu compañero. Ubicaos mutuamente según vuestro perfil en el cargo para el cual parecéis más capacitados.

> Resultado: Mi perfil es el del perfecto/a _____

FICHA 5.4. CADENAS HOTELERAS Y CLASIFICACIÓN

Las cadenas hoteleras son conjuntos de empresas agrupadas con distintas fórmulas de propiedad y de gestión cuya finalidad es obtener una mayor rentabilidad, una situación de poder, control y prestigio en el mercado internacional.

1. Relaciona ambas columnas.

1. Cadenas Propietarias:	**a.** son aquellas que manejan hoteles o restaurantes propiedad de terceros.
2. Cadenas de Franquicia:	**b.** constituidas como operadoras con sus propios recursos, pero con el nombre del grupo que otorga la concesión o la franquicia.
3. Cadenas de Afiliación:	**c.** son aquellas en que operadores y diferentes inversionistas se asocian para la planeación, desarrollo y operación de un proyecto hotelero.
4. Cadenas Operadoras:	**d.** son aquellas Operadoras con sus propios recursos, nombre y estructura administrativa completamente independiente.
5. Cadenas Inversionistas:	**e.** muy reducidas en el mercado hotelero. Son aquellas Operadoras que proyectan, financian, construyen y administran hoteles con recursos y riesgos propios.
6. Cadenas Mixtas:	**f.** que tienen como fin primordial aprovechar ventajas relacionadas con reservaciones y ventas, siendo el resto de la administración completamente independiente.

1	2	3	4	5	6

FICHA 5.5. ACTIVIDADES DE CONSOLIDACIÓN

1. Pre-lectura:

a) ¿Qué cadenas hoteleras conoces?

b) ¿Identificas cadena hotelera con negocio familiar? ¿Con qué la identificas?

c) ¿Piensas que la personalidad de las cadenas hoteleras se difumina en la homogeneidad? Es decir, ¿crees que una cadena hotelera debe seguir un mismo patrón que permita identificar los hoteles del grupo?

d) ¿Cadena hotelera es sinónimo de modernidad o de clasicismo?

2. Lee el siguiente texto y contesta después a las preguntas.

ROCCO FORTE SE EXPANDE EN EUROPA

José M. Esmoris Dios, es el representante de un nuevo grupo de hoteles que está haciendo furor en Europa, y entre los que se encuentran el Hotel de Russie en Roma y el nuevo Savoy de Florencia. Los dos hoteles muy *up to date,* muy *fashion,* muy caros, con excelente servicio y en el centro de la acción.

Imagínense disfrutar de los escenarios más clásicos, como los de palacetes o castillos, al mismo tiempo que se disfruta de los servicios más novedosos y de moda como los completos e incomparables espacios y servicios de *SPA* y, en contraposición, los más clásicos servicios de un hotel de lujo como los de reuniones profesionales y todos los que pueda imaginar.

Imagínense el hotel de Roma en plena Via del Babuino, a un paso de la Piazza del Popolo, y el de Florencia en la Plaza de la Republica. Este par de bellos establecimientos y otros, entre ellos el Hotel Amigo en Bruselas, Balmoral en Edimburgo, The Lowry en Manchester y Astoria en San Petersburgo, forman parte del grupo Rocco Forte Hotels. Integran el primer grupo de casas de gran lujo que ha lanzado al mundo Rocco Forte, un hombre con vocación hotelera, que se decidió en 1996 a retomar en serio, muy en serio, la carrera de su padre, una vez que Sir Charles Forte, se decidió a liquidar su negocio vendiendo a los árabes algunos de los mejores palacios de su cadena. Rocco ha tenido un éxito enorme con su fórmula. Algo aprendió del padre, un vendedor de helados, que llegó a ser el dueño de un grupo enorme de hoteles en el mundo gracias a su trabajo y a su talento. Tan notable fue su participación en la hotelería en Inglaterra, que su majestad la Reina Isabel le puso la espada en su hombro para nombrarlo "Sir".

Se podría decir que el señor Rocco Forte, millonario por herencia, nació para dirigir una compañía hotelera. Su padre, Lord Charles Forte, se cercioró de que su descendiente conociera bien el funcionamiento de un hotel desde temprana edad, desde la economía doméstica hasta la sala de reuniones generales. De ese modo, Rocco ya estaba en el negocio cuando su padre se encontraba en la cúspide.

Ahora piensa expandirse a México y a los Estados Unidos, una vez que consolide a 20 los hoteles de su cadena en Europa. El momento no ha llegado aún. Ya tiene Rocco Forte casi la mitad. Un nuevo hotel en Londres completará la mitad de su proyecto: el Brown´s frente al Hotel Ritz en Londres en pleno Mayfair, con el diseño de interiores de la hermana de Rocco, Olga Polizzi, la misma que lega y pone ese toque inconfundible de personalidad y desenfado, bienestar, lujo y belleza a sus hoteles. La vista de Rocco ya está puesta también sobre Madrid y Barcelona en España.

Adaptado de varias fuentes

PREGUNTAS:

a) **Según lo explicado en este tema, ¿dónde y cómo clasificas al grupo Rocco Forte?**

b) **¿Cómo se adecúan los hoteles Rocco Forte a tus respuestas de la pre-lectura?**

c) **¿Qué te ha sorprendido más de la lectura?**

d) **¿Crees que Madrid y Barcelona son lugares adecuados para la cadena Rocco? Razona tu respuesta.**

3. Entrevista a Rocco Forte.

En la siguiente entrevista las preguntas están separadas de las respuestas, ¿puedes unirlas tú adecuadamente para que tengan sentido?

PREGUNTAS

1. ¿Dónde está usted ahora y por qué está ahí? ¿Dónde ha estado últimamente y con qué frecuencia viaja?

2. ¿Sin qué objetos no viajaría?

3. ¿Cómo empezó usted en el negocio de los hoteles?

4. ¿Qué características diferencian, en su opinión, a Rocco Forte Hotel de otros grupos hoteleros de lujo?

5. ¿Cuáles son los planes de expansión y desarrollo de la compañía para los próximos años? ¿Qué destinos ve usted como principales localizaciones para nuevos futuros hoteles?

6. Cuéntenos un poco sobre la idea de convertir la Villa Speyer en Frankfurt en la pieza central de sus nuevos proyectos para hotel y balneario.

➡

7. ¿Qué cosas esenciales debe tener cada hotel?

8. Su hermana, la diseñadora Olga Polizzi, supervisó la renovación de su Hotel Amigo en Bruselas. ¿En qué se diferencia la relación personal con su hermana de la que mantiene profesionalmente con ella? ¿Es más fácil, o más difícil, confiar en el gusto y decisiones de alguien cuando la has conocido de toda la vida?

9. ¿Cuál es la historia más extraña que ha oído usted sobre algo ocurrido en una de sus propiedades?

10. ¿Qué consejo de viaje da usted con más frecuencia estos días?

RESPUESTAS

a. He trabajado en el negocio hotelero desde que tenía catorce años. Mi padre me animó a trabajar en los hoteles de la antigua compañía Forte durante mis vacaciones escolares y universitarias, para que pudiera obtener experiencia personal en cada departamento y una introducción apropiada al negocio desde dentro.

b. Me gustaría tener veinte hoteles por toda Europa dentro de los próximos cinco años. Estamos considerando proyectos en las ciudades más importantes. Cuando lo consiga, ampliaré a México y a los Estados Unidos mi red hotelera.

c. En mi oficina en Picadilly, Londres. Acabo de regresar de San Petersburgo donde he visitado nuestro Hotel Astoria. Viajo mucho, para visitar todos nuestros hoteles en funcionamiento alrededor de Europa o para ver nuevas oportunidades en otras ciudades europeas.

d. Internet de alta velocidad y un escritorio para trabajar son importantes, así como dos líneas de teléfono, de modo que un cliente puede manejar una llamada entrante mientras ya está hablando por otra línea. Los lavabos tienen que ser grandes y espaciosos. Lo más importante de todo es tener un alto nivel de servicio personalizado para los huéspedes.

e. El lugar es muy grande con extensos terrenos y mucha vegetación, lo cual es inusual para un hotel de ciudad. El chalet preexistente de Villa Speyer es un edificio protegido y por ello se ha mantenido y se ha convertido en la entrada al hotel, construido a su alrededor. La villa proporciona algunas de las habitaciones y un cierto número de suites, incluyendo la suite presidencial.

f. Mi teléfono móvil, mi tarjeta de crédito, y algo de moneda local.

g. No hay dos hoteles iguales en decoración o arquitectura. Creo que cada hotel debe tener personalidad propia que refleje su localización. Lo que unifica a mis hoteles es el servicio de alto estándar. Como propietario, paso mucho tiempo en ellos.

h. Tenemos una edad muy cercana (¡lo cual no le gusta que diga!) y nos llevamos muy bien. Ella es un socio en un negocio. Básicamente la dejo hacer en su área y ella me deja a mí en la mía. Frecuentemente me pide consejo y yo se lo pido a ella.

i. Tener un itinerario muy bien organizado antes de salir. Quedarse en hoteles donde te reconozcan.

j. La lámpara del techo al caer sobre la cama de un huésped durante la noche. Había un miembro de la KGB en la habitación de arriba buscando algo, levantó la alfombra y desatornilló la placa que aguantaba la lámpara de la habitación de abajo.

Adaptado de varias fuentes

1	2	3	4	5	6	7	8	9	10

Los alojamientos extrahoteleros son aquellos establecimientos mercantiles que ofrecen alojamientos distintos a los hoteles debido a su diferente ordenación legal, infraestructura, precios y servicios. Los principales establecimientos extrahoteleros son:

a) *Camping.*

b) Apartamentos turísticos.

c) Ciudades de vacaciones.

d) Albergues juveniles.

e) Residencias de tiempo libre.

f) Casas rurales.

g) Refugios de montaña.

h) *Interhome* y *time sharing* o multipropiedad.

i) Villas y chalets.

1. **¿Qué otros alojamientos diferentes puedes añadir a la lista?**

2. **Recordad las actividades del caso presentado en la ficha 5.1. y, por parejas, completad el siguiente cuadro:**

	Ventajas	Desventajas	Perfil del turista que elige este destino
a) *Camping.*			
b) Apartamentos turísticos.			
c) Ciudades de vacaciones.			
d) Albergues juveniles.			
e) Residencias de tiempo libre.			
f) Casas rurales.			
g) Refugios de montaña.			
h) *Interhome* y *time sharing* o multipropiedad.			
i) Villas y chalets.			

3. **Lee el siguiente título, ¿qué te sugiere? ¿Piensas en alojamiento o en trayecto?**

EL TREN, EL PRIVILEGIO DE UN HOTEL ÚNICO

¿PREPARADO PARA UNA EXPERIENCIA INOLVIDABLE?

4. Lee el texto.

AL ANDALUS EXPRESO es un lujoso hotel rodante, una atalaya única para la contemplación del paisaje andaluz. Es el maravilloso y mágico resultado de una excepcional combinación: un lujoso hotel y un romántico tren. Una mansión sobre ruedas, un escondite con un reconocido glamur interior. En su interior se dan cita atenciones, decoración y gastronomía, que nos transportan por el túnel del tiempo hasta el glamur de la Belle Epoque. Recorrer Andalucía a bordo de este tren mágico es una experiencia única, privilegio de evocaciones románticas marcado con el sello de la elegancia y la distinción.

Este espectacular convoy atraviesa encantadores lugares y campos de olivos, pasando por blancas ciudades en una atmósfera de exquisito refinamiento y cultivada elegancia.

Al Andalus se compone de catorce coches. Un coche Cocina, dos coches Restaurante, Alhambra y Gibralfaro, un coche Bar Giralda, un coche Salón y Recreativo de Juegos, Medina Azahara, siete coches cama, con una capacidad máxima de 74 pasajeros, a bordo de sus 37 Cabinas Club, un coche de personal y un furgón generador. El tren ha sido cuidadosamente restaurado, manteniendo su decoración original y añadiéndole el confort de los trenes actuales. Todos los coches están equipados de aire acondicionado y calefacción.

El precio por persona en cabina doble es de unos 2700 euros, mientras que la individual cuesta unos 3800 euros por persona. En el precio se incluye la estancia de seis días con sus cinco noches; los desayunos, almuerzos y cenas que se indican en el itinerario además de dos almuerzos en Restaurantes; servicio gratuito de bar abordo; animación musical para amenizar las veladas; el servicio de azafatas acompañantes a lo largo de todo el recorrido del tren; todas las visitas especificadas en el itinerario con los traslados y entradas incluidas.

Además, para convenciones, reuniones de empresa e incentivos y para otras especialísimas ocasiones se puede disponer del tren Al Andalus Expreso todo el tiempo que se desee y diseñando libremente su propio itinerario dado que puede desplazarse por toda la geografía española.

Adaptado de *www.alandalusexpresso.com*

5. ¿A qué te recuerda el Al Andalus Expreso? ¿Crees que reúne el encanto que hizo que Agatha Christie o Graham Greene utilizasen trenes similares como escenario de sus novelas?

6. ¿Qué es más importante hoy en día a la hora de viajar, el alojamiento o el medio de transporte? ¿Piensas que se ha perdido el placer del trayecto como parte del viaje en sí mismo?¿Cuáles son las causas?

7. Tú y tu compañero sois los encargados de organizar un viaje de incentivos de empresa para la compañía Telefónica España. Estáis reunidos ante la página *http://www.alandalusexpreso.com*. Haced una propuesta de viaje utilizando:

a) los datos que encontréis en el texto y en la página web.

b) un mapa de España para mostrar gráficamente el recorrido que habéis decidido, indicando qué visitar en las paradas que se efectúen según vuestra elección. Puedes encontrarlo en http://es.wikipedia.org/wiki/Provincias_de_España.

Parador nacional de turismo: Se dice en España de cierto tipo de establecimiento hotelero dependiente de organismos oficiales.

Los **alojamientos estatales españoles:** la Sociedad Nacional de Paradores de Turismo.

Los paradores nacionales nacieron en la década de los años veinte del siglo pasado, bajo el reinado de Alfonso XIII, con el fin de crear alojamiento en aquellas zonas con recursos turísticos en las que no existía alojamiento privado y, al mismo tiempo, recuperar y rehabilitar antiguos monumentos histórico-artísticos –conventos, monasterios, castillos, palacios, etc.– como alojamientos. Hoy ofrecen cobijo trece castillos medievales, seis antiguos conventos, seis palacios de estilo gótico o barroco y nueve recintos históricos de distintas épocas; además de 51 establecimientos de construcción moderna en su conjunto.

1. Lee el siguiente texto sobre la historia de los Paradores y contesta a las cuestiones que se te plantearán después.

Historia de Paradores

Fue en el año 1926 cuando, siendo Comisario Regio de Turismo el Marqués de la Vega Inclán, S.M. el Rey Alfonso XIII eligió personalmente el emplazamiento para la construcción de un albergue, el primer Parador, que facilitara el conocimiento y disfrute de las maravillas del paisaje natural de la Sierra de Gredos. Así, en 1928, año de su inauguración, comenzó una bonita historia...

Hoy, años después, Paradores se ha configurado como una singular cadena hotelera con reconocido prestigio, tanto a nivel nacional como internacional, por la calidad de sus servicios e instalaciones y por el trato personalizado que dispensa a sus clientes. Las treinta habitaciones de 1928 se han convertido hoy en más de 5000 y los ochenta y tres Paradores actuales, repartidos por toda la geografía española, son una invitación al conocimiento de la historia, la cultura y los espacios naturales de los distintos pueblos de España.

Dormir en un castillo medieval, pasear por los claustros donde el canto gregoriano es el eco de sus pisadas, alojarse en los palacios señoriales, disfrutar de unos entornos naturales inigualables o descubrir ciudades monumentales, que en sí mismos son auténticos museos al aire libre, son algunas de las múltiples posibilidades que Paradores ofrece al viajero ávido de vivir nuevas sensaciones.

Pero si bien los Paradores no son homogéneos en cuanto a su ubicación y tipo de edificación, sí existe un denominador común en todos ellos que los identifica: la cocina tradicional que se elabora en sus fogones. En los restaurantes de Paradores se pueden degustar platos típicos de la más auténtica cocina de siempre, aquella que ha formado parte de la historia de España.

Otro factor que configura las señas personales de Paradores es la privilegiada, y en muchos casos única, ubicación de sus establecimientos en entornos con indudables valores culturales o naturales. Así, los Paradores situados en un entorno natural facilitan al viajero el descubrimiento de espacios naturales y la posibilidad de regalar a los sentidos la contemplación de sorprendentes y variados paisajes.

El entorno monumental que rodea otros Paradores es un auténtico lujo, un estímulo para conocer la riqueza del amplio patrimonio histórico español; ciudades patrimonio de la Humanidad, legados de otros pueblos, huellas del pasado... todo un compendio cultural de un país que ha albergado diferentes pueblos y culturas.

El extenso litoral español se encuentra jalonado de Paradores que, ubicados en torno a la costa, gozan de privilegiadas situaciones junto al mar y son el destino obligado para los amantes de toda la tranquilidad, misterio y aventura que envuelven sus azules aguas.

Este es el viaje que le proponemos, ahora y siempre. Un viaje por las tierras de España, su historia y su cultura a través de unos alojamientos singulares y de gran calidad.

Adaptado de *Paradores de España*

2. Marca si las siguientes afirmaciones son verdaderas o falsas.

	V	F
1. El primer Parador español se creó en la época de Alfonso XII.		
2. El primer Parador se creó para que fuese el primero de una planificada cadena hotelera.		
3. En la actualidad existen en España más de 83 Paradores.		
4. El volumen total de alojamiento de los Paradores supera las 5000 habitaciones.		
5. El denominador común que identifica a los Paradores es su ubicación urbana.		
6. El rasgo común que identifica a los Paradores es la cocina tradicional.		
7. Sus edificaciones son típicas construcciones rurales del siglo XVI.		
8. Sus edificaciones son antiguos palacios, castillos medievales, monasterios, etc.		

3. Si en vuestro país existe algo parecido, o si conocéis alguna cadena parecida en otros países, elaborad un pequeño informe para vuestros compañeros que contenga las siguientes informaciones:
- De cómo y por qué se creó.
- Número de hoteles.
- Cómo son los edificios.
- Cómo es el entorno donde están ubicados.

4. En caso de que no conozcáis ningún servicio parecido,
- ¿Qué opináis de la idea?
- ¿Se podría formar algo así en vuestros países?
- ¿Cuál sería vuestra propuesta?

ACTIVIDADES RECOPILATORIAS

1. Juego de simulación.

> **Situación:**
>
> *El grupo Rocco Forte Hotels ha planificado abrir dos nuevos hoteles de su cadena en España, así como posteriormente ampliar su presencia en México y otros países.*

a) La clase se dividirá en grupos de cuatro. Uno de los grupos representará al propio Rocco Forte, a su socia y hermana Olga Pollizi (diseñadora), al director de *marketing* y operaciones en Europa, Mr. Richard Power y a Mr. Emmanuel Clave Director de IT.

Los demás grupos deberán elegir a un portavoz y decidir entre todos qué ciudad de España o de México quieren que sea elegida por la compañía Rocco para ser la próxima sede de uno de sus hoteles.

Para ser convincentes, deberéis resaltar todas las ventajas que ofrece "vuestra ciudad" frente a las otras candidatas. Asimismo, es importante que expliquéis también alguna desventaja caso de elegir a otra ciudad en perjuicio de la vuestra.

Podéis obtener información de la propia unidad 5 o de las páginas: *www.roccofortehotels.com* y *www.tourspain.es.*

b) La simulación finalizará con la decisión del grupo formado por los directivos del grupo Forte que anunciarán la ciudad escogida y argumentarán los motivos de su elección.

RESTAURACIÓN

TEMA 6

El sector de restauración se integra en el sector de hostelería que, de acuerdo con la actual Clasificación Nacional de Ocupaciones, se corresponde con el grupo 55. La circunscripción al sector de restauración elimina como objeto de estudio a la oferta de alojamiento.

1. Actividades de pre-lectura.
¿Qué servicios y establecimientos incluye la restauración?

2. Al describir la aportación de la actividad de la restauración en la economía, ¿qué factores piensas que deben tenerse en cuenta?

3. En cuanto al tamaño de las empresas de restauración, por lo que tú sabes y has observado, ¿cómo caracterizarías este sector?

4. ¿Qué crees que tiene mayor peso en la hostelería: el alojamiento o la restauración?

5. Comprensión lectora.
Lee el siguiente informe del sector de la restauración en España y realiza las actividades a continuación.

El sector de restaurantes y alojamientos –hostelería– representa el 11,6% del PIB generado por el conjunto de la economía. Si en el inicio de esta actividad se apuntó hacia la demanda proveniente del exterior (turismo) como principal dinamizador, estos últimos años, y sin restarle importancia a este factor, es preciso mencionar la mejora en la renta media familiar disponible como un factor indispensable.

Dentro del sector de hostelería, el 65,8% corresponde a los establecimientos de bebidas, el 22,1% a los restaurantes y el 12,1% al alojamiento. Asimismo, el gasto efectuado en consumos intermedios es superior en la rama restaurantes frente a la de establecimientos de bebidas, hecho que también se repite en la dotación para la remuneración a asalariados. El empleo del sector de restauración es de 780,4 miles de personas, de los cuales, 260,7 pertenecen a la rama de restaurantes.

El número de restaurantes en activo en el Estado es de 60 582 establecimientos, lo que supone haber triplicado la oferta disponible en los últimos 20 años y ampliado las plazas disponibles por establecimiento de 55,9 a 60,4. La mayor parte de los mismos pertenece a los grupos de uno y dos tenedores. El número de establecimientos de cafeterías es 12 787 cuya dimensión media es de 60,9 plazas. Asimismo, en el mismo periodo, el número de cafeterías también se ha triplicado pero su dimensión media es sensiblemente menor (de 68,6 plazas a 60,9). En cuanto a los establecimientos de bebidas, la cifra se ha duplicado hasta los 229 215 en activo en la actualidad.

Atendiendo al número de empleados de cada una de las ramas de actividad del sector de restauración, puede concluirse que las de menor tamaño son los establecimientos de bebidas (3 personas en promedio) y los de mayor tamaño medio son restaurantes y servicios de *catering* y comedores colectivos (entre 5 y 6 personas, en promedio).

Finalmente, las principales empresas del sector (en tamaño y facturación) son las grandes cadenas de servicios de restauración a menudo ligadas a marcas extranjeras establecidas en el Estado en régimen de filial o de franquicias y las empresas vinculadas a servicios de restauración y de *catering*, dentro del ámbito de la restauración social y de las redes de transporte.

Adaptado de *Informe sectorial de la restauración*, Federación de Cajas de Ahorro Vasco-Navarras

a) **En el primer párrafo del texto se hace mención a la demanda del sector. ¿Podrías explicar qué cambio se ha producido?**

b) **Completa la información del siguiente cuadro según el texto.**

	Restaurantes	Cafeterías	Establecimientos de bebidas
Número de establecimientos			
Número de plazas			
Aumento en 20 años			

c) **¿Qué servicios de restauración se mencionan en el texto?**

d) **La mayor parte de restaurantes en activo "pertenece a los grupos de uno y dos tenedores", ¿a qué hace referencia?**

e) **¿En qué se parece y se diferencia la situación de este sector al de tu país o región de origen?**

FICHA 6.2. TIPOS DE RESTAURACIÓN

La restauración tradicional comprende los restaurantes o casas de comidas que son un negocio individual o social, en los que la principal característica es un comedor múltiple en el que se sirven comidas elaboradas en una cocina común. Sin embargo, ahora, ya no se considera únicamente este tipo de restauración, sino que se diferencia entre distintos tipos. Se pueden realizar diversas clasificaciones, según se considere la población a la que sirven, el producto que ofrecen o la tecnología que emplean.

1. **Dentro de la denominada restauración colectiva, elaborada para un número determinado de comensales superior a los que comprenden un grupo familiar, se distingue *restauración comercial* y *restauración social*, según su tipo de clientela.**

a) **¿A qué tipo de restauración corresponde cada una de las descripciones siguientes?**

Restauración social	Restauración comercial

1 _____ : incluye establecimientos abiertos a todo tipo de clientes y cuya frecuentación depende únicamente de la libre elección de su clientela. Aunque trabajan con un número prefijado de centros y clientes, estos pueden variar globalmente, lo que modifica el número total de servicios y las demandas a la cocina central.

2 _____ : su clientela es fija, tanto en cantidad como en frecuencia. Se conoce el número de comensales con antelación. Ajustan su actividad, tipo de menús y cantidad al tipo y volumen de población a la que sirven. Corresponde a los servicios alimentarios que se ofrecen a grupos de colectividades que se hallan en un lugar determinado a la hora de comer y que no pueden desplazarse del lugar donde realizan su actividad.

Adaptado de varias fuentes

b) Después de leer las descripciones anteriores, ¿en qué tipo de restauración incluirías los siguientes establecimientos y empresas de restauración?

Restaurante   Comedor escolar   Cantina de una fábrica   Bar   Cafetería

c) ¿Cuáles son los que tienen importancia en el sector del turismo?

2. Dentro de la restauración comercial, las empresas de restauración tradicional se clasifican en los siguientes grupos en cuanto a servicios que ofrecen, horarios y tipos de consumición: restaurantes (R), cafeterías (C), bares y similares (B).

a) Marca a qué grupo crees que corresponden las siguientes características.

	R	C	B
1. Ofrecen a sus clientes carta de platos o menús.	☐	☐	☐
2. Servicio ininterrumpido de comidas y bebidas desde su hora de apertura.	☐	☐	☐
3. El comedor del establecimientos debe estar aparte del resto de instalaciones.	☐	☐	☐
4. Servicio exclusivo de bebidas acompañadas de bocadillos, tapas o raciones.	☐	☐	☐
5. Sirven comidas y bebidas para refrigerios rápidos y consumiciones en barra, mostrador o mesa.	☐	☐	☐

b) Comprueba tus respuestas del ejercicio anterior con la descripción de los tres grupos anteriores que te presentamos.

Son restaurantes aquellos establecimientos que presten servicios de restauración, mediante la oferta a sus clientes de carta de platos o menús a consumir, servido por camareros, en el comedor del establecimiento, que deberá estar independizado de las restantes instalaciones.

Son cafeterías los establecimientos que sirven ininterrumpidamente, durante el horario de apertura, comidas y bebidas para un refrigerio rápido y consumición en barra, mostrador o mesa en el propio local. Aquellos establecimientos que tengan sistema de autoservicio de comidas y bebidas se clasificarán en esta modalidad.

Son bares los establecimientos que sirven en barra o mesa, en el propio local o en dependencias anejas, exclusivamente bebidas y, en su caso, comidas tipo bocadillos, tapas o raciones.

Adaptado de *Decreto 24/1999*, C.A. Castilla y León

c) Con el resto de la clase, ¿qué otros detalles añadiríais a las descripciones anteriores? ¿Creéis que existen diferencias claras entre los tres grupos?

FICHA 6.2.1. LA RESTAURACIÓN TRADICIONAL

Según el producto que ofrecen, los establecimientos de restauración comercial se clasifican por la oferta de comida casera (tipo familiar), o de un producto concreto (monoproducto). Estos establecimientos ofrecen los servicios de diferentes maneras, entre otras:

Menú	→	Comida de precio fijo que ofrecen hoteles y restaurantes, con posibilidad limitada de elección.
Carta	→	Lista de platos y bebidas que se pueden elegir.
Bufé	→	Servicio en restauración que permite al cliente servirse a discreción de los platos expuestos en un área por una tarifa única.
Brunch	→	Servicio de restauración en forma de bufé completo que conjunta el desayuno con el almuerzo.

1. ¿Qué importancia crees que tienen los siguientes puntos a la hora de diseñar un menú o una carta? Compara tus opiniones con las de tu compañero.

	Muy importante	Importante	Poco importante
Categoría del establecimiento			
Región o zona del establecimiento			
Tipo de cliente (nacionalidad, gustos, costumbres alimentarias)			
Ubicación del hotel (playa, interior, montaña...)			
Época del año			
Variedad			
Relación calidad-precio			

2. Observa los modelos de menú y de carta que se presentan a continuación.

Menú del día

PRIMER PLATO
Paella a la valenciana
Sopa de verduras
Croquetas de la casa

SEGUNDO PLATO
Chuletas de cordero
Ternera asada
Pescadilla a la romana

Pan, bebida y postre o café

12 €

CARTA

──────── ENTRANTES ────────
Plato de jabugo de bellota. Reserva...19,50€
Pimientos verdes del piquillo de Perón (Lodosa) asados......................10,50€
Ensalada Alhambra..16,00€
Sardinas sin espinas a la parrilla maceradas con aceite de hongos.......14,50€
──────── PESCADOS ────────
Medallones de rape al aroma de azafrán..18,00€
Lomo de merluza con kokotxas y almejas en salsa verde....................20,00€
Kokotxas de merluza al pil-pil ....21,50€
Filetes de lenguado al txakoli con cigalitas ....19,00€
──────── CARNES ────────
Solomillo con salsa de chalotas, foie y Oporto................................18,75€
Manitas de cerdo deshuesadas crujientes a nuestro estilo ....17,00€
Estofado de solomillo al vino tinto navarro....................................17,25€
Cordero al chilindrón deshuesado con hongos.................................17,50€
──────── POSTRES ────────
Sorbetes: Frambuesa o limón cava o piña y maracuyá ....6,00€
Milhojas de crema de arroz con leche ....8,00€
Nuestra respostería variada...9,00€
Tarta de queso fresco con arándanos...7,50€
Tabla de quesos del país con nueces...12,50€
Cuajada casera con miel y nueces ....6,50€

a) **Elabora con tu compañero una lista de similitudes y diferencias entre ambos. Podéis hacer referencia al tipo de cliente, la variedad y el contenido, y otros aspectos que consideréis interesantes.**

b) **Compartid vuestra lista con el resto de la clase.**

FICHA 6.2.2. LOS RESTAURANTES TEMÁTICOS

1. **En parejas. Cada uno de vosotros leerá uno de los siguientes textos, que describen diferentes restaurantes temáticos y se lo explicará a sus compañeros. Si lo deseáis, podéis ampliar la información en Internet.**

ALUMNO A

La Mafia se Sienta a la Mesa nace en Zaragoza en el año 2000 como una enseña especializada en la restauración de gastronomía ítalo-española de calidad, con una exquisita decoración que recrea los años de esplendor de la mafia siciliana y con una muy buena relación calidad precio. La enseña es propiedad del grupo La Honorable Hermandad, S.L., nombre un tanto original pues era la denominación con la que se designaba a la mafia en sus comienzos. La cadena nace de la pasión de sus fundadores por las raíces italianas, la buena mesa y Sicilia. Así, desde su creación, la temática de sus restaurantes gira en torno a la comida italiana donde sus platos estrella son la pasta y la pizza.

En *www.lamafia.es*

ALUMNO B

El **Restaurante Kelt Iberia** es la primera de las iniciativas puestas en marcha por Gastronomía Celtibérica, S.L., una iniciativa de varios emprendedores de la localidad de Garray (Soria), impulsada por la creencia en lo celtíbero. El nombre del restaurante es el nombre que los historiadores clásicos griegos dieron, en su propia lengua, a las tierras en las que nos encontramos: la Celtiberia. El logotipo, un "trisquel" o "triscel" celtibérico, símbolo del dios Lug o Lugh (el más importante del panteón celtibérico y, en general, de todas las culturas celtas). La carta del restaurante incluye abundante información acerca de la dieta alimenticia de los celtíberos, sus costumbres gastronómicas, un glosario de términos para poder comprender mejor el contenido de los menús y los diversos aspectos históricos y geográficos que influyen en nuestra cocina. La ambientación es de tipo celtibérico; la decoración es una imitación de las casas celtibéricas.

En *www.NetOcio.es*

2. **Toda la clase. A partir de los ejemplos anteriores, escribid una breve definición de restaurante temático.**

3. **¿Crees que alguno de los dos restaurantes anteriores tendría éxito en tu país de origen? ¿Por qué?**

4. **Piensa en una idea para un restaurante temático con la que dar a conocer algún elemento de la cultura de tu país o región de origen. Escribe una breve descripción, siguiendo los modelos anteriores y presenta tu proyecto al resto de la clase.**

FICHA 6.3. LA RESTAURACIÓN MODERNA

1. **¿Qué tipo de establecimientos piensas que incluye este tipo de restauración?**

2. Lee la presentación de este grupo dentro del sector de la restauración y coloca el vocabulario del recuadro donde corresponda.

- restauración
- precocinados
- establecimientos
- cliente
- franquicia
- ruta
- empleados
- cadena

Se consideran empresas de Restauración Moderna aquellas cuya prestación de servicios de ⬜(1) muestran síntomas evidentes de aplicación de técnicas y sistemas de explotación, gestión y servicios al ⬜(2) . Dentro del concepto se debe incluir la percepción de ⬜(3) , y también, la introducción del modelo de ⬜(4) como eje del negocio. En términos prácticos o reales, se encuentran aquellas empresas cuya plantilla mínima media a lo largo del año se sitúe en torno a los 75 ⬜(5) y tenga una facturación anual mínima de 5,5 millones de euros. Según datos de FEHRCAREM, Asociación de cadenas de restauración moderna y miembro de la Federación Española de Hostelería, el sector en España representa el 1,2% del PIB y más del 20% de la facturación de la hostelería. Emplea a más de 100 000 trabajadores en más de 5500 locales.

El tipo de ⬜(6) que incluye este sector son los de comida rápida (pizzerías, hamburgueserías, bocadillerías, heladerías, etc.), comida informal (concepto de restauración basado en platos ⬜(7) elaborados con productos frescos y más cerca de la tradicional mesa y mantel, aunque más rápido, que de la comida rápida típica), restauración en ⬜(8) y cafeterías modernas.

Adaptado de *Fehrcarem*

3. Observa la lista de alguna de las principales empresas del sector miembros de Fehrcarem.

Empresas	Empleados	Facturación (millones de €)	Locales
Autogrill	1225	90	60
Burger King	nd	nd	463
Café de Indias	680	15	63
Grupo Vips	8000	350	250
Grupo Zena	6600	330	400
Häagen Dazs	nd	nd	87
Lizarran	1100	64	143
McDonald's	17 000	579	349
Mesón 5j	250	8749	18
Pizza Movil	1000	22	61
Rodilla	1250	55	72
Tapelia	400	7283	32
Telepizza	6419	394	533
The Eat Out Group	4500	210	453

Fuente: *Fehrcarem*

a) Comenta con el resto de la clase qué tipo de empresas predominan, sus características y el tipo de establecimiento y servicio que ofrecen según la clasificación ofrecida en el texto anterior.

b) **Busca en el Internet información sobre una de las empresas anteriores y prepara una presentación para la clase. También deberás tomar notas de las presentaciones de tus compañeros.**

4. Observa los siguientes titulares y subtitulares de prensa. ¿Qué podrías comentar de la situación actual de la restauración moderna y tradicional en España?

> **Las recetas tradicionales también funcionan como comida rápida**
> *Odre y Hogaza* y *Eggsmile*, dos empresas andaluzas, han decidido hacer frente a los restaurantes de comida rápida a través de la cocina mediterránea y casera.

> **Chef buffet, restaurantes de bufé libre**
> Red de restaurantes en la modalidad de bufé libre que opera con cocina centralizada y ofrece una amplia oferta gastronómica, desde cocina mediterránea tradicional a platos más exóticos.

> **NH Hoteles invertirá 6,3 millones en abrir nueve restaurantes de la cadena "Fast Good"**
> La cadena 'Fast Good' tiene como objetivo implantar una nueva cultura de restauración basada en nuevos hábitos saludables de consumo para todas las personas que necesitan comer bien en poco tiempo.

> **La cadena de restaurantes centrada en la gastronomía tradicional catalana Origen 99,9 % abre un nuevo restaurante en Barcelona**
> Los establecimientos Origen 99'9% tienen como protagonista la gastronomía catalana popular, con la recuperación de recetas antiguas y siempre con productos de primera calidad.

> El 49% de los españoles consumen "comida rápida" una vez al mes o más, y el 15% lo hace más de una vez por semana.

> **McDonald's invertirá 2,6 millones en sus tres primeros restaurantes en aeropuertos españoles.**

a) **Toda la clase. ¿Es la situación en vuestro país similar a la española? ¿Cuál pensáis que es el futuro de la restauración tradicional? ¿Está condenada a desaparecer?**

5. Comida para llevar. ¿Verdadero o falso? Lee el artículo que sigue para comprobar tus respuestas.

	V	F
1. La utilización del servicio de entrega a domicilio es algo mayoritario en los hogares madrileños.		
2. El alimento más solicitado en este servicio es la pizza.		
3. Los consumidores que encargan la comida por teléfono son distintos a los que acuden a restaurantes.		
4. Los consumidores de la comida a domicilio son sobre todo personas jóvenes de clase acomodada.		
5. La demanda de los establecimientos de servicio a domicilio no acabará con la demanda de la restauración.		

ENCARGAR COMIDA POR TELÉFONO: ¿SUSTITUYE A LAS SALIDAS?

Solo un 20% de los hogares madrileños tiene un hábito más o menos regular de encargar comida preparada para que se les sirva a domicilio. Un 60% no utiliza este servicio en absoluto, mientras otro 20% lo hace de forma meramente ocasional, sin una frecuencia predecible. Se trata, por lo tanto, de un hábito relativamente minoritario aún, cuyo ejercicio tiende a concentrarse en los fines de semana (sobre todo por la noche) y cuyo destino es casi exclusivamente un único tipo de alimento: la pizza. Solo muy minoritariamente se demandan otros géneros gastronómicos, en particular la comida china.

La relación entre la frecuencia con la que se suele encargar comida a domicilio y acudir a restaurantes tiende a sugerir que se trata básicamente de los mismos consumidores, es decir, que quienes suelen encargar comida por teléfono son básicamente una fracción de los usuarios más asiduos de los restaurantes. La presunción de que los servicios de comida a domicilio estarían restando demanda a la restauración tradicional sería, por lo tanto, de credibilidad más que cuestionable. De hecho, la comparación de los perfiles socio-demográficos de los usuarios habituales de ambos servicios resulta bastante similar: en ambos casos (y especialmente en el de los *delivery*) se trata de un público esencialmente juvenil de clase relativamente acomodada.

La propia percepción de los consumidores dista mucho de confirmar la hipótesis de una usurpación de la demanda de la restauración por los establecimientos de servicio a domicilio, ya que apenas un 32% del total de usuarios de los segundos percibe alguna correlación negativa entre las frecuencias con que desarrollan ambos consumos. Por lo tanto, la amenaza a la restauración por parte de las entregas a domicilio es más un fantasma que una realidad, al menos por el momento, y la coexistencia pacífica de ambos servicios parece de momento razonablemente asegurada.

Adaptado de *Cámara de Comercio de Madrid*

a) **Y tú, ¿qué prefieres? ¿Qué resultado se obtendría en tu ciudad?**

FICHA 6.4. OTROS CONCEPTOS DE RESTAURACIÓN: EL SERVICIO DE *CATERING*

El *catering* es una palabra inglesa utilizada en hotelería y cafeterías industriales para referirse a la prestación del servicio de comidas, bebidas y otros servicios complementarios en el lugar elegido por el cliente. Para ello, los responsables de ese servicio se encargan de suministrar los alimentos, cocineros, camareros, vajilla, sillas, mesas y, en resumen, todos los elementos necesarios para poder llevar a cabo el servicio con éxito. Las empresas de *catering* prestan servicios en los principales sectores de actividad como: *catering* aéreo, empresas, colegios, hospitales, hoteles, residencias, ocio y eventos especiales, máquinas automáticas, servicio a bordo de trenes, restauración en aeropuertos, estaciones de tren y recintos feriales, además de suministros a cruceros y ferries.

1. **En una encuesta, se preguntó a diversos clientes y profesionales del *catering*: ¿qué garantiza la excelencia en un *catering*? Estas son algunas de sus respuestas.**

a) **Puntúa de 1 a 10 su importancia según tu opinión (10=más importante).**

Excelencia en la calidad de los productos que se usan para cocinar.	
Puntualidad en el servicio.	

| Compromiso serio: no dejar tirado al cliente por ninguna razón. |
| Equipo necesario para mantener en frío y calor. |
| Excelentes camareros: respetuosos, educados, amables y responsables. |
| Cuidado de detalles a la hora de servir los alimentos. |
| Estar atentos a eventualidades y creatividad para resolver situaciones. |
| Buscar la economía del cliente sin bajar la calidad del servicio y productos. |
| Tiempo rápido de respuesta ante las cotizaciones. |
| Atención de primera antes y durante el evento. |

b) **Compara tus opiniones con las del resto de tus compañeros.**

2. El *catering* aéreo es el concepto que designa el abastecimiento del servicio en el aire. Es una actividad sumamente compleja: una combinación de gastronomía y gran conocimiento logístico.

a) **En general, ¿te gusta la comida que te sirven en el avión? ¿La pruebas o prefieres no comer?**

b) **¿Cuáles crees que son los problemas de servir comida en un avión?**

c) **A continuación te presentamos un texto con la descripción del *catering* aéreo de las aerolíneas más conocidas. ¿Podrías colocar el nombre de las siguientes en el texto?**

En el *catering* aéreo, como en todo, quien más paga mejor come, pero hay grandes sorpresas: compañías un poco tacañas con lo que ofrecen, algunas muy exóticas y otras donde a más de uno le costaría comer algo. También, poca imaginación y mucha fidelidad a los gustos culinarios de cada país. Ese sería el resumen. ___(1)___ , en sus vuelos en «business» a lugares como Estocolmo ofrece auténticos banquetes compuestos de carne, pollo con patatas, ensalada mediterránea, una buena variedad de quesos, tartas y vino. ___(2)___ le hará comer pasta hasta la saciedad, con la compañía ___(3)___ le picará la boca como si estuviera comiendo burritos en México D.F., ___(4)___ hace honor a la fama del queso francés ofreciéndolo con todo y ___(5)___ se mantiene fiel a la tradición de comida rápida en su país y ofrece hamburguesas con frecuencia.

Ahora solo le hace falta consultar en *www.airlinemeals.org* qué compañía le ofrecerá una comida a su gusto en el próximo viaje que realice. A más de uno le puede servir para elegir su próximo vuelo.

Adaptado de *La Vanguardia*

AmericanAirlines

d) **Comenta con el resto de la clase la respuesta del chef Sergi Arola, antiguo responsable del *catering* aéreo de primera clase de Iberia, en una reciente entrevista:**

- ¿Llegará un momento en el que los clientes escojan una compañía aérea por su cocina, por su servicio de *catering*?

- "No le quepa la menor duda. Ya lo están haciendo. Aunque cuando una persona acude a un restaurante es porque quiere comer y cuando acude a una compañía aérea es porque quiere volar, hoy en día son muchas las personas que ya escogen la compañía aérea con la que quieren volar por su servicio de *catering*. Yo, el primero".

Fuente: revista *Iberiavión*

Al igual que los hoteles, los establecimientos de restauración comercial están clasificados por categorías en función de los servicios que ofrecen y de la calidad de los mismos.

1. ¿Cuáles son los aspectos más importantes para ti a la hora de valorar un restaurante? Valora los siguientes del 1 al 5, siendo 5 la puntuación más alta.

Valoración global
• Volvería a este restaurante.
• Recomendaría este establecimiento.

Fiabilidad
• Se resuelve de forma eficaz cualquier problema que pueda tener el cliente.
• Se presta el servicio según las condiciones contratadas.
• Se consigue fácilmente información sobre los servicios que pide el cliente.

Capacidad de respuesta
• Se proporciona el servicio en el tiempo prometido.
• Los empleados están siempre dispuestos a ayudar a los clientes.
• Siempre hay una persona de la dirección a disposición para cualquier problema que pueda surgir.

Seguridad
• Se actúa con discreción y se respeta la intimidad del cliente.
• Los empleados inspiran confianza.
• El personal es competente y profesional.

Empatía
• Los empleados son siempre corteses.
• El personal conoce y se esfuerza por conocer las necesidades de cada cliente.
• Apariencia limpia y profesional de los empleados.

Aspecto del establecimiento
• Las salas y equipamientos están bien conservados.
• Los accesos son fáciles.
• Las instalaciones son confortables y acogedoras.

a) **En un folleto publicado por Calidad Turística para promocionar la calidad en establecimientos de restauración, el cliente describe su restaurante ideal como sigue:**
- "Que la carta me seduzca de principio a fin".
- "Que el servicio sea estupendo".
- "Que solo nos escuchemos el uno al otro".
- "Que compartamos el postre".
- "Que nos den las tantas".

¿A qué apartado(s) o requisitos del cuestionario anterior se refiere?

b) **Si fueras el dueño de un establecimiento de restauración, ¿qué apartado del cuestionario sería más importante para ti? ¿Cuál te parece el más difícil y el más fácil de conseguir?**

2. **¿Qué sistema de clasificación se utiliza en tu país de origen para los establecimientos de restauración? Explícalo al resto de la clase.**

3. **A continuación, te presentamos el sistema de clasificación vigente en España. Con las palabras del recuadro, completa el siguiente párrafo.**

tenedores
lujo
tazas
establecimiento
restaurantes
cafeterías
distintivos
bares

"Los _____ (1) _____ se clasificarán en las siguientes categorías: _____ (2) _____, primera, segunda, tercera y cuarta. Los _____ (3) _____ de clasificación deberán figurar conforme se señala en el artículo 5 y además en las facturas, publicidad e impresos del _____ (4) _____, siendo los siguientes: para los de lujo, cinco (5) _____ (5) _____; para los de primera categoría, cuatro tenedores; para los de segunda, tres tenedores; para los de tercera y cuarta, dos y un tenedor respectivamente.

Las _____ (6) _____ se clasificarán en primera y segunda categoría. Los distintivos de clasificación deberán figurar, igualmente, de acuerdo con lo establecido en el artículo 5, así como en las facturas, publicidad e impresos propios del establecimiento. Los distintivos, de libre diseño, serán los siguientes: dos _____ (7) _____ para las de primera categoría y una taza para las de segunda.

Para los establecimientos clasificados como _____ (8) _____ existirá una única categoría, cuyo distintivo de clasificación deberá figurar en el rótulo del establecimiento y en facturas e impresos propios".

Fuente: *Ordenación turística de Restaurantes, Cafeterías y Bares de la Comunidad Autónoma de Castilla y León*

a) **¿Qué diferencias y similitudes encuentras con las categorías en tu país?**

4. **En parejas. Cuando pensamos en un restaurante de cinco tenedores, ¿qué características asumimos que tiene el establecimiento? Haced una lista. El cuestionario anterior de la actividad 1 os puede servir de guía.**

5. **Esta es la lista de algunos requisitos para la clasificación de establecimientos de restauración. ¿A qué categoría crees que corresponde cada requisito?**

CATEGORÍAS				
Categoría lujo	Primera categoría	Segunda categoría	Tercera categoría	Cuarta categoría

REQUISITOS

1. Entrada independiente para clientes.

2. Guardarropa.

3. Comedor con suficiente capacidad.

4. Climatización.

5. Personal uniformado si sirve directamente al público.

6. Servicios independientes para señoras y caballeros, separados de los del personal de servicio.

7. Conocimiento de varios idiomas por el jefe de comedor.

8. Carta y menús en dos idiomas extranjeros, además de en español.

9. Ascensor, si el local tiene más de una planta.

10. Servicio en mesa auxiliar y uso de cubrefuentes si es necesario.

Adaptado de *Ordenación turística de Restaurantes, Cafeterías y Bares de la Comunidad Autónoma de Castilla y León*

a) **Compara tus respuestas con el resto de la clase.**

b) **Observa los siguientes datos de localización de restaurantes y su categoría y coméntalos con el resto de la clase. En tu país, ¿se distribuyen del mismo modo?**

ESTRUCTURA DE LOS RESTAURANTES POR LOCALIZACIÓN Y CATEGORÍA (PORCENTAJES)				
Categoría	Grandes Munic.*	Provincia Litoral	Capit. Prov. Int.	Munic. Inter.
5 Tenedores	45,83	25,00	0	29,17
4 Tenedores	12,26	79,39	1,11	7,24
3 Tenedores	11,84	75,49	2,93	9,74
2 Tenedores	14,84	65,89	5,41	13,86
1 Tenedor	15,02	64,21	6,05	14,72

(*) Grandes Municipios: Barcelona, Bilbao, Madrid, Sevilla, Valencia y Zaragoza.

Adaptado del *Censo de locales* elaborado por la FEHR

6. **Piensa en una experiencia negativa que hayas tenido alguna vez en algún restaurante; ¿qué hiciste?**

SÍ	NO	
SÍ	NO	Escribí una carta a un periódico local contando mi mala experiencia.
SÍ	NO	Discutí el problema con el responsable del restaurante.
SÍ	NO	No he vuelto a visitar ese restaurante desde que ocurrió aquello.
SÍ	NO	Conté a mis amigos y/o familiares mi mala experiencia en ese restaurante.
SÍ	NO	Informé de mi problema a un organismo de protección del consumidor.
SÍ	NO	Pedí que me solucionaran el problema (cambio del producto, devolución del dinero, etc.).

SÍ **NO**	He ido a otros restaurantes desde que ocurrió el problema.
SÍ **NO**	He convencido a mis amigos y/o familiares de que no visiten ese restaurante.
SÍ **NO**	Olvidé el problema sin hacer nada (he vuelto a ir y no he contado nada a nadie).
SÍ **NO**	Comenté el problema en el restaurante para que mejoren en próximas ocasiones.
SÍ **NO**	Tomé medidas legales contra el restaurante.

a) **En pequeños grupos. Contaos vuestras respectivas experiencias y vuestras reacciones.**

b) **Haced una lista de las reacciones más repetidas de vuestro grupo.**

c) **Comparad vuestra lista con la de otros grupos. ¿Cuál es la reacción más habitual?**

7. **Juego de roles. "Cena con arañitas en la pizza".**

ALUMNO A

Eres cliente de una pizzería. Estás acompañado de tu pareja. Primero pides unos entrantes calientes, pero los sirven fríos. Llega la pizza y al empezar a comer, ves cómo una arañita se pasea por encima de la pizza. Llamas al/a la jefe de sala para reclamar. Después de las explicaciones que recibes, insistes en rellenar la hoja de reclamaciones. Por fin, la rellenas. Para tu sorpresa, te traen la factura de la cena que no os habéis comido. Te niegas a pagar.

ALUMNO B

Eres el/la jefe de sala de una pizzería. Una pareja reclama tu presencia y se queja de que hay una araña sobre una de las pizzas. Explicas que la araña no viene de la cocina y que hace un rato has visto una en otra mesa. Te niegas a darle la hoja de reclamaciones porque si la entregas, no puedes cobrar la cena. Al final, decides cobrar la cena. El cliente se niega a pagar y le amenazas con llamar a la policía.

8. **Escribe la carta de reclamación del caso anterior.**

FICHA 6.6. EL NEGOCIO DE LA RESTAURACIÓN

1. **¿Alguna vez has pensado en abrir un restaurante o algún otro negocio relacionado con la restauración?**

2. **¿Cuáles crees que son las oportunidades y las amenazas para este tipo de negocios?**

3. **Clasifica los siguientes puntos como oportunidades (O) o amenazas (A) según tu opinión.**

	0	A	
a)			Negocio de difícil gestión y muy exigente.
b)			Factor moda.
c)			Aumento de los niveles de renta y de tiempo de ocio.
d)			Sector consolidado y maduro.
e)			Movilidad geográfica ligada al ocio.
f)			Incorporación de la mujer al mundo laboral.
g)			Movilidad geográfica laboral.
h)			Sensibilidad del sector a ciclos económicos recesivos.
i)			Complicación de trámites administrativos.
j)			Elemento de atracción de otras demandas: excursionismo, turismo...
k)			Cambio de los hábitos alimenticios.
l)			Estacionalidad del negocio.
m)			Aumento de los niveles de renta y de tiempo de ocio.

4. Compara tus opiniones con tu compañero. ¿Te gustaría añadir alguna más?

5. La restauración es ante todo un negocio de personas destinado a otras personas. Estas son, en opinión de un experto, las claves del éxito en este sector. Relaciona ambas columnas.

Si tuviera que resumir los factores de éxito en este nuevo reto al que se enfrenta la restauración en este inicio de siglo podría simplificarlo en muy pocas claves:

1. Un buen equipo de trabajo es básico. Para ello, la gente que trabaja…

a. define tu público, dale lo que está buscando y, si es posible, ponle un poco más de valor añadido.

2. En cualquier negocio todos los profesionales deben orientarse…

b. son el catálogo que anticipa lo que sucederá en cada uno de los platos principales.

3. En cuanto a la oferta de productos…

c. debe estar a gusto con lo que hace, debe entender la misión del negocio, desde la cajera hasta el pinche, y deben llevarse muy bien entre ellos porque el buen clima personal siempre llega al cliente.

4. La calidad, que ya no se trata de que sea buena o mala, si no simplemente…

d. al cliente.

5. Los aperitivos de un buen restaurante nunca se cobran, pero…

e. de estar justo un punto por encima de la expectativa del cliente.

Adaptado de *El éxito en restauración* de Miquel Bonet

1	2	3	4	5

6. Las franquicias de la restauración. Aquí tienes la información sobre dos cadenas de franquicias de restauración en España. Léela y haz una lista de semejanzas y diferencias.

Juan Luis Casco,
director general de Franchising Kurz & Gut

Kurz & Gut. La salchicha es la reina

Kurz & Gut, empezó como salchichería y cervecería y el paso del tiempo no les ha movido un ápice de esta apreciada especialidad, lo cual les aporta una importante cuota de diferenciación.

– ¿Qué filosofía y cuáles son las principales credenciales de una cadena como Kurz & Gut?

– Nuestra principal credencial es que en todo momento buscamos el apoyo a nuestros franquiciados en todos los aspectos, desde la misma firma del contrato de franquicia: se les asesora en la búsqueda de local y selección de personal y se les da una formación en la cual aprenden a gestionar un establecimiento Kurz & Gut en todos sus departamentos.

– Con perspectiva, ¿cuál es el principal problema con el que se han topado para desarrollar su franquicia?

– Quizás haya sido y siga siendo encontrar locales con rentas razonables que poder ofrecer a nuestros franquiciados, habida cuenta de que el modelo de negocio que se propone está más que probado y aceptado por los consumidores.

– ¿Qué virtudes destacaría de su negocio?

– Kurz & Gut, por su calidad de producto, por el concepto y los ajustados precios de su carta, es un tipo de negocio que llega a todo tipo de público. También es importante resaltar de nuestros establecimientos que trabajan en todas las franjas horarias.

– ¿Cómo marcha la internacionalización de la enseña?

– Tampoco en este aspecto tenemos mucha prisa por estar presentes en otros países. A corto plazo, nuestro objetivo es consolidar la marca en Portugal, pero no descartamos otras presencias internacionales si el perfil del Master Franquiciado es el apropiado, dado que, en cualquier caso, nuestra intención de expansión fuera de España sería a través del sistema de Master.

Pedro Fernández Maciá,
director de expansión de Grupo Tapelia

Tapelia. Al punto de madurez

Tapelia, una franquicia que ha tenido una larga etapa de preparación para ahora convertirse en una de las franquicias más importantes del momento en la preparación de arroces.

– ¿Cuáles son las principales credenciales de una cadena como Tapelia?

– Tapelia se ha posicionado en cuatro años de vida como la cadena líder en arroces en este país. Contamos con 25 restaurantes de éxito, un millón de euros de media de facturación anual de los restaurantes de la cadena, un taller de cocina e instalaciones centrales de 7000 m² al servicio de la cadena y un total de 450 trabajadores en el Grupo Tapelia.

– A su juicio, ¿cuál es el principal problema con el que han topado para desarrollar su franquicia?

– La dificultad para encontrar buenos locales es el principal problema al que se enfrenta, no solo Tapelia, sino el sector de las franquicias de restauración.

– ¿Qué virtudes destacaría de su negocio?

– De momento, nuestro índice de fracaso es cero, porque ofrecemos un producto diferente con un saber-hacer único y exclusivo. Realizamos una extensa labor de control y seguimiento de las aperturas, velamos por la calidad de los alimentos y la seguridad en el suministro y tenemos un departamento de I+D+i en constante actividad creativa.

– ¿Qué papel tiene reservado a la internacionalización de la marca?

– Aunque la creación de un departamento internacional es de este mismo año, las negociaciones con grupos inversores europeos llevan tiempo gestándose y ha llegado el momento de concretar acuerdos y definir alianzas. Portugal y Francia son objetivos inminentes con negociaciones muy avanzadas. Este año entraremos en el resto de Europa, convencidos de que Tapelia va a ser un "boom".

Adaptado de *Apuntes de* Franchising

FICHA 6.7. PROFESIONALES DE LA RESTAURACIÓN

1. El funcionamiento de un restaurante es complejo e incluye un gran número de tareas. Es esencial que el comedor esté separado de la zona del almacén y la cocina.

a) Observa el siguiente gráfico y el flujo de tareas. ¿A qué parte del restaurante corresponde?

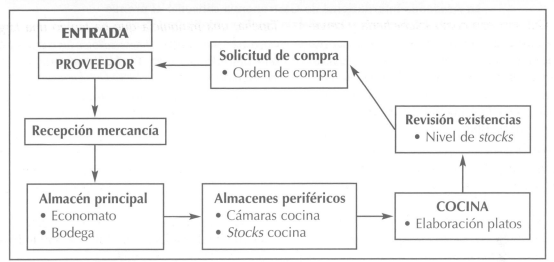

Adaptado de *Explotación de un restaurante en el medio rural,* Departamento de Economía y Dirección de Empresas, Universidad de las Palmas de la Gran Canaria

b) **En parejas. Escribid un breve texto con el que se explique el gráfico.**

c) **Clasifica en orden las siguientes tareas en el apartado que corresponda.**

• Ofrecer el menú.	• Despedida del cliente.
• Servir y atender la mesa.	• Tomar el pedido.
• "Mise en place".	• Reponer elementos.
• Acomodar al cliente.	• Presentación de la factura y gestión del cobro.

Preparación	Recepción clientes	Desarrollo del servicio	Fin de la comida

d) **¿Cuál de los apartados mantiene una relación directa con la cocina? ¿Por qué?**

e) **¿Cómo explicarías el concepto de "mise en place"?**

2. Te presentamos la lista de diferentes puestos propios de la restauración. ¿Dónde desarrollan sus tareas?

• Maître	• Jefe de cocina	• Camarero de sala
• Marmitón	• Recepcionista	• Fregaplatos
• Ayudante de cocina	• Ayudante de camarero	• Encargado de restaurante

3. Escoge dos puestos y piensa en un mínimo de tres tareas para cada uno de los puestos escogidos.

4. ¿Conoces el nombre de algún "chef" de prestigio?

a) **Lee el texto sobre la elección del mejor cocinero joven de Europa.**

La Academia Internacional de Gastronomía concedió el premio "Chef L'Avenir" a Dani García del Gran Meliá Don Pepe

La Academia Internacional de Gastronomía, que promueve la conservación y el desarrollo de las culturas y los patrimonios culinarios tanto regionales como nacionales, acaba de conceder el premio "Chef L'Avenir" (mejor cocinero joven de Europa) a Dani García, jefe de cocina del restaurante Calima, del hotel Gran Meliá Don Pepe en Marbella.

Con este premio, otorgado anualmente por la Academia, se consagra el gran talento y la proyección de futuro de Dani García. La Junta Directiva de la Academia Internacional de Gastronomía decidió por unanimidad premiar su importante labor.

Dani García se incorporó a la cadena hotelera Sol Meliá para ofrecer su asesoramiento a la marca Gran Meliá y brindar lo mejor de su cocina en el restaurante Calima del hotel Gran Meliá Don Pepe de Marbella, su tierra natal. En él continúa sus investigaciones culinarias al servicio de la calidad, los sabores y las texturas de las mejores materias primas, con las que elabora una innovadora cocina de base tradicional andaluza. El cocinero marbellí se dio a conocer en el panorama gastronómico desde su pequeño restaurante Tragabuches, en Ronda (Málaga). Alumno destacado de Martín Berasategui, fue el primero en introducir en España la técnica culinaria del nitrógeno líquido (cocción a –196º C) y está trabajando ahora en nuevas técnicas de fritura, siempre partiendo de la cocina tradicional, revisada desde su particular punto de vista.

Dani García también ha representado a Andalucía y a España en acontecimientos gastronómicos en el ámbito internacional y participa habitualmente en congresos y conferencias. Este cocinero realiza unos menús innovadores y de calidad en un escenario único: el restaurante Calima de Gran Meliá Don Pepe, que cuenta con un comedor con capacidad para 40 comensales, un reservado para 18 personas.

Adaptado de *www.restaurantia.com*

b) **Después de leer el texto, ¿crees que su trabajo solo consiste en "cocinar bien"? En caso negativo, ¿qué otros elementos se valoran en un chef?**

5. Lee la siguiente introducción de la entrevista a Enrico Bernardo.

"Una nariz humana es capaz de distinguir unos 600 aromas distintos, me dice... La suya capta muchos más [...]. Me asegura que cuando el vino llega a sus labios, ya lo sabe casi todo de ese vino por el oído, el peso, la vista, el olfato...".

Adaptado de *La Vanguardia*

a) **¿Cuál crees que es la profesión del entrevistado?**

b) **Lee el resto de la entrevista y relaciona las preguntas con su respuesta.**

Enrico Bernardo, el mejor sumiller del mundo

PREGUNTAS	RESPUESTAS
1. Cíteme alguno de los mejores vinos.	**a.** Podría decirle el tipo de uva; la clase de tierra en que creció la cepa, si es montañosa, de colina o cerca del mar; el clima del lugar; la edad del vino; los matices aromáticos... Pero marca y añada..., eso no.
2. ¿Cuál es el vino más cotizado hoy?	**b.** Estaba con Vaccarini en un concurso en Tokio y, viéndolo, decidí que un día yo sería el mejor sumiller del mundo.
3. Si yo le vendo los ojos y le pongo delante una copa de vino, ¿sabría de qué vino se trata?	**c.** Un Romané Conti de 1959; o bien un Mouton Rotschild de 1945... Pagaron 14 000 dólares por botella el otro día en una subasta de Nueva York.
4. ¿Cuántos tipos de vinos puede distinguir?	**d.** Fue un trozo de melocotón mojado en vino tinto, a los 12 años. Luego empecé a estudiar cocina en Milán y allí caté mi primera copa: chianti clásico. Lo bebí junto a Giuseppe Vaccarini, el mejor sumiller del mundo.
5. ¿Recuerda su primer sorbo de vino?	**e.** Los Barolo, los Ribera del Duero... son complejos, excelentes... El día de mi cumpleaños, con mis amigos abrí un Vega Sicilia Único de 1970: se hizo un silencio de dos minutos... Nos impresionó a todos, expertos o no. ¡Esa es la grandeza de un gran vino!
6. ¿Cuándo decidió que sería sumiller?	**f.** Miles: es un ejercicio de la memoria.
7. Si un cliente echa gaseosa o agua en un vino de gran calidad..., ¿qué hace usted?	**g.** No vuelvo a esa mesa. Encargo a otro que la sirva: se trata de alguien que no valora el vino, por lo que no me necesita a su lado.

1	2	3	4	5	6	7

c) **Juego de rol. Entrevista al chef.**

ALUMNO A

Eres el dueño de un conocido restaurante de comida típica mexicana de tu ciudad. El "chef" sufre problemas de salud y necesitas reemplazarlo. Piensa en las preguntas que le harás al candidato en una entrevista.

ALUMNO B

Te presentas al puesto de "chef" para un conocido restaurante de comida típica mexicana de la ciudad. Tú conoces el trabajo del "chef" actual del restaurante y has comido una vez en el restaurante. Prepara la entrevista, piensa en posibles preguntas y sus respuestas.

1. ¿Cuáles son los valores y motivaciones de los europeos a la hora de elegir un restaurante de comida rápida? Relaciona el país con su motivación principal. Luego, comprueba las respuestas.

Suecos
Españoles
Alemanes
Británicos

Tipo de cocina.
Limpieza e higiene.
Imagen de marca.
Servicio.
Ofertas especiales.
Falta de tiempo.

El estudio de ACNielsen también revela los valores y motivaciones de los consumidores a la hora de elegir un restaurante de comida rápida, entre los que destacan el tipo de cocina, la localización, el precio, y la limpieza e higiene del establecimiento. Cada país es diferente, porque está influenciado por su cultura y estilo de vida.

En Europa, el 50% de los británicos señalan que eligen ante todo por el tipo de cocina, mientras los suecos (26%) y los daneses (25%) destacan la limpieza e higiene de los restaurantes. Y, según destaca el estudio, la principal razón para que los alemanes (22%) y austriacos (24%) coman este tipo de comida es simplemente porque "no tienen tiempo para una comida propia".

En España los consumidores tienen muy en cuenta el tipo de cocina, que es lo más importante para el 31% de los encuestados; y las buenas condiciones de limpieza e higiene, que señalan el 21% de los entrevistados, aspectos en los que destacan con respecto a otros países europeos.

En general, las "ofertas especiales y promociones", el "servicio" y la "imagen de marca" no se revelan especialmente importantes para que los consumidores europeos elijan un restaurante de este tipo.

El estudio global de ACNielsen sobre los hábitos y actitudes de los consumidores acerca de la restauración rápida fue realizado a través de Internet en el último trimestre del 2004, y recoge la opinión de 14 000 consumidores de 28 países de Europa, América y Asia Pacífico.

Adaptado del artículo de Elena Alonso en *AC Nielsen*

2. Lee el texto siguiente y luego elabora uno sobre el retrato robot de las personas que comen fuera del hogar en tu país. Consulta en Internet los datos que puedas necesitar.

El retrato robot del español que come fuera del hogar es el de una persona que se gasta anualmente una media de 814 euros en 182 visitas a un establecimiento de restauración. El mercado de la alimentación fuera del hogar movió el año pasado más de 33 210 millones de euros, según el primer estudio sectorial realizado por la consultora NPD.

Cada hogar se gasta una media de 2290 euros al año en los restaurantes, siendo el lugar más frecuentado los establecimientos tradicionales, que reciben el 41,1% de las visitas y facturan el 59,8% del total de los ingresos del negocio.

El segundo sector en preferencias para los clientes son los establecimientos que incluyen las cadenas de comida rápida, cafeterías, los autoservicios, los bares de tapas y las firmas de comida a domicilio. Este segmento factura el 29,1% pese a recibir el 37,8% de las visitas. "Estas cifras demuestran que los restaurantes tradicionales generan más negocio que la comida rápida porque su ticket medio es superior", señala el director del encuentro profesional del sector Expo Food-service.

El informe asegura que el 84,42% de los hogares españoles come fuera de casa al menos una vez al mes y prefiere hacerlo a la hora de la cena (un 39%) que en el almuerzo (un 24,5%) en comida rápida. Los desayunos acaparan el 19,2% de los ingresos y las meriendas alcanzan un 12,4%.

El gasto medio por persona es de 4,46 euros y por mesa es de 9,62 euros, según el informe, que no ha incluido los canales de *vending*, bares musicales ni discotecas.

Adaptado del artículo de Miguel Ángel Gavira y Javier Romera en *Expansión.com*

3. Piensa en una idea para un restaurante temático con la que dar a conocer algún elemento de la cultura de tu país o región de origen. Elabora una breve descripción, completa la siguiente ficha de servicios y presenta tu proyecto al resto de la clase. ¿Qué categoría tendría? En la ficha 6.2.2. se te proponía una idea para un restaurante temático. Compara tu proyecto con el siguiente esquema y comprueba qué requisitos cumple. ¿Hay alguno que no habías incluido? Ordénalos por orden de importancia y justifica tu clasificación.

		SÍ	NO
SERVICIOS DEL ESTABLECIMIENTO	Menú turístico / ejecutivo.*		
	Menú / carta en dos o más idiomas.*		
	Personal uniformado.*		
	¿Está incluido en un paquete turístico?**		
	Tarjetas de crédito nacionales.		
	Tarjetas de crédito internacionales.**		
	Tarjetas de débito.		
	¿Acepta moneda extranjera?**		
	Consignar cuál moneda extranjera:		
	Cheques de viaje.		
	Área fumadores / no fumadores.		
	Calefacción central.		
	Aire acondicionado central.		
	TV / pantalla gigante.		
	Juegos infantiles.		
	Estacionamiento cubierto.		
	Estacionamiento descubierto.		
	Aparcacoches.		
	Recepcionista.		
	Merchandising.		
	Salas para no fumadores.		
	Música funcional.		
FACILIDADES PARA DISCAPACITADOS	Acceso discapacitados.		
	Rampas de accesos para discapacitados.		
	Baños para discapacitados.		
	Otros, ¿cuáles?		

*Excluyente; **Incluir obligatoriamente al menos una de las tres opciones.

Fuente: Secretaría de Producción, Turismo y Desarrollo Sustentable. Gobierno de la Ciudad Autónoma de Buenos Aires

4. Actividad en parejas. Deseáis abrir una franquicia de gastronomía típica española de tapeo. Tenéis dos posibilidades.

Estudiante A: Debes explicar a tu compañero las características de Lizarran Tabernas Selectas y tomar una decisión al respecto.

Lizarran Tabernas Selectas

Año fundación	1988	Ritmo anual de aperturas	18
Constitución cadena	1996	Planes de expansión	Castilla-La Mancha, Castilla y León, Galicia y Extremadura
Establecimientos en España	131	Facturación en España	69 millones de euros
Propios	1	Inversión total	179 000 euros
Franquiciados	130	Canon de entrada	24 000 euros
Establecimientos en el mundo	21	Superficie mínima	80-100 metros cuadrados
Número de países	6	*Royalty*	6%

Estudiante B: Debes explicar a tu compañero las características de Cañas y Tapas y tomar una decisión al respecto.

Cañas y Tapas

Año fundación	1999	Ritmo anual de aperturas	18
Constitución cadena	-	Planes de expansión	Toda España
Establecimientos en España	83	Facturación en España	35 millones de euros
Propios	6	Inversión total	314 000 euros
Franquiciados	77	Canon de entrada	24 040 euros
Establecimientos en el mundo	3	Superficie mínima	150-200 metros cuadrados
Número de países	3	*Royalty*	5%

Adaptado de "Canal franquicias" de *El País*

TURISMO CULTURAL Y DE OCIO

FICHA 7.1. TIPOS DE TURISMO

Al hablar de turismo estamos englobando muchos tipos y subtipos del mismo, pues según sea el motivo de la realización del viaje nos encontramos con ideas tan dispares como el de un viaje cultural a Ávila para ver sus monumentales murallas o un viaje de ocio a Ibiza para disfrutar de sus playas paradisíacas y/o de su glamurosa vida nocturna.

1. En el siguiente cuadro haz las correspondencias que creas más adecuadas:

TIPO DE TURISMO	DEFINICIÓN	EJEMPLOS
I. Turismo de aventura:	**1.** contribuye a diversificar la oferta de productos y a sostener la economía de las comunidades rurales.	**a.** danza, folclore, gastronomía, visitas a monumentos y/o museos.
II. Turismo de bienestar:	**2.** constituido por programas destinados a participantes interesados en conocer las costumbres, historia o arte de un determinado pueblo o región.	**b.** yoga, *workshops*, balnearios, *spas*.
III. Turismo cultural:	**3.** constituido por programas y actividades con el fin específico de promover la práctica de deportes para aficionados o profesionales.	**c.** alpinismo, golf, submarinismo, pesca, *windsurf*.
IV. Turismo deportivo:	**4.** constituido por programas y actividades con connotaciones de desafío, expediciones accidentadas, que incluyen viajes valientes e imprevistos.	**d.** escaladas, espeleología, safaris en todoterreno.
V. Turismo de estudio:	**5.** es un producto propio de la sociedad urbana e industrial cuyas características principales son, entre otras, un turismo de gran escala, concentrado desde el punto de vista de la oferta y masificado desde el punto de vista de la demanda.	**e.** alojamiento en casas rurales.
VI. Turismo de incentivos:	**6.** constituido por programas y actividades para el aprendizaje, prácticas o ampliación de conocimientos *in situ*, en los que participan estudiantes y profesores con profesionales locales.	**f.** destinos de "sol y playa".
VII. Turismo rural:	**7.** constituido por programas y actividades desarrollados para mejorar o equilibrar las condiciones físicas o espirituales de un individuo o grupo de personas.	**g.** cruceros fluviales y marítimos, safaris en todoterreno.
VIII. Turismo convencional:	**8.** constituido por programas y actividades para empresas u organizaciones, para motivar o premiar a funcionarios y equipos a fin de alcanzar las metas de producción o calidad.	**h.** antropología, botánica, cocina, idiomas, fotografía, zoología.

I	II	III	IV	V	VI	VII	VIII

2. Te proponemos que elijas diferentes destinos apropiados para cada uno de los tipos de turismo que aparecen en el cuadro anterior. Por ejemplo, Madrid, para poder visitar sus monumentos y museos, o Chile, para conocer la Patagonia.

3. El cuadro anterior no está completo. ¿Qué tipos de turismo echas de menos?

4. Ecoturismo, turismo de ocio, turismo religioso, etc. ¿Crees que ya están incluidos en el cuadro, pero como subtipos o simplemente con otro nombre?

5. ¿En qué tipo o subtipo de turismo encuadrarías los siguientes ejemplos?

1	Un fin de semana en el parque temático de Port Aventura.
2	Un crucero por las Islas Medas que incluya inmersiones para ver los fondos marinos.
3	Una visita al Oceanográfico de Valencia.
4	Una visita al Museo del Prado.
5	Un fin de semana esquiando en Sierra Nevada.
6	El Camino a Santiago de Compostela.

Puedes ayudarte buscando información en Internet en caso de no conocer o de querer ampliar lo que ya sabes sobre alguno de los ejemplos dados.

6. ¿Qué tipo de turismo te sugiere cada una de las siguientes palabras?

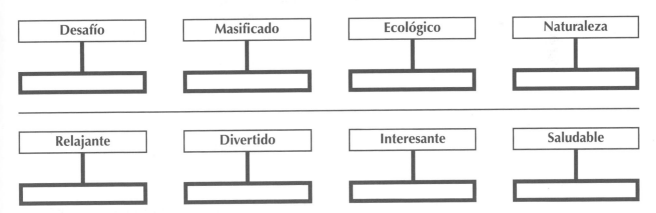

Desafío	Masificado	Ecológico	Naturaleza

Relajante	Divertido	Interesante	Saludable

7. Escribid por parejas una propuesta turística que incluya la información que podáis extraer de los anteriores ejercicios como definición, destino, tipo de actividad, tipo de alojamiento y aquellas palabras que mejor describan el tipo de oferta turística que proponéis. Deberéis incluir un gazapo, o sea algo que no se corresponda en absoluto con la típica oferta del tipo específico de turismo que hayáis elegido. Por ejemplo, para una oferta de sol y playa, ofreced la posibilidad de alquilar unos esquíes y equipo correspondiente. O para una oferta cultural, ofreced entradas libres para la última atracción en montañas rusas. Los textos no podrán contener más de 25 palabras.
A continuación, intercambiad vuestras propuestas y encontrad los gazapos de vuestros compañeros de clase.

Pre-lectura.

1. ¿Qué conoces de Granada?

2. ¿En qué tipo de propuesta turística, según lo visto en la ficha precedente, situarías Granada como destino?

3. Sigue tú solo el modelo del ejercicio 7 de la ficha anterior para proponer una oferta turística en Granada. Incluye también un gazapo y, como en el ejercicio que nos sirve de ejemplo, intercambia tu oferta, pero esta vez con tu compañero más cercano. Encontrad el gazapo y después comparad las ofertas con el texto que os presentamos a continuación. ¿Hasta qué punto os parecen correctas, completas, incompletas, etc., las propuestas de vuestros compañeros?

4. Lee el texto.

La provincia de Granada: un mini-continente turístico

La provincia de Granada atesora, en apenas 13 000 kilómetros cuadrados de extensión, una inimaginable cantidad y variedad de atractivos turísticos: la Alhambra, el monumento más visitado de España y uno de los más bellos del mundo; una de las mejores estaciones de esquí de Europa se encuentra en Sierra Nevada; y, apenas a hora y media en coche, se puede cambiar la nieve por las playas de la Costa Tropical, que disfruta de envidiables temperaturas durante todo el año.

TODOS LOS TIPOS DE TURISMO

Esta diversidad de climas, paisajes y atractivos permite calificar la provincia de Granada como un mini-continente turístico. Las posibilidades son múltiples en los 168 municipios de la provincia durante cualquier época del año: turismo cultural y monumental, rural y activo, de nieve y deportivo, de sol y playa, de congresos e incentivos, de ocio, de tercera edad...

La ciudad de Granada embruja al visitante con su historia y monumentos. Ofrece un calendario cultural de primer orden, numerosas fiestas y tradiciones y un animado ambiente propiciado por los más de 60 000 estudiantes matriculados en su Universidad.

Para los amantes de la naturaleza y del turismo rural, la provincia alberga cinco parques naturales y un parque nacional, el de Sierra Nevada. La paz y la tranquilidad que se respira en los pequeños pueblos de la Alpujarra, una comarca casi virgen, invitan al visitante a quedarse para siempre. Otras zonas de interior, como el Marquesado y el Altiplano, ofrecen el increíble contraste de paisajes desérticos, de apariencia casi lunar, con la frondosa vegetación de las serranías que los rodean. El Poniente, en el oeste de la provincia, cuenta con un vasto legado árabe que se advierte en las calles de todos sus pueblos.

Adaptado de *Turismo de Granada*

5. Completa el siguiente cuadro con la información del texto anterior:

```
                                                  ┌─────────────────────────────┐
                                                  │ la _____ │
                                                  └─────────────────────────────┘
                          ┌──────────────────────┐┌─────────────────────────────┐
                          │ atesora gran cantidad ││ una de las mejores          │
                          │ de _____  ││ _____ de _____  │
                          │ turísticos            │└─────────────────────────────┘
                          └──────────────────────┘┌─────────────────────────────┐
                                                  │ las _____ de la Costa    │
                                                  │ Tropical                     │
                                                  └─────────────────────────────┘
                                                  ┌─────────────────────────────┐
                                                  │ turismo _____ y _____ │
                                                  └─────────────────────────────┘
                                                  ┌─────────────────────────────┐
                                                  │ turismo _____ y _____ │
                                                  └─────────────────────────────┘
                                                  ┌─────────────────────────────┐
                                                  │ turismo de _____  │
                                                  │ y _____  │
                          ┌──────────────────────┐└─────────────────────────────┘
                          │ está calificada como  │┌─────────────────────────────┐
                          │ un _____  ││ turismo de _____ y _____  │
  ┌───────────────────┐   │ turístico porque se   │└─────────────────────────────┘
  │ La provincia de    │  │ puede practicar       │┌─────────────────────────────┐
  │ Granada            │  └──────────────────────┘│ turismo de _____  │
  └───────────────────┘                           │ y _____  │
                                                  └─────────────────────────────┘
                                                  ┌─────────────────────────────┐
                                                  │ turismo de _____  │
                                                  └─────────────────────────────┘
                                                  ┌─────────────────────────────┐
                                                  │ 5 _____ naturales   │
                                                  └─────────────────────────────┘
                                                  ┌─────────────────────────────┐
                                                  │ 1 _____ nacional    │
                          ┌──────────────────────┐└─────────────────────────────┘
                          │ alberga               │┌─────────────────────────────┐
                          └──────────────────────┘│ paisajes _____   │
                                                  └─────────────────────────────┘
                                                  ┌─────────────────────────────┐
                                                  │ un legado _____    │
                                                  └─────────────────────────────┘
```

6. ¿Por qué el texto anterior se titula "Un mini-continente turístico? ¿A qué se refiere?

7. ¿Puedes mencionar otras ciudades o regiones en las que se concentren también tantos tipos de turismo?

FICHA 7.2. TURISMO CULTURAL

Hablar de turismo es indudablemente hablar de cultura. Los productos turísticos culturales están llamados a desempeñar un papel fundamental en el futuro. Ya lo hicieron en el pasado, lo están haciendo en el presente y queda un importante porvenir abierto ante nosotros y nuestra compleja realidad.

1. El texto siguiente está dividido en cinco apartados. Lee el texto. Luego tendrás que buscar el título más adecuado a cada uno de ellos.

1› Existe una profunda relación entre cultura, turismo y patrimonio. Pero la noción de patrimonio, actualmente, tiene una concepción más amplia e integral. Un concepto que se ha excedido de sus tradicionales límites, de monumentos histórico-artísticos y museos para extenderse y abarcar otras dimensiones menos conocidas como costumbres y otros elementos inmateriales.

2› Hoy más que nunca y de manera decisiva, el patrimonio, encarnación del presente y del pasado, contribuye a conformar la identidad propia de los diferentes destinos turísticos, dotándoles de un carácter diferenciador acorde con los objetivos de singularidad y autenticidad buscados por la demanda.

3› A este respecto, es tan importante el monumento como lo que le rodea: la ciudad. Conocer a los habitantes, su realidad sociocultural y sus proyectos de futuro a través de la presencia activa del turista en las calles y plazas, pasa a ser tan importante como conocer sus museos y monumentos.

4› Para ello, es necesario cuidar la imagen que se ofrece al turista, a través de elementos como la limpieza, seguridad, buena señalización, mobiliario urbano, adecuada iluminación y conservación de los jardines. También, las actividades complementarias tienen mucho que decir: música, danza, folclore, teatro y acontecimientos deportivos como forma de atraer al visitante.

5› La ciudad en sí misma es una realidad integral, constituyendo en este sentido un ecosistema ambiental irrepetible. Ha de explotarse la cultura y el patrimonio con autenticidad, reforzando las diferencias para valorarla y difundirlas, ofertando calidad.

Hay que crear paquetes turísticos culturales, bien diseñados, donde tengan cabida la historia y las tradiciones, que vayan más allá de tópicos y estereotipos.

Adaptado de *Organización Naya*

2. Estos son los títulos, ¿cuál crees que corresponde a cada apartado?

A	Entorno del monumento.
B	Sin salir de la ciudad.
C	Más allá del término "patrimonio".
D	A tener en cuenta…
E	La identidad del lugar.

3. Selección múltiple. Escoge la opción más apropiada, según el texto.

1

El concepto de patrimonio:
a) se reduce al conocimiento de monumentos.
b) se refiere a las pertenencias de los ciudadanos.
c) se amplía a campos intangibles.

2

El turista cultural busca unos destinos:
a) inesperados e insólitos.
b) singulares y auténticos.
c) cautivadores y exóticos.

3

Lo más importante para el turista cultural es:
a) visitar únicamente los museos.
b) conocer la ciudad de punta a punta.
c) descubrir la realidad sociocultural.

4

Para atraer al turista cultural hay que:
a) cuidar la imagen del lugar.
b) ofrecerle conciertos de música barroca.
c) organizar campeonatos de baloncesto.

5

Es necesario crear paquetes turístico-culturales:
a) monotemáticos.
b) bien diseñados.
c) repletos de tópicos.

FICHA 7.2.1. EL TURISMO CULTURAL COMO FACTOR DE DESARROLLO

1. Completa el texto con los siguientes bloques de palabras:

a) patrimonio cultural	b) recuperación urbanística	c) atractivo territorial

d) planificación estratégica	e) desarrollo local

El turismo cultural constituye, hoy en día, un segmento turístico en expansión, convirtiéndose en un importante protagonista de la _____, arquitectónica y funcional de nuestras ciudades. Un producto turístico en el que los consumidores buscan un contacto más directo con el patrimonio y la cultura.

La cultura constituye una fuente directa e indirecta de empleos, proyecta una imagen positiva y contribuye al _____. A este respecto, el turismo cultural ayuda a dotar a los proyectos culturales de un carácter más concreto y da buena prueba de los beneficios económicos que pueden sustraerse del mismo.

Pero ha sido recientemente cuando la Administración ha sido consciente de la importancia del turismo, en general, y del turismo cultural, en particular. Y es, precisamente, en estos momentos, cuando **las Comunidades Autónomas españolas** están efectuando una activa _____ del turismo porque **quieren que el número de turistas aumente, que permanezcan más tiempo en la ciudad, que aumente su gasto turístico y que su experiencia turística sea óptima para que regresen.**

En una ciudad turística, el _____ hay que considerarlo como un elemento más de los ingredientes del producto turístico. Como ha señalado Romero Moragas, "vender el pasado en sus diferentes formas es uno de los principales reclamos del *marketing* turístico". Sin embargo, es una idea actual la de, conscientemente, "poner en valor" todo este patrimonio tanto material como inmaterial.

La cultura invade los ámbitos social y económico, cumpliendo una importante función ante los nuevos desafíos de la comunidad. El sector cultural debería explotarse aún más, con el fin de reforzar y diversificar el potencial de _____ y regional, tanto de las regiones menos favorecidas, como de aquellas afectadas por los cambios estructurales.

Adaptado de *Organización Naya*

2. Fíjate en lo marcado en negrita.

Quieren que...

• el número de turistas aumente.	• permanezcan más tiempo en la ciudad.
• aumente su gasto turístico.	• su experiencia turística sea óptima para que regresen.

3. Ahora, trabajando con un compañero, escribid otros cuatro objetivos que han de lograr las Comunidades Autónomas. Tenéis que usar la estructura: *Quieren que…*

4. Comparad vuestra descripción con la del resto de la clase para ver cuáles son los cuatro objetivos más importantes.

FICHA 7.2.2. ASPECTOS POSITIVOS Y NEGATIVOS DEL TURISMO CULTURAL

El turismo cultural es una actividad que genera impactos tanto positivos como negativos, ya sean ambientales, socioculturales y económicos.

Si partimos de la visión del turismo cultural como una actividad enmarcada dentro de los principios del desarrollo sostenible, encontraremos que se adjudican más aspectos positivos que negativos, no obstante, el no cumplimiento de esos principios, ya sea por exceso o por defecto, genera consecuencias negativas.

1. Escribe el significado de las palabras siguientes.

1	Desarrollo sostenible:	
2	Por exceso:	
3	Por defecto:	
4	Patrimonio:	
5	Valor añadido:	
6	Mercado negro:	

2. Clasifica los factores siguientes según los consideres positivos o negativos:

a. Revitaliza el interés de los habitantes por su cultura, expresada a través de sus costumbres, artesanías, folclore, fiestas, gastronomía, tradiciones, así como en la protección del patrimonio arquitectónico y artístico.

b. Otorga un valor añadido o de diferenciación en los destinos turísticos ya desarrollados o maduros.

c. Provoca "aculturación" en la población receptora, al adoptar esta normas y patrones culturales a través del contacto con los turistas.

d. Propicia, en ciertos destinos, un mercado negro de antigüedades o bienes del patrimonio artístico.

e. Genera recursos para el mantenimiento, protección y mejora de los sitios de patrimonio.

f. Impulsa la mercantilización extrema de las tradiciones locales, despojándolas de su verdadero significado, convirtiendo la cultura local en un mero objeto de consumo.

g. Contribuye a atenuar o romper la estacionalidad en destinos cuya oferta principal se basa en productos de marcada estacionalidad (ejemplo: destinos de sol y playa).

h. Brinda el marco ideal para la promoción de productos y artesanías locales.

Adaptado de *Revista Pasos*

Factores positivos (puntos fuertes del turismo cultural)	Factores negativos (puntos débiles del turismo cultural)

3. **Relaciona el verbo con su significado:**

1. Revitalizar	**a.** Incitar, inducir a alguien a que ejecute algo.
2. Otorgar	**b.** Favorecer la ejecución de algo.
3. Provocar	**c.** Producir, causar algo.
4. Propiciar	**d.** Dar empuje o impulso para producir una acción.
5. Generar	**e.** Dar más fuerza y vitalidad a algo.
6. Impulsar	**f.** Ofrecer una oportunidad o provecho.
7. Contribuir	**g.** Conceder algo que se pide.
8. Brindar	**h.** Ayudar y concurrir con otros al logro de algún fin.

1	2	3	4	5	6	7	8

FICHA 7.2.3. PERFIL DEL TURISTA CULTURAL

1. **¿Cuáles crees que son las características que identifican al turista cultural?**

2. **Descríbelo con 5 adjetivos.**

3. **¿Crees que es igual en todos los países?**

4. **Contesta a las preguntas del siguiente test para saber si tu perfil se corresponde o no con el del turista cultural:**

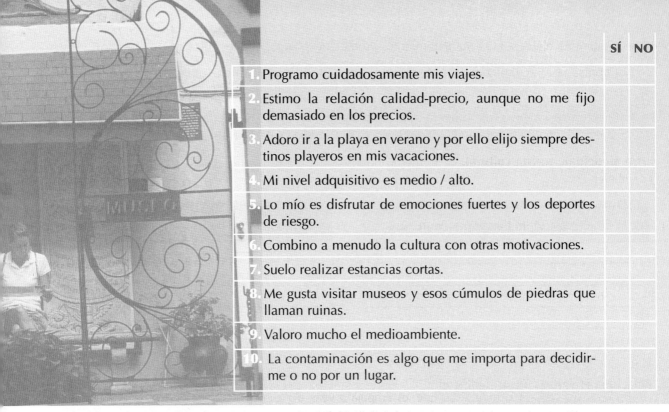

	SÍ	NO
1. Programo cuidadosamente mis viajes.		
2. Estimo la relación calidad-precio, aunque no me fijo demasiado en los precios.		
3. Adoro ir a la playa en verano y por ello elijo siempre destinos playeros en mis vacaciones.		
4. Mi nivel adquisitivo es medio / alto.		
5. Lo mío es disfrutar de emociones fuertes y los deportes de riesgo.		
6. Combino a menudo la cultura con otras motivaciones.		
7. Suelo realizar estancias cortas.		
8. Me gusta visitar museos y esos cúmulos de piedras que llaman ruinas.		
9. Valoro mucho el medioambiente.		
10. La contaminación es algo que me importa para decidirme o no por un lugar.		

5. Lee el siguiente texto y busca datos que te permitan explicar si el tipo de turista del que se habla reúne o no las características del perfil del turista cultural o si se adapta más a las características del perfil del turista de ocio. Completa los cuadros con los datos que encuentres.

Los jeques árabes fijan Barcelona en su ruta turística por Europa

Barcelona ya es una de las ciudades más atractivas para el exclusivo turismo de los jeques árabes que hacen escala en la capital catalana tras haber pasado por París y Mónaco. Después de residir aquí un mínimo de 30 días, se dirigen a Madrid y Marbella.

Su circuito vacacional dura seis meses y empieza en primavera, cuando en su país pueden llegar a alcanzar 50° C de temperatura. A Barcelona, llegan anualmente en torno a 25 familias procedentes del golfo Pérsico.

"Es imposible cuantificar el gasto de una familia de príncipes árabes", admite Marta Pons, del departamento de *marketing* del Hotel Arts. Este establecimiento recibe anualmente a unas seis familias, con sus séquitos que en ocasiones pueden superar el centenar de personas. "Son muy cultos", añade Pons, y recalan en Barcelona atraídos por su encanto cultural y gastronómico. "Su historia es muy distinta" pero son grandes amantes de adquirir nuevos conocimientos culturales en los lugares que visitan".

"Buscan ofertas de ocio familiar", detallan desde Turismo de Barcelona, pero también les fascina la combinación de *shopping* (compras) y juegos de azar (casinos). Rechazan las actividades relacionadas con "sol y playa".

"No suelen ser demasiado exigentes", sin embargo, desde el sector turístico explican que, en los hoteles, piden una alfombra orientada hacia la Meca para poder realizar sus oraciones. Lo que no debe faltar en sus habitaciones son dátiles, café y té árabe, así como conexión a los canales de televisión árabes.

Adaptado del *Diario de Barcelona*

TURISTA CULTURAL	TURISTA DE OCIO

6. Otro modelo de turista cultural.

Lee el siguiente texto:

Joven e interesado por la cultura, perfil del turista que visita Barcelona en verano

La agencia de viajes *Barcelona On Line* ha realizado un estudio del que se desprende el perfil del turista que visita Barcelona durante la época estival. De entre las respuestas de los encuestados se concluye que el retrato del turista que visita la Ciudad Condal en verano es el de una persona joven e interesada por la cultura y usuaria de nuevas tecnologías.

En cuanto a edad y nacionalidad, de la encuesta se desprende que un 59% son menores de 35 años y que un 80,3% proviene de Europa, especialmente de Gran Bretaña.

Como respuesta a la motivación que les empuja a venir a Barcelona, la mayoría de encuestados aluden a la cultura en primer lugar, un 50%. En segundo lugar, con un 27%, se sitúan las posibilidades de ocio y la playa. De manera más concreta, Gaudí, la arquitectura, la vida nocturna o "fiesta" y la playa, son los motivos más mencionados.

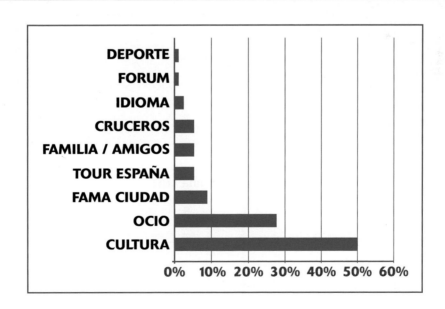

7. Haz un gráfico sobre el turista que visita tu ciudad o tu país.

8. Compara tu gráfico con el de tu compañero.

FICHA 7.3. EL OCIO

Se entiende generalmente al ocio como el tiempo ocupado por aquellas actividades en las que la libertad predomina sobre la necesidad, es decir el tiempo en el cual hacemos lo que nos apetece sin estar obligados a ello.

La concepción de ocio incluye aquellas actividades que la gente hace en su tiempo libre porque quiere, en su interés propio, por diversión, entretenimiento, mejora personal o cualquier otro propósito voluntariamente elegido que sea distinto de un beneficio material.

Se diferencia de la idea de "tiempo libre", en cuanto este es el tiempo del que la persona dispone una vez que se ha liberado de la obligación de trabajar, lo que no implica necesariamente que sea tiempo de ocio. Todas las obligaciones o actividades que –junto con el deber de la ocupación laboral– implican el desenvolvimiento de la vida cotidiana de una persona (satisfacción de necesidades fisiológicas básicas, aseo personal, desplazamientos, compras, atención a familiares, cuidados de salud, etc.) le ocupan un tiempo que no se califica como "trabajo" y tampoco entra en la categoría de ocio.

Fuentes varias

FICHA 7.3.1. OCIO TURÍSTICO

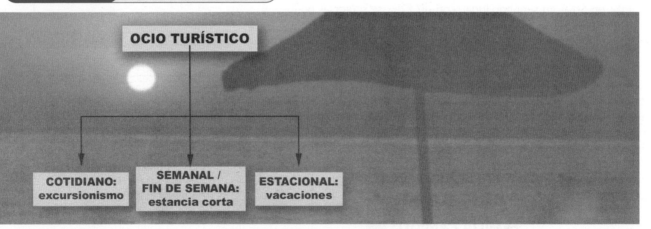

OCIO TURÍSTICO

| COTIDIANO: excursionismo | SEMANAL / FIN DE SEMANA: estancia corta | ESTACIONAL: vacaciones |

1. Pre-lectura.

¿Qué elegirías hacer en tu fin de semana? Marca con una cruz.

	1. Pasarlo en un Parador Nacional.		**9.** Asistir a espectáculos.
	2. Disfrutar del buen tiempo al aire libre.		**10.** Comer y/o cenar en un buen restaurante.
	3. Estar con la familia.		**11.** Ir de tiendas.
	4. Participar en debates filosóficos.		**12.** Visitar un museo.
	5. Bucear.		**13.** Relajarse y no hacer nada.
	6. Compartir actividades con amigos.		**14.** Tomar un café con amigos.
	7. Coger setas.		**15.** Visitar un Parque Temático.
	8. Practicar deportes de aventura.		**16.** Hacer senderismo.

2. Si tuvieras que elegir solo tres actividades, ¿cuáles elegirías? ¿En qué porcentaje?

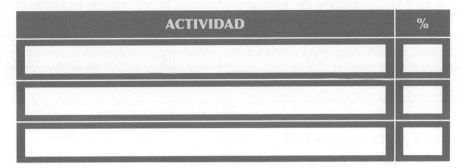

ACTIVIDAD	%

3. ¿Qué situación o hecho te podría estropear tu fin de semana?

4. Lee el texto.

La mayoría de españoles desea compartir su ocio con la familia y disfrutar de relax

¿Cómo se imagina un fin de semana perfecto sin preocuparse por lo que cueste? El 90% de los españoles cree que el ingrediente fundamental para tan sonada ocasión es la familia, y más de la mitad sueña con "relajarse y no hacer nada".

Buen tiempo, actividades compartidas con la familia y los amigos, tiempo de relax y un buen banquete son los ingredientes esenciales para disfrutar de un gran fin de semana, según un estudio realizado por KRC Research para MasterCard en doce países europeos.

Del informe se desprende que casi todos los encuestados están de acuerdo en que el principal objetivo del fin de semana es disfrutar con la familia, y los españoles se sitúan como el país más familiar de toda Europa. Además, y contrariamente a la fama internacional de juerguistas, los españoles no vinculan directamente el fin de semana perfecto con salir a divertirse. Países como Croacia, Rumanía o Francia toman la delantera en este aspecto. Y alemanes y checos son los que más declaran desear un fin de semana de buena fiesta con bebida y amigos. "Nuestros fines de semana son algo cada vez más sagrado en la agitada sociedad actual, y la gente procura continuamente hacerlos tan perfectos como sea posible. Es interesante ver que, a pesar de otras presiones, continuamos manteniendo unos fuertes valores familiares para este tiempo de ocio", aseguró José Sirvent, director general de Mastercard Iberia, al presentar el estudio.

En lo que sí responden al tópico los españoles es en situarse a la cabeza de Europa a la hora de valorar el reposo y la tranquilidad como elemento fundamental de un tiempo de ocio "sin precio". Un 52% de los españoles (y un 51% de los rumanos) elige como segunda opción "relajarse y no hacer nada", frente a países como Eslovaquia o República Checa, en los que lo más valorado es "el aire fresco y limpio" (58% de las respuestas) y "una buena comida" (58%), respectivamente.

Sirvent reconoce que "en MasterCard estábamos muy intrigados por las conclusiones que saldrían del informe y hemos visto que, a pesar de que el mundo es cada vez más homogéneo, la diversidad cultural sigue existiendo en Europa y la fórmula de un buen fin de semana sin precio varía no solo de una persona a otra sino de un país a otro". Así, por ejemplo, más del 80% de los checos y polacos está interesado en disfrutar el fin de semana recolectando setas en el bosque, uno de cada cuatro croatas desearía bucear, seis de cada diez polacos iría a bailar, el 16% de los rumanos, participar en un debate filosófico y un 24% de los británicos visitaría museos.

Y mientras que el 12% de los británicos y el 11% de los rusos dice que el alcohol es esencial para un gran fin de semana, el porcentaje baja al 1% entre españoles e italianos. Estos dos últimos comparten además el convencimiento de que el trabajo es uno de los factores que más puede estropear un fin de semana.

Rocío Gutiérrez, la directora de *marketing* de esta firma para España y Portugal, apunta que también hay circunstancias "ambientales" que inciden en las preferencias de ocio de los europeos. "Los europeos sitúan como tercer factor para el fin de semana ideal el que haga buen tiempo (41%), algo que los españoles no mencionan porque suponemos que lo dan por hecho".

MasterCard no es la única compañía interesada en radiografiar los intereses de los ciudadanos para el fin de semana, días en los que mantiene una campaña promocional por ser los de mayor uso discrecional (no ligado al trabajo) de las tarjetas. Calidalia, que agrupa a las mayores empresas españolas de los sectores de alimentación y bebidas y gran consumo, también pregunta a quienes entran en su web: ¿cuál es el fin de semana perfecto? Con los siguientes resultados: el 43% elige un viaje, el 26%, pasarlo en el campo, el 19%, en la playa y el 12%, descansando en casa.

Adaptado de Mayte Rius, *La Vanguardia*

a) **¿Puedes explicar la palabra "juerguista"?**

b) **¿Qué significa "dar (algo) por hecho"?, ¿y "tomar la delantera"?**

c) **¿Recuerdas en qué país de los mencionados en el texto y que aparecen en el cuadro les gusta hacer lo siguiente el fin de semana? (Puede haber más de una opción).**

Rumanía	Francia	República Checa	Polonia	Gran Bretaña
España	Croacia	Italia	Alemania	Eslovaquia

1. Festejarlo con amigos y bebida.	
2. No hacer nada y disfrutar del relax.	
3. Respirar aire fresco y limpio.	
4. Participar en un debate filosófico.	
5. Disfrutar de una buena comida.	
6. Recolectar setas.	
7. Bucear.	
8. Ir a bailar.	
9. Visitar museos.	
10. Disfrutar de la familia.	

5. **Ahora escribe 6 frases sobre dónde estuviste y qué hiciste en tus últimas vacaciones. Pero tienes que hacer tres frases verdaderas y tres falsas. Puedes hablar de tus experiencias durante esas largas o cortas vacaciones. Cuando acabes, intercambia tus respuestas con las de un compañero/a y adivinad cuáles son las reales y cuáles no. Sigue el ejemplo:** *El verano pasado/las Navidades pasadas/el fin de semana pasado...*

FICHA 7.4. TURISMO DE NATURALEZA

Se define como turismo de naturaleza aquel que tiene como principales motivaciones la realización de actividades recreativas y de esparcimiento, la interpretación y/o conocimiento de la naturaleza, con diferente grado de profundidad y la práctica de actividades deportivas de diferente intensidad física y riesgo que usen expresamente el medio natural de forma específica, garantizando la seguridad del turista, sin degradar o agotar los recursos.

El turismo de naturaleza se puede dividir a su vez en tres grupos: turismo rural, turismo ecológico o ecoturismo y turismo de aventura.

1. Lee las siguientes definiciones y escribe a qué tipo de turismo corresponden.

Turismo de aventura	Turismo ecológico o ecoturismo	Turismo rural

a
El _____ es un enfoque para las actividades turísticas en el cual se privilegia la preservación y la apreciación del medio (tanto natural como cultural) que acoge a los viajantes. Debido a su rápido crecimiento también se le ve como un subsector de la actividad turística.
En su acepción más común implica un viaje ambientalmente responsable a regiones poco perturbadas para disfrutar del medio natural y de la cultura de sus habitantes, promover tanto la apreciación de las riquezas naturales y culturales de los lugares a visitar, y para dar a la conservación un valor monetario tangible, que sirva de argumento con el cual convencer tanto a visitantes como a lugareños de la importancia de la conservación de sus recursos.

b
El término _____ se utiliza cuando la cultura no urbana es un componente clave del producto ofrecido. El rasgo distintivo de los productos de este tipo de turismo es el deseo de ofrecer a los visitantes un contacto personalizado, de brindarles la oportunidad de disfrutar del entorno físico y humano de las zonas rurales y, en la medida de lo posible, de participar en las actividades, tradiciones y estilos de vida de la población local. El montañismo, la equitación, el turismo de aventura, los viajes educativos, el turismo orientado al deporte y la salud y el turismo cultural son tan solo algunos ejemplos de actividades que se consideran parte del concepto de este tipo de turismo.

c
No ha habido concordancia respecto a la definición de _____. A continuación ofrecemos un resumen que combina diferentes definiciones: la suma de los fenómenos y de las relaciones que surgen de las interacciones de las actividades de _____ con el medio ambiente natural lejos del área de residencia habitual del participante y que contiene elementos de riesgo en el que el resultado o desenlace está influenciado por la participación, escenario y organizador de la experiencia del turista. El propósito específico de este tipo de turismo es participar en las actividades para explorar una nueva experiencia que, por lo general, supone el riesgo advertido o peligro controlado asociado a desafíos personales, en un medio ambiente natural o en un exótico escenario al aire libre (Sung, 1997 & 1996). Se trata de una experiencia significativa inherentemente humana relacionada directamente con un medio particular al aire libre: aire, agua, colinas, montañas, etc. (Darst y Armstrong, 1980).

Adaptado de varias fuentes

FICHA 7.5. TURISMO RURAL

1. **Motivaciones para la práctica del turismo rural.**
Lee la siguiente lista de diferentes motivaciones para la práctica del turismo rural.

Atmósfera relajada.	Posibilidad de convivir con los amigos.
Aire fresco y contacto con la naturaleza.	Posibilidad de convivir con la familia.
Belleza del entorno.	Posibilidad de relacionarse con la gente del lugar.
Lugar poco aglomerado.	Posibilidad de conocer gente nueva.
Posibilidad de realizar actividades al aire libre.	Posibilidad de viajar con niños.
Posibilidad de contemplar monumentos o arquitectura típica.	Posibilidad de descansar.
Actividades culturales.	Independencia y flexibilidad.
Agroactividades (hacer queso, amasar pan...).	Distancia de viaje razonable.
Buena comida típica o tradicional.	Precio.

a) **En parejas, pregunta a tu compañero cuáles considera más importantes y luego cuéntale cuáles son las más importantes para ti.**

b) **Compartid vuestra lista con el resto de la clase y comparad resultados. ¿Podéis llegar a elaborar una lista común?**

c) **Según un estudio realizado por Luigi Cabrini, Representante Regional para Europa de la Organización Mundial del Turismo, y presentado en el VII Congreso AECIT sobre Turismo, desarrollo rural y sostenibilidad, estas son algunas demandas del turista rural. ¿En qué apartado de los anteriores se puede incluir cada una? ¿Añade alguna nueva?**

Viajar con seguridad.	Disfrutar de música tradicional y espectáculos.
Dormir cómodamente a un precio razonable.	Adquirir artesanía local / especialidades del país.
Servicios limpios.	Contacto personal entre el anfitrión y el turista/ huésped.
Disfrutar de comidas caseras.	Disfrutar de un entorno natural y limpio.
Conocer la historia y la cultura.	Hacer ejercicio, fomentar el bienestar y la salud personal.
Participar en actividades.	

FICHA 7.5.1. TURISMO RURAL: ALOJAMIENTO

La situación de la demanda favorece la aparición de un nuevo modelo turístico basado en la oferta de nuevos alojamientos y actividades mediante el uso y recuperación del patrimonio rural, sus recursos monumentales, naturales y la arquitectura popular.

1. **Te presentamos los principales tipos de alojamientos del turismo de naturaleza.**

Hostelería rural	Plazas hoteleras que se ofrecen, de acuerdo a la reglamentación de cada Comunidad Autónoma, en hostales, pequeños hoteles, pensiones etc., donde el número de habitaciones supera al de las casas rurales. Se trata de la hotelería más tradicional: hoteles, hostales y pensiones, que adquieren nombres como Posada, Hospedería, Hostería, Casona, Molino, etc. Este tipo de alojamientos, si son de nueva construcción, han de respetar la arquitectura tradicional de la zona.
Casas rurales	Conjunto de alojamientos típicos que existen en las distintas comarcas rurales y que son destinados como alojamiento a turistas. Por lo general, suelen ser gestionadas por economías domésticas, por familias que usualmente habitan también las casas y explotan el negocio. Además, suele ser gente propia de la zona, aunque cada vez hay más jóvenes emprendedores que se lanzan a la aventura de invertir en este tipo de negocio y dejan la ciudad para ello.
Camping	Espacios de terreno públicos o privados dotados de las instalaciones y servicios que marca la legislación para dedicarlos al uso turístico. El servicio que se presta consiste en facilitar la estancia en tiendas de campaña, remolques habitables o cualquier elemento similar fácilmente transportable. Cuando se utiliza el terreno anexo a una casa de campo o el terreno dentro de una explotación agrícola se denomina *camping* rural.
Cabañas turísticas	Viviendas prefabricadas construidas con madera de calidad, con buenas condiciones de habitabilidad. El funcionamiento es igual que el de una casa de alquiler, contando con que su coste inicial es muy inferior al de una vivienda permanente.
Granjas	Alojamiento en una casa de campo integrada dentro de una explotación agropecuaria. Los dueños se han de dedicar a tareas agrícolas y/o ganaderas. Se suele ofrecer además del alojamiento y las comidas, la posibilidad de que el turista participe en algunas de las tareas propias de la granja. Esta modalidad se conoce con el nombre de agroturismo.
Albergues	Modalidad de alojamiento destinada a viajeros jóvenes, cuya construcción puede ser una casa de campo, un castillo o un hotel convencional. Los dormitorios suelen estar separados por sexos y en cada uno de ellos puede haber varias camas. Unos tienen un horario concreto y otros están abiertos día y noche.

Adaptado de varias fuentes

a) **A partir de las descripciones anteriores, ¿cómo completarías la definición de alojamiento de turismo rural?**

b) **Comenta con el resto de la clase. Un alojamiento rural posee determinadas características que lo diferencian de los alojamientos urbanos, ¿cuáles son?**

c) **Escribe un texto breve con los principales puntos comentados en la actividad anterior.**

d) **¿Cuál es el alojamiento rural más popular en tu país de origen? Explícalo al resto del grupo.**

2. Lee el siguiente caso y contesta las preguntas.

Tenía una idea fija: montar un alojamiento rural. Mis padres poseían algunas casas en un pequeño pueblo de la provincia de Murcia y pensé que allí podríamos empezar a probar si sabríamos llevar ese tipo de negocio. Elegimos una de ellas, la restauramos sin muchas pretensiones, **no era nada del otro jueves** pero contaba con las características propias de ese tipo de alojamiento.

La primera casa se dividía en 3 plantas, sótano, primera y segunda planta. En el sótano, donde se hallaba la bodega, mantuvimos algunos de los elementos necesarios para la elaboración del vino como son las tinajas y otros recipientes. La rehabilitación de la casa la realizamos respetando todos los elementos arquitectónicos y tradicionales de la vivienda y mantuvimos el sistema de construcción originario.

Una vez comprobado el éxito de nuestra primera casa, me decidí a seguir restaurando otras de algunos pueblos cercanos.

Para llevar a cabo esta empresa, ya algo más ambiciosa, conté con la colaboración de toda mi familia y especialmente con la de mi hermana que, sin pensárselo dos veces, se **puso al corriente de los tejemanejes** que deben saberse cuando te embarcas en un proyecto así. Ella fue la primera en **arrimar el hombro** y **ponerse manos a la obra**. Hicimos nuestra página web y nos lanzamos al mercado.

Ahora ya han pasado cinco años y seguimos creciendo. Las ideas se amontonan en nuestras cabezas y la última de ellas se centra en montar una tienda, cerca de uno de nuestros alojamientos rurales. En ella venderíamos productos elaborados en la región al mismo tiempo que algunas piezas de cerámica que elaboraríamos en nuestro propio taller. Toda una amplia y variada oferta de posibilidades puesta a disposición de todo aquel interesado en los productos hechos a mano.

Estoy hecha un mar de dudas. ¿Me arriesgo o no? ¿Usted que haría?

Adaptado de Rosie L. para *Spanish Infovia*

a) **Vocabulario coloquial. Explica estas expresiones con tus propias palabras.**

> No ser nada del otro jueves   Arrimar el hombro
>
> Ponerse al corriente de los tejemanejes   Estar hecho un mar de dudas
>
> Ponerse manos a la obra

b) **Según la descripción de los alojamientos rurales en el caso, ¿de qué tipo de alojamiento rural se trata?**

c) **Según explica la empresaria, sus alojamientos ya tienen algunos elementos que aumentan valor al producto básico. ¿Cuáles son? ¿Cuáles le sugerirías añadir?**

d) **¿Qué opinas de la idea de montar una tienda de artesanía? ¿Tú que harías? ¿Crees que se podría complementar con algún otro servicio?**

e) **Escribe una carta en la que le des tu consejo a la protagonista del caso. Incluye los puntos tratados en las preguntas anteriores (no necesariamente en el mismo orden). Incluye al menos tres de las expresiones coloquiales que has visto anteriormente.**

ACTIVIDADES RECOPILATORIAS

1. Estas son las experiencias de dos turistas que prefieren alojarse en casas rurales a hacerlo en cualquier hotel. Lee el texto y haz los ejercicios que siguen.

María Serrano y Pedro Montes lo tienen claro. En cuestión de vacaciones y tiempo libre, nada de hoteles ni apartamentos masificados. Esta pareja de ingenieros agrónomos ha recorrido casas rurales de toda España y del extranjero; en pareja y en grupo de amigos; en alojamientos rurales independientes o conviviendo con la familia de la casa; para una escapada de dos días, tras una semana de trabajo y agobio, o para disfrutar de las vacaciones; en las montañas de Sierra Nevada en Granada, en Mallorca, en Cantabria, etc.

Pedro, de 33 años, asegura: "Si podemos esquivamos los hoteles, preferimos el turismo rural". Las últimas Navidades decidieron pasar unos días en Casa Molino, una acogedora casa de principios del siglo XIX, completamente restaurada, de solo cinco habitaciones que está a cinco minutos de la playa, donde encontraron la tranquilidad, además de todo tipo de comodidades. Casa Molino, abierta el pasado año, incorpora todas las ventajas de la modernidad que podrían encontrarse en un hotel, como conexión a Internet o servicio de lavandería. "Como un hotel, pero mucho más versátil", sostiene.

En este caso, optaron por el modelo *bed & breakfast*, que los propietarios de Casa Molino tomaron a semejanza de las casas rurales de Francia, Irlanda y Escocia, aunque el alojamiento tiene también una cocina con capacidad para quince personas.

María y Pedro destacan que cuando se alojan un fin de semana prefieren que les sirvan la comida para dedicarse a disfrutar de la estancia; en cambio, cuando pasan más días, sobre todo si es junto a su grupo de amigos, optan por una casa que les ofrezca cocina para poder preparar su comida. Por 300 euros, cuentan que pueden pasar una semana desconectados.

A pesar de su juventud, de la amplia experiencia de María y Pedro se podría elaborar un decálogo de las ventajas y de los inconvenientes del turismo rural. Más allá de las posibilidades que ofrece el entorno natural, esta pareja valora, sobre todo, el trato personal y la tranquilidad.

Otro de los aspectos a tener en cuenta es que la casa esté bien comunicada, como es el caso de Casa Molino. Desconectar sí, pero perderse por caminos recónditos, no. Pedro bromea que hay algunas casas perdidas que "no encuentras a menos que vayas con un GPS". Puestos a buscar inconvenientes, esta pareja demanda páginas web que centralicen la oferta de casas rurales, como aseguran que sucede en Francia, lo que facilita la búsqueda.

Adaptado de Rosie L. para *Spanish Infovia*

a) ¿Se ajustan María y Pedro al perfil de la demanda de turismo rural? ¿Por qué?

b) En parejas, ¿cómo definiríais a María y Pedro: turista rural o turista en alojamiento rural? Justifica tu respuesta.

c) Haced una lista de las ventajas e inconvenientes de este tipo de alojamiento mencionados por María y Pedro. ¿Estáis de acuerdo con sus opiniones?

EVENTOS TURÍSTICOS: CONGRESOS, FERIAS Y VIAJES DE INCENTIVOS

TEMA 8

1. Según el Estatuto Regulador de las Empresas y Actividades Turísticas, se entiende por "actividades turísticas privadas todas aquellas que de manera directa o indirecta se relacionan o pueden influir predominantemente en el turismo, siempre que lleven consigo la prestación de servicios a un turista, tales como transporte, venta de productos típicos de artesanía nacional, espectáculos, deportes, manifestaciones artísticas, culturales y recreativas y especialmente las profesiones turísticas". (Real Decreto 231, 14.02.1965)

a) ¿Cómo clasificarías estas actividades turísticas?

b) Estas actividades generan diferentes tipos de productos y servicios turísticos. ¿Podrías citar alguno?

2. ¿Sabes qué significan las siguientes palabras?

congresos	simposios
conferencias	ferias y exposiciones
convenciones	viajes de incentivo
jornadas	mesas redondas
reuniones de empresa	seminarios

Relaciónalas con su definición, completando el siguiente esquema.

Reuniones que convocan asociaciones e instituciones con el objetivo de poner en común todos los avances, investigaciones o conocimientos de su ciencia o tema.	⟶ _____
Viajes-premios organizados por las empresas para motivar e incentivar a sus empleados, distribuidores o clientes.	⟶ _____
Reuniones gubernamentales para establecer acuerdos o debatir asuntos de interés común.	⟶ _____
Reuniones que debaten un tema monográfico con una participación restringida (10 a 50 personas) y de corta duración (1 ó 2 días).	⟶ _____
Exposición de bienes o servicios con fines comerciales, informativos, culturales...	⟶ _____
Reuniones de empresa que se utilizan para analizar la marcha de la misma, objetivos y resultados, mejorar la cultura empresarial, etc.	⟶ _____

1. Actividades de pre-lectura.
Los congresos en España.

a) ¿Crees que España es un buen destino dentro del turismo de negocios?

b) ¿Conoces alguna ciudad española organizadora de congresos?

c) ¿Qué tipo de actividades paralelas crees que puede ofrecer?

2. Comprensión lectora.
FITUR CONGRESOS es uno de los acontecimientos más importantes en España dentro del sector del turismo de negocios. Este artículo es un texto informativo sobre la importancia de este evento turístico.

a) Vocabulario. Estas palabras te ayudarán a comprender el texto.

plataforma de comercialización   oferta   demanda   reuniones

área expositiva   infraestructura   eventos

destinos congresuales   itinerarios

FITUR CONGRESOS MUESTRA EL POTENCIAL DE ESPAÑA COMO TERCER DESTINO MUNDIAL DEL TURISMO DE NEGOCIOS

IFEMA (Feria de Madrid) y TURESPAÑA (Instituto de Turismo de España) han aunado esfuerzos para lograr que FITUR (Feria Internacional del Turismo) CONGRESOS, séptimo Salón de Reuniones y Viajes de Incentivos, se convierta una vez más, en la mejor plataforma de comercialización de este tipo de turismo que en España afronta unas positivas expectativas de crecimiento. Con este fin, ambos organismos han reunido en este *workshop* a la mejor oferta española, representada por 153 empresas vendedoras y 45 *stands*, con una cuidada selección de la demanda internacional, integrada por 223 compradores procedentes de 35 países. El escenario de las alrededor de las 5000 entrevistas realizadas es el Pabellón 1 de la Feria de Madrid.

Más que las cifras de participación, la verdadera relevancia de FITUR CONGRESOS viene determinada por la selección de la oferta y la demanda, fruto de un riguroso trabajo por parte de la organización del salón y de la Administración. Y ello se traduce en el desarrollo de un intenso programa de entrevistas personales, cuya rentabilidad determina la satisfacción generalizada de los participantes.

El resultado es que, a lo largo de estos siete años, este *workshop* se ha revelado como un escenario privilegiado para la promoción del segmento español del turismo de negocios. Se trata de un sector que, dos años atrás y de acuerdo con los datos del *Spain Convention Bureau*, SCB, captó 11 859 reuniones, que contaron con la presencia de 2 457 195 participantes. De hecho, España se ha posicionado como el tercer destino del mundo en este ámbito –solo por detrás de Estados Unidos y Alemania–, según la Asociación Internacional de Congresos y Conferencias (ICCA en sus siglas en inglés), al tiempo que Madrid se encuentra entre las primeras ciudades mundiales. Asimismo, las previsiones –atendiendo a la OMT (Organización Mundial del Turismo)– son muy prometedoras, con un crecimiento para España para los próximos diez años estimado en un 59 por ciento. Un aumento muy superior al 25 por ciento previsto por la misma fuente para el resto de Europa e, incluso, al 50 por ciento que registraría el resto del mundo, en el mismo periodo.

➡

En referencia de nuevo a FITUR CONGRESOS, y en cuanto a la representatividad de la oferta, la mayoría de los vendedores son hoteles, con un 72%; seguidos de los *convention bureaux*, con un 28%; palacios de congresos, 16%; agencias de viajes, 14%; organismos oficiales, 11%; OPC, 4%; transportes, 2%, y otros, 6%.

Entre la multitud de propuestas que se dan a conocer, fundamentalmente a través de las entrevistas personalizadas, pero también en la zona de stands, destaca una creciente infraestructura de palacios de congresos, salas de hoteles..., así como lugares singulares para la realización de toda clase de eventos, como el Museo de la Artes y las Ciencias de Valencia. Es el caso también del Estadio Santiago Bernabeu del Real Madrid y del Museo Thyssen Bornemisza, ambos en la capital, que acogen respectivamente las cenas de Gala y de Clausura de FITUR CONGRESOS.

Por su parte, la mayoría de los 200 compradores extranjeros que participan en el Salón de Reuniones y Viajes de Incentivos son agencias de viaje especializadas y casas de incentivos.

Como es habitual, los compradores que lo deseen tienen la oportunidad de conocer de primera mano, durante el fin de semana previo al *workshop,* algunos de los mejores destinos congresuales españoles. Los itinerarios, organizados de manera rotativa por las distintas comunidades autónomas españolas, muestran su infraestructura hotelera y equipamiento para acoger a estos viajeros, así como su patrimonio cultural, de ocio, gastronómico y de otro tipo, que contribuyen precisamente a revalorizar a España como destino privilegiado para el turismo de negocios.

Adaptado de *Ifema*

b) **Marca si las siguientes afirmaciones son verdaderas o falsas.**

	V	F
1. La importancia de FITUR CONGRESOS radica en su rentabilidad.		
2. España es el tercer destino mundial en el sector del turismo de negocios.		
3. Madrid se ha consolidado como primera ciudad mundial dentro de este ámbito.		
4. La mayor oferta de ventas se encuentra en el sector de la hostelería.		
5. Todas las propuestas se promueven en entrevistas personalizadas.		
6. Los compradores extranjeros son agencias de viajes especializadas.		
7. Los itinerarios organizados promueven el turismo de negocios.		
8. La OMT prevé un crecimiento para España parecido al del resto de Europa.		

3. **El mercado de reuniones en España presenta una serie de ventajas con respecto al resto de países. Relaciona cada ventaja con su información.**

VENTAJA

1. Gran variedad de destinos turísticos.

2. Infraestructuras de primera categoría.

3. Competencia y profesionalidad de las empresas del sector.

4. Clima excepcional.

5. Excelentes comunicaciones.

INFORMACIÓN

a. 33 aeropuertos internacionales, una avanzada red de carreteras y líneas ferroviarias de alta velocidad.

b. Variedad de destinos que se adaptan a cualquier expectativa.

c. Un buen número de empresas y profesionales acostrumbados a organizar eventos de primer nivel y que planifican hasta el más mínimo detalle. Los *Convention Bureaux,* agencias receptivas y empresas especializadas de probada profesionalidad.

d. La temporada congresual en España es más larga, es posible celebrar reuniones durante todo el año debido al buen tiempo.

e. Amplia oferta de alojamientos de 4 y 5 estrellas compuesta por cerca de 350 000 plazas y situada entre las mejores del mundo.

4. **Actividad en grupos.**

Aquí tenéis unos gráficos que os ayudarán a haceros una idea de las características del mercado de reuniones en España. En grupos de cinco, cada estudiante tendrá que explicar uno de los gráficos al resto del grupo. Una vez hechas las 5 presentaciones, escribiréis un informe y lo discutiréis con el resto de la clase.

PORCENTAJE DE REUNIONES POR TIPOLOGÍAS DE REUNIONES SOBRE EL TOTAL

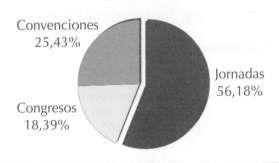

Convenciones 25,43%

Congresos 18,39%

Jornadas 56,18%

PORCENTAJE DE REUNIONES POR SEGMENTO DE CIUDADES

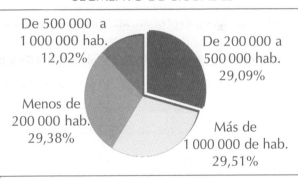

De 500 000 a 1 000 000 hab. 12,02%

De 200 000 a 500 000 hab. 29,09%

Menos de 200 000 hab. 29,38%

Más de 1 000 000 de hab. 29,51%

LUGARES DE CELEBRACIÓN DE LAS REUNIONES

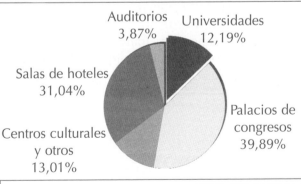

Auditorios 3,87%

Universidades 12,19%

Salas de hoteles 31,04%

Centros culturales y otros 13,01%

Palacios de congresos 39,89%

DURACIÓN DE LAS REUNIONES

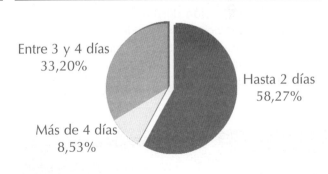

Entre 3 y 4 días 33,20%

Hasta 2 días 58,27%

Más de 4 días 8,53%

TIPO DE ALOJAMIENTO SOLICITADO

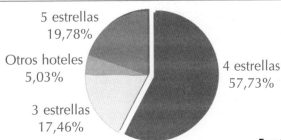

5 estrellas 19,78%

Otros hoteles 5,03%

3 estrellas 17,46%

4 estrellas 57,73%

Fuente: *Spain Convention Bureau*

Eventos turísticos: congresos, ferias y viajes de incentivos

5. La organización de un congreso es un proceso largo y complicado. Su organización puede llevar años, dependiendo del tamaño y características del mismo. En su preparación hay tres fases. Relaciona cada fase con su contenido.

Fase de contratación de servicios	Fase de operación	Fase de diseño

1.

a) Elección de un comité organizador y órganos gestores:
Presidente honorario, Presidente ejecutivo, Secretario, Tesorero, Subcomité científico, Subcomité de promoción, etc.
El comité organizador está formado por personas relevantes y prestigiosas en el ámbito temático del congreso.

b) Elección de la sede, presentación de la candidatura e inspección de la sede.
c) Elección de fechas y duración del congreso.
d) Diseño del programa científico.
e) Diseño del programa social, de acompañantes y de invitados.
f) Planificación general.
g) Presupuesto.

2.

Suele iniciarse antes de las fechas elegidas para la reunión. Se suele hacer una prerreserva temprana y un *release* para confirmar servicios con los proveedores.

3.

Engloba la fase de operación pre, durante y post-congreso.
- Precongreso:
  - Organización de la secretaría.
  - Reservas de servicios (sede, hoteles...).
  - Diseño, impresión de programas, carteras y correspondencia y su posterior envío.
  - Reserva de equipos técnicos humanos y de material técnico audiovisual.

- Recepción de inscripciones, comunicaciones, promoción del congreso, etc.
- Durante el congreso:
  - En la sede principal de la reunión: recepción de invitados y entrega de documentación, supervisión de programas.
- Después del congreso:
  - Viajes postcongresos, transcripción de las comunicaciones científicas, liquidación y pago de facturas...

FICHA 8.2.1. LAS CONVENCIONES

Como hemos visto en la ficha 8.1., las convenciones son reuniones de empresa que se utilizan para analizar la marcha de la misma, para ver si se han cumplido los objetivos fijados, para conocer los resultados de un periodo, para mejorar la cultura empresarial, etc.

1. Estudio de un caso: las convenciones.

a) Lee el siguiente caso y realiza las actividades que le siguen (en negrita aparecen las expresiones idiomáticas).

¿No será mejor anular la convención anual?

Ha llegado el momento de preparar la convención anual de delegados y estamos desbordados de trabajo. Hemos decidido posponerla de noviembre a enero. Estamos a principios de año y todavía no hemos **movido un dedo** para organizarla. **A estas alturas**, estoy tentado de dejarlo correr: que la idea se vaya muriendo sola y reunirnos tranquilamente el año que viene. Pero no sé si será contraproducente.

Tenemos prácticamente un delegado en cada comunidad autónoma. Son empleados nuestros, que están en plantilla. Ahora el contacto con ellos es constante, en parte gracias a la facilidad de las telecomunicaciones: el correo electrónico y la centralita telefónica unificada.

Pero cuando decidimos hacer la primera convención, hace ya doce años, la relación con ellos era muy esporádica: nos hablábamos **de uvas a peras...** ¡y así nos iba! Había una gran descoordinación y perdíamos mucho tiempo hablando de las especificaciones técnicas de cada producto, garantías, mantenimiento, política de descuentos, atención al cliente, etcétera. La primera vez **pagamos la novatada**: estuvimos reunidos de lunes a viernes, en unas sesiones nos faltó tiempo pero en otras nos sobró.

Además, al principio se celebraban en nuestros locales comerciales –lo que suponía continuos retrasos e interrupciones– y la gente estaba alojada en hoteles distintos: un caos. A los tres años encontramos un hotel en un pueblo turístico a cuarenta kilómetros de la capital que, al ser temporada baja, nos hacía un precio bajísimo: decidimos alojarnos todos allí y solo salir para una cena final de carácter más festivo. Para entonces ya habíamos aprendido que tres días bien aprovechados bastan y sobran.

El año que incorporamos una nueva línea de productos, la convención fue decisiva. Vinieron representantes del fabricante a explicarnos **los intríngulis** y los delegados pudieron ver, tocar y desmontar los productos, preguntar todo lo habido y por haber: salieron entusiasmados. Un efecto que no habíamos previsto es que se ha ido formando cierto espíritu de equipo. Poder escuchar las **pegas** que tiene cada uno en su zona y qué hace para resolverlas, coincidir en la mesa del comedor hablando de esto y aquello, incluso hacer frente común para criticar los servicios centrales –es decir, a mí–; han creado una relación antes inexistente y que es muy positiva. Sabemos que hablan entre ellos y de cuando en cuando se cruzan e-mails.

Aunque las convenciones son útiles para todos, cuesta un montón que la gente asista, sobre todo los más mayores: les da una pereza infinita dejar a la familia, dormir fuera de casa... A la hora de la verdad, hay que ejercer el "ordeno y mando" para que vengan, y alguno se pasa los tres días medio refunfuñando.

Por eso imagino que si por una vez nos saltamos la convención, muchos lo recibirán con alivio, y yo el primero. El director comercial está continuamente pateándose España y este curso tampoco hemos incorporado grandes novedades. La prioridad de este año ha sido los mercados exteriores. Además, nuestra campaña fuerte comienza en marzo y acaba en octubre: si no podemos hacer la convención en enero, ya **nos pilla** demasiado justo.

De todos modos, no acabo de decidirme a anularla. Aparte de que el hotel donde tenemos las reservas nos aplicaría alguna penalización, no me hace gracia sentar un precedente. Por otra parte, este ha sido un año absolutamente excepcional, o sea que una excepción estaría totalmente justificada.

Adaptado del caso de Carles M. Canals, "¿Usted que haría?" *Actualidad Económica*

b) Explica con tus propias palabras estas expresiones.

1. "Estamos a principios de año y todavía no hemos **movido un dedo** para organizarla".	5. "Vinieron representantes del fabricante a explicarnos **los intríngulis**".
2. "**A estas alturas**, estoy tentado de dejarlo correr".	6. "Poder escuchar las **pegas** que tiene cada uno en su zona".
3. "La relación con ellos era muy esporádica: nos hablábamos **de uvas a peras**".	7. "Si no podemos hacer la convención en enero, ya **nos pilla** demasiado justo".
4. "La primera vez **pagamos la novatada**".	

c) Haz un resumen del caso con tus palabras.

d) ¿Qué crees que debe hacer el protagonista del caso?

e) ¿Qué ventajas e inconvenientes supone la cancelación de esa convención?

f) Juego de roles: Con un compañero, representad el posible diálogo entre el protagonista del caso y el Director Comercial.

FICHA 8.3. LAS OPC: EMPRESAS ORGANIZADORAS DE CONGRESOS

1. Las OPC en España.

a) ¿Qué es un OPC, Organizador Profesional de Congresos?

b) ¿Podrías recordar con exactitud qué pasos das cuando asistes a un congreso?

c) El siguiente texto explica qué es un OPC y sus funciones. Comprueba si tus respuestas han sido correctas.

INTERACCIÓN DEL ORGANIZADOR PROFESIONAL DE CONGRESOS CON LOS SERVICIOS

Para que un congreso tenga éxito debe haber un equipo de profesionales de diferentes áreas que han de trabajar en perfecta sincronización. Se podría decir quizás que el 80 % del éxito del congreso depende de la interacción y buen funcionamiento de la cadena de eslabones que comprenden los múltiples servicios que, interconectados y en estrecha dependencia con el OPC, conllevan a dicho éxito.

El organizador profesional es el encargado de coordinar y supervisar esos servicios y esos eslabones. Basta que uno solo de esos engranajes funcione mal para que esto se vea reflejado en la imagen del OPC y por ende del congreso mismo. Por eso, debemos luchar para poner énfasis en la importancia del OPC como cabeza de ese enorme pulpo que significa la organización de un evento y sus necesidades y servicios anexos.

Hoy nos ponemos del otro lado del mostrador y concurrimos a un congreso en calidad de participantes. Felipe Sanremo nos explica una de sus experiencias en la asistencia a un congreso: "Desde hace unos meses vamos recibiendo regularmente información acerca del congreso, su programa, actividad social y científica, horarios, costos de inscripción, etc. Nos entusiasmamos con la propuesta, nos inscribimos al evento y aquí estamos. Lo primero que hacemos es ir al sector de acreditaciones donde nos entregan la nuestra junto al programa, lo estudiamos detalladamente y seleccionamos las conferencias que nos interesan. Queremos aprovecharnos al máximo, no solo de la actividad científica, sino también de los contactos y relaciones que siempre conllevan estos encuentros. A continuación, vamos al acto de inauguración del congreso que casi siempre suele durar más de lo deseado. Durante el resto de la jornada asistimos a las diferentes ponencias de profesionales especializados que nos presentan las últimas innovaciones en el campo del que se ocupan. El último día del congreso recibimos nuestro certificado de participación y, si queremos finalizar con un broche de oro esa asistencia, la cena de clausura nos servirá para cerrar esos interesantes contactos con las personas con las que deseamos mantener una buena relación profesional".

Este es un breve resumen de lo que hace un congresista, pero solo los que estamos en el complicado mundo de la organización de un congreso sabemos de la gran labor organizativa para planificar, contratar y supervisar este tipo de eventos.

Es el organizador profesional de congresos la persona con el *know how* suficiente para prever los inconvenientes, solucionarlos antes de que lleguen a ser problemas y coordinar todos los servicios necesarios para el buen funcionamiento del congreso.

Adaptado de *www.zonaeventos.com*

d) Después de leer este texto, ¿podrías enumerar algunos de los servicios claves para la organización de un congreso?

e) Comprueba si tu respuesta se corresponde a esta lista de servicios ligados a estos eventos. Explica qué función tienen.

sede	agencia de viajes	imprenta	audio
interpretación simultánea y equipamiento			
equipamiento audiovisual		gastronomía	proveedores varios

f) ¿Qué incluirías en proveedores varios?

2. Entre los diferentes servicios necesarios para la organización de un congreso encontramos el papel fundamental de los intérpretes. ESPaiic es la Asociación de los Miembros de la Asociación Internacional de Intérpretes de Conferencias (AIIC) en España (ESPaiic).

a) ¿Qué es un intérprete asesor?

b) ¿Qué funciones tiene?

c) Comprueba en el siguiente texto si tus respuestas son las adecuadas. Estos términos son importantes para su comprensión. ¿Sabes qué significan? Completa los espacios en blanco con estas palabras.

interpretación simultánea	idiomas pasivos	Normas ISO
interpretación consecutiva	idiomas activos	cabinas

El Intérprete Asesor AIIC

El intérprete asesor es la persona encargada de informar al organizador de una conferencia acerca de todos los aspectos relacionados con la interpretación. Asimismo, actúa como enlace entre el organizador y el equipo de intérpretes.

Gracias a su experiencia, el intérprete asesor contribuye de forma fundamental a la eficaz preparación y al éxito de una conferencia. Su labor interviene en distintas fases:

Durante la preparación de la conferencia

• Sugiere la modalidad de interpretación más adecuada ((1)   o   (2)   ).

• Contribuye a la optimización de aspectos tales como la elección de los idiomas   (3)   y   (4)   , la duración de las jornadas, el número de salas en que se presta el servicio de interpretación, etc.

• Vela por la adecuación del lugar elegido para la celebración de la conferencia (aforo de la sala, ubicación de las cabinas) e informa acerca de la idoneidad de la instalación técnica, teniendo en cuenta particularmente los requisitos establecidos a tal efecto por las   (5)   .

• Elige a los intérpretes idóneos por su experiencia y combinación lingüística y se asegura de su disponibilidad para las fechas previstas.

• Para las reuniones muy especializadas, propone que el contrato incluya una sesión informativa y terminológica previa para los intérpretes.

• En base a todo ello, presenta al cliente un presupuesto.

➡

Tras la aceptación del presupuesto

• Envía, para su firma, los contratos individuales a los intérpretes y al organizador.

• Prevé la distribución de los intérpretes en equipos por ____(6)____ y por salas, y designa a un jefe de equipo para cada sala. Comunica estos datos al organizador.

• Coordina con el organizador el envío a los intérpretes de la documentación (programa de la conferencia, actas de reuniones anteriores, discursos...).

Al comienzo de la conferencia

• Revisa la correcta ubicación de cabinas y pantallas de proyección en la sala y comprueba junto con el técnico de sonido el buen funcionamiento de la instalación técnica.

• Se informa de si ha habido cambios de última hora en el programa e introduce los ajustes necesarios en los equipos.

• Recoge la documentación de última hora y se asegura de su distribución a los intérpretes.

Al concluir la conferencia

• Recoge y comprueba las minutas de honorarios de los intérpretes y coordina su liquidación con el cliente.

• Verifica si el trabajo se ha desarrollado de manera satisfactoria y toma nota de todos los aspectos susceptibles de mejorar la labor de los intérpretes en una futura prestación.

Adaptado de *ESPAaiic*

FICHA 8.4. FERIAS

1. Las Ferias en España.

> Según los últimos datos ofrecidos por AFE (Asociación de Ferias Españolas), en España se celebran más de 400 ferias comerciales al año, que abarcan la práctica totalidad de los sectores económicos: bienes de consumo, bienes de inversión y servicios. Son visitadas por más de 14 millones de personas, profesionales y público. Y ofrecen los siguientes datos:
> • El tamaño medio de las ferias es de 9200 metros cuadrados.
> • El tamaño medio del stand por expositor es de unos 59 metros cuadrados.
> • La media de expositores directos por feria es de 257.
> • La media de visitantes, profesionales y público, por certamen, es de unos 37 000.
> • En el último cuatrienio, el crecimiento en el número de ferias celebradas ha sido del 21%.
> • En dicho periodo, el crecimiento en el número de empresas expositoras participantes ha sido del 22%.
> • La superficie ocupada por estos últimos se ha visto incrementada en un 34%.
> • El crecimiento en cuanto a visitantes ha sido del 12%.
> Lo que señala una tendencia al alza en este tipo de mercado.

2. El cuadro que viene a continuación explica las razones para ser expositor y para ser visitante. Antes de leerlo:

a) ¿Cuáles crees que son las razones para ser expositor?

b) ¿Y para ser visitante?

3. Lee el cuadro y realiza las actividades a continuación. Comprueba si las razones que has dado anteriormente coinciden con las del texto.

RAZONES PARA SER EXPOSITOR	RAZONES PARA SER VISITANTE
1. Ganar cuota de mercado y reforzar una determinada imagen de marca de la forma más económica y eficiente.	1. Obtener información sobre novedades. Las ferias permiten asistir en directo a demostraciones y presentaciones de nuevos productos y/o servicios.
2. Establecer una interacción directa entre comprador y vendedor, *cara a cara.*	2. Pre-seleccionar a los vendedores que nos interesan y realizar compras *cara a cara* con el vendedor.
3. Obtener un alto volumen de información en un corto plazo de tiempo.	3. Comprobar directamente las características de los productos antes de la compra.
4. Establecer contactos comerciales: encontrarse con los clientes habituales y/o captar nuevos clientes.	4. Comparar precios y condiciones entre toda la oferta especializada.
5. *Tomar el pulso* al mercado y conocer las tendencias actuales y futuras.	5. Solucionar problemas y discutir nuestras necesidades con el personal técnico.
6. Comprobar el grado de satisfacción de los clientes reales o potenciales respecto a nuestros productos y los de los competidores.	6. Conocer las tendencias del sector.
7. Obtener *feedback* inmediato en la introducción de nuevos productos y/o mejoras en los ya existentes.	7. Visitar a proveedores actuales y potenciales y comparar entre ellos.
8. *Intimar* con otros profesionales del sector para comentar problemas y nuevas tendencias.	8. Visitar a clientes actuales y potenciales.
9. Tener una idea clara acerca de la competencia: quién es y cuál es la posición de nuestra entidad con respecto a los demás. También poder conocer a los clientes de la competencia.	9. Asistir a congresos, seminarios y actos paralelos, fuente indiscutible de información sobre las tendencias y la evolución del sector.
10. Participar en jornadas y actos paralelos que ayudan a evaluar la evolución y tendencias del mercado.	10. Proyectar una determinada imagen de poder de compra.
11. Oportunidad inmejorable para identificar posibles proveedores, subcontratistas, representantes, importadores y distribuidores.	11. Cambiar la imagen que el vendedor tiene de nuestra empresa.
12. Acelerar el proceso de decisión de compra.	12. Evaluar las posibilidades de una participación futura como expositor.
13. Generar oportunidades de exportación. Las ferias proporcionan el acceso al mercado internacional al mejor precio y constituyen una auténtica plataforma en la estrategia de internacionalización de las empresas.	
14. Investigar sobre la política de precios de nuestra entidad respecto a la competencia.	
15. Contribuir a reforzar la imagen de la empresa.	

Adaptado de *www.afe.es*

a) **Explica con tus propias palabras estas expresiones:**

interacción cara a cara

ganar cuota de mercado

obtener *feedback* inmediato

intimar con otros profesionales del sector

identificar posibles proveedores, subcontratistas, representantes, importadores y distribuidores

tomar el pulso al mercado

b) **¿Crees que las ferias son un buen instrumento de *marketing*?**

FICHA 8.5. VIAJES DE INCENTIVO

1. El viaje de incentivo es una actividad turística que consiste en organizar viajes turísticos, de esparcimiento o de recreo para empleados de empresas con el fin de motivarles, estimularles, premiarles por su labor profesional o para premiar a vendedores y clientes por su actividad de venta o compra.

a) **Vamos a establecer los diez puntos más importantes en un viaje de incentivos. Para ello, piensa en:**
- **Actividades en un viaje de incentivos.**
- **¿Es un mercado en alza?**
- **Gusto de los viajeros.**
- **Duración.**
- **Destino.**
- **Sectores donde más se realizan.**

2. Completa el siguiente artículo con una de estas palabras:

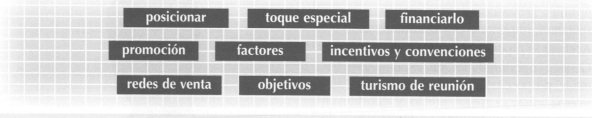

posicionar

toque especial

financiarlo

promoción

factores

incentivos y convenciones

redes de venta

objetivos

turismo de reunión

...QUE NOS LLEVAN DE EXCURSIÓN

En sentido amplio, un viaje de incentivo consiste en ofrecer un apetecible viaje gratis a aquellas personas que ayuden a los ___(1)___ fijados por su empresa.

Con este enfoque, los viajes de incentivo se solapan, muchas veces, con los de ___(2)___ o los congresos profesionales. Para esta amplia acepción, es más correcto hablar de ___(3)___ .

En su vertiente más pura, los viajes de incentivo se dirigen básicamente a dos colectivos: empleados y ___(4)___ .

La participación en el viaje está vinculada a la consecución de unos objetivos comerciales, un cierto nivel de ventas (totales o de una gama de productos que interese impulsar o ___(5)___ en el mercado), la captación de un número de clientes o la mejora de los márgenes de una unidad de negocio o delegación. Quienes cumplan las metas fijadas, van al viaje, solos o con pareja.

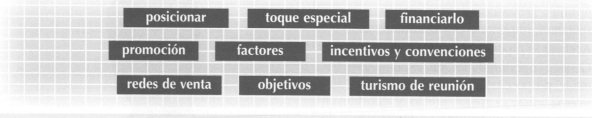

Los premios podrían ser otros: dinero, un regalo material… Los   (6)   que determinan el coste de un viaje de incentivos son los mismos en cualquier viaje: número de personas, destino, época del año (por las tarifas aéreas y hoteleras), tipo de alojamiento y de comida, actividades, medios de transporte…

Pero todos estos factores están tamizados, además, por el   (7)   que se quiere dar. "Un incentivo en principio barato puede ser, por ejemplo, Mallorca. Pero si en el aeropuerto espera una flota de Mercedes para recoger al grupo y nada más llegar al hotel encuentran un collar de perlas de regalo, el presupuesto empieza a subir y puede alcanzar el techo que se quiera", explica el responsable de   (8)   de Viajes Ibermar.

Sea cual sea el presupuesto, hay una base de partida: a la postre, el viaje no debe costar a la empresa organizadora. Y es que el aumento de las ventas marcado para conseguir el premio tiene que   (9)   de forma indirecta.

Adaptado de Emprendedores

a) ¿En qué consiste un viaje de incentivos?

b) ¿A qué colectivos se dirigen?

c) ¿A qué se vincula la participación?

d) ¿Qué tipo de ventajas tiene un viaje de incentivo con respecto a otros premios?

e) ¿Cómo se financia?

3. Aquí tienes dos ejemplos de viajes de incentivos.

Echarse al monte	Saltar a la arena
Destino: estribaciones de los Montes Universales (Guadalajara).	**Destino:** Sahara marroquí.
Fecha: febrero-mayo.	**Fecha:** octubre.
Duración: dos días.	**Duración:** 4 días.
Personas: 10.	**Personas:** 120.
Programa:	**Programa:**
• Marcha de 7 kilómetros hasta el campamento base.	**Día 1:** Vuelo a Quarzazate y visita a las kasbas. Cena con animación folclórica.
• Orientación y cartografía (utilización de brújula, lectura e interpretación de mapas, trazado de rumbos…).	**Día 2:** Presentación de la compañía patrocinadora. Salida en 4x4 hacia el desierto, donde habrá un campamento. Cena con actuaciones y paseo en dromedario.
• Técnicas de montaña: rapel, escalada, tirolina…	**Día 3:** Traslado en 4x4 a las dunas de M'hamid. Juegos y paseo en dromedario. Comida en un oasis de palmeras y cena en Quarzazate.
• Técnicas de supervivencia: construcción de un vivac improvisado, refugio de circunstancias, cocina sin utensilios…	**Día 4:** Vuelta a Madrid.
• Acecho nocturno: prueba de orientación y acecho nocturno entre dos equipos por el bosque.	**Precio:** desde 1200 euros por persona.
• Fauna y flora: seguimientos de rastros, identificación de huellas de animales y especies vegetales, observación de aves…	
Precio: desde 300 euros por persona.	

a) ¿Cuál crees que es el toque especial de estas dos ofertas?

b) En parejas. Elaborad dos viajes de incentivos, siguiendo el modelo que se os ha presentado. Después presentadlos al resto de vuestros compañeros.

ACTIVIDADES RECOPILATORIAS

1. Lee el siguiente texto.

HISTORIA DE LOS JUEGOS CENTROAMERICANOS

Durante los Octavos Juegos Olímpicos desarrollados en la ciudad de París, nació la idea de crear los Juegos Deportivos Centroamericanos y del Caribe, aunque en sus tres primeras ediciones solo fueron llamados los Juegos Centroamericanos.

El 16 de octubre de 1925 se reunieron en la ciudad de México los delegados de Cuba, Costa Rica, Colombia, El Salvador, Haití, Guatemala, Honduras, México, Jamaica, Nicaragua, Panamá y República Dominicana, este último como invitado, en una junta general presidida por el mexicano Moisés Sáenz, ante quien quedó definido el nacimiento de este evento y se escogió a la capital de México para realizar la primera edición del 12 de octubre al 2 de noviembre de 1926.

Desde entonces, la Organización Deportiva Centroamericana y del Caribe (ODECABE), ha ido aceptando países hasta completar el número actual de 32, los cuales participarán en la próxima edición, la 20.ª, de los Juegos Deportivos Centroamericanos y del Caribe, a realizarse en Colombia, con la ciudad de Cartagena de Indias como sede.

Adaptado de *Cartagena2006*

2. Ejercicio de simulación. A partir del texto, realiza la siguiente actividad con tu compañero.

ALUMNO A	ALUMNO B

Prepare una exposición del tema que se indica. *Cuenta con 20 minutos para la preparación y 15 para la exposición y la respuesta a las preguntas que le hagan los periodistas.* Usted es un miembro del Ministerio de Cultura y Turismo de un país en el que van a tener lugar dos grandes eventos:
 • una Feria Internacional del Libro;
 • unos Juegos Centroamericanos y del Caribe.
 Explique a un grupo de periodistas cómo van a desarrollarse los siguientes puntos y añada los proyectos que le parezcan adecuados con el tema.
 1. ¿Qué aportarán a su país cada uno de esos eventos?
   a) La Feria.
   b) Los Juegos.
 2. Busque un eslogan para la Feria Internacional del Libro.
 3. ¿Cómo promocionarán esos eventos? (medios de comunicación, ponencias, etc.).
 4. ¿Cómo solucionarán el alojamiento de los visitantes a los dos eventos?
 5. ¿Tendrán en cuenta a los posibles socios comerciales?
 6. ¿Serán suficientes las instalaciones deportivas que existen en su país? En caso negativo, ¿cómo se solucionará ese tema?
 7. ¿Aprovecharán la oportunidad para promocionar sus recursos?
	Prepare unas preguntas para formular según el tema expuesto. *Cuenta con 20 minutos para la preparación y 15 para formular las preguntas o hacer los comentarios que considere adecuados.* Usted es un periodista que va a asistir a una rueda de prensa en la que podrá realizar unas preguntas a un miembro del Ministerio de Cultura y Turismo de un país en el que van a tener lugar dos grandes eventos:
	 • una Feria Internacional del Libro;
	 • unos Juegos Centroamericanos y del Caribe.
	 Prepare preguntas sobre esos dos eventos.
	 Aquí le damos algunas ideas:
	 1. ¿Qué aportarán a su país cada uno de esos eventos?
	 2. ¿Cómo promocionarán esos eventos? (medios de comunicación, ponencias, etc.).
	 3. ¿Cómo solucionarán el alojamiento de los visitantes a los dos eventos?
	 4. ¿Tendrán en cuenta a los posibles socios comerciales?
	 5. ¿Serán suficientes las instalaciones deportivas que existen en su país? En caso negativo, ¿cómo se solucionará ese tema?
	 6. ¿Aprovecharán la oportunidad para promocionar sus recursos?
	 7. ....
	 8. ....
	 9. ....

SEGUROS DE VIAJE Y SANIDAD

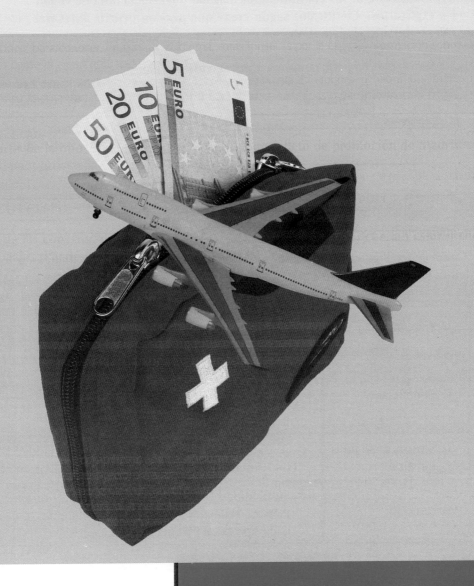

1. ¿Sabes lo que es un "contratiempo"? ¿Y un "siniestro"?

2. Aquí tienes una lista de los contratiempos más habituales a la hora de viajar. ¿Puedes explicarlos? Clasifícalos según creas que pueden ocurrir antes del viaje (AV) o durante el viaje (DV).

Pérdida, rotura o daño de equipajes.	Cancelación de vuelos.
Denegación de embarque.	Servicios contratados no prestados.
Lesiones corporales.	Grandes retrasos.
Retraso de equipajes.	Anulación del viaje.
Sobreventa de billetes (overbooking).	

3. Actividades de pre-lectura.

a) ¿Conoces los siguientes términos relacionados con los seguros? Relaciona los siguientes con su definición.

1. Asegurador.	**a.** Persona física o jurídica designada por el asegurado para recibir los beneficios si se produce el riesgo contemplado en la póliza.
2. Beneficiario.	**b.** Documento donde se establecen los derechos y obligaciones del asegurador y del asegurado. También se refleja la duración de la cobertura, el ámbito de aplicación y los datos de la persona asegurada.
3. Seguro de viaje o turístico.	**c.** Se compromete a realizar, a favor del tomador o beneficiario, las prestaciones convenidas y especificadas en el contrato.
4. Contrato.	**d.** Su finalidad básica es la de protección al viajero, estableciendo, reflejando y regulando diferentes coberturas para cada tipo de actividad turística.

1	2	3	4

b) A continuación tienes más conceptos relacionados con los seguros. ¿Puedes explicarlos con tus palabras? Hazlo con ayuda del resto de tus compañeros.

cobertura	seguro	indemnización	reembolso	aseguradora
suscribir	fuerza mayor	titular	responsabilidad civil	

c) ¿Cuándo piensas que es conveniente contratar un seguro de viaje?

4. A continuación vas a leer un artículo informativo sobre tipos de seguros de viaje.

SEGURO MÍNIMO

Seguro incluido en los viajes combinados, llamados así porque incluyen también el desplazamiento hasta el lugar en que se realizará la estancia, contratados en una agencia. Los agentes tienen la obligación de informar sobre lo que cubre este seguro mínimo, así como de la conveniencia o no de contratar algún otro extra, dependiendo de las características del viaje a realizar.

- ¿Qué cubre?
  - Retraso de más de 5 horas en la salida: si por una demora el titular del viaje pierde una conexión con otro vuelo o medio de transporte, la compañía debe facilitarle un transporte alternativo e incluso un lugar en el que pasar la noche, si fuera necesario. Dependiendo del tipo de billete, incluso se puede solicitar una indemnización.
  - Anulación del viaje por problemas técnicos o de la compañía: el titular tiene derecho a que le devuelvan los gastos derivados de su estancia obligada (manutención y hospedaje).
  - *Overbooking*: dependiendo del precio abonado por el billete, las indemnizaciones varían.
  - Alojamiento y estancia en el país de destino por problemas causados por la compañía, o indemnización económica.
  - Cobertura sanitaria durante el viaje, aunque no en todos los casos; dependerá del mayorista.
  - En el supuesto de fallecimiento, repatriación del cadáver.
- ¿Cuánto cuesta?
  - No hay que pagar aparte por este seguro, ya que está incluido en todos los billetes de viajes combinados.

Los otros dos tipos de seguro que puede contratar el viajero incluyen coberturas extra o amplían las del seguro mínimo.

SEGURO DE CANCELACIÓN

Seguro opcional para viajes contratados con mucha antelación, para poder salir airosos de una cancelación que, por cualquier imprevisto, solicitamos nosotros mismos a la agencia. Por unos 12 euros, coste medio de este seguro, se devuelve el dinero adelantado y la agencia o empresa con la que hemos contratado el viaje se hace cargo de todos los gastos. Sin este seguro, y siempre avisando con al menos 48 horas de antelación, además de alegar una razón de fuerza mayor como causa que nos impide viajar, perderíamos el 25% del dinero adelantado y correríamos con el gasto de expedición de los billetes.

- ¿Qué cubre?
  - Indemniza a los titulares que, por causa mayor, se ven obligados a cancelar un viaje, pero siempre según el seguro contratado. Muchos de ellos incluyen a familiares de primer grado, segundo y tercero, según el parentesco. Se considera causa mayor: muerte, enfermedades del titular o de sus familiares hasta primer grado, inundaciones, incendio del domicilio, traslado forzoso por motivos de trabajo…
- ¿Cuánto cuesta? Depende del lugar de destino:
  - Cancelaciones de viajes dentro de España: en torno a 4,5 euros.
  - De viajes a Europa: cerca de 12 euros.
  - De viajes a América: alrededor de 18 euros.

SEGURO EXTRA O ADICIONAL

A la hora de contratar este seguro, deben tenerse en cuenta las características del lugar de destino, el tiempo de estancia fuera del lugar de origen, el motivo por el que se viaja y la edad de los viajeros. Este seguro es opcional, aunque algunas agencias lo recomiendan según el país que se va a visitar. El consumidor no está obligado a contratarlo en la propia agencia de viajes. Puede comparar precios y garantías con otras aseguradoras y elegir el que mejor se adapte a sus necesidades.

- ¿Qué cubre?
  - Amplía algunas coberturas del seguro mínimo y contiene otras, como responsabilidad civil o pérdida de equipaje, que para algunos viajes resultan muy interesantes. Si se viaja por motivos de negocios, el *business* cubre vuelos internos y cualquier imprevisto que pueda suceder en hoteles. También existe un seguro para los viajes de estudio de idiomas que cubren la pérdida de materiales, libros incluidos.
- ¿Cuánto cuesta?
  - Dependiendo del tipo de viaje y de su duración, entre 35 euros y 42 euros de media hasta 100 euros ó 140 euros si es muy completo. En aseguradoras por Internet se pueden encontrar seguros desde 6 euros hasta más de 140, dependiendo de las prestaciones.

Adaptado de la revista *Consumer Eroski (consumer.es)*

a) **En parejas. Completad el siguiente cuadro resumen de los tipos de seguro.**

Seguro	Cuándo contratarlo	Cobertura	Precio	¿Es obligatorio?
Mínimo				
De cancelación				
Extra o adicional				

FICHA 9.1.1. INCIDENTES EN EL TRANSPORTE

1. De las siguientes incidencias, ¿cuál crees que es la que origina más reclamaciones de los viajeros respecto al transporte?

> Retraso del vuelo | Problemas con la emisión de billetes | Cancelación de vuelos | Pérdida del equipaje

2. Lee el texto siguiente para comprobar la respuesta.

> ### Iberia, Pulmantur Air, Air Europa y Spanair son las compañías aéreas que han ocasionado el mayor número de reclamaciones
>
> Iberia, Pulmantur Air, Air Europa y Spanair son las compañías aéreas que han ocasionado el mayor número de reclamaciones de los españoles, dijo ayer el director de la Asociación para la Defensa del Turismo (Asdetour). Iberia encabeza la clasificación del número de reclamaciones por equipaje perdido, mientras que la compañía de vuelos chárter del grupo Marsans, Pulmantur Air, presenta el mayor número de protestas por cancelaciones y retrasos de vuelos.
>
> Iberia ha registrado el 36% de las reclamaciones contra las aerolíneas, seguida por Air Europa, con el 21%, y Spanair, el 15%; y entre las compañías extranjeras, a falta de porcentajes exactos, las quejas se dirigen principalmente hacia Alitalia, British Airways y Air France. El 66,5% de las reclamaciones tiene que ver con pérdidas de equipaje; el 16,5% a causa de retrasos; el 12,5% por cancelaciones de vuelos, y el resto por otro tipo de problemas, como emisión de billetes.

Adaptado de *Libertad digital*

a) **Si el artículo se refiriera a tu país de origen, ¿qué semejanzas y diferencias crees que habría? Compara la situación con tus compañeros.**

FICHA 9.1.1.1. PÉRDIDA DE EQUIPAJES

1. El artículo que vas a leer a continuación se titula "Treinta millones de maletas se independizan de sus dueños". ¿A qué crees que se refiere?

2. Después de leer el texto, contesta las preguntas que siguen.

Treinta millones de maletas se independizan de sus dueños

Cada vez se independizan más maletas de sus dueños. ¿Quién no conoce la angustia que invade al viajero que espera ansioso la aparición de su maleta junto a la cinta de transporte de equipaje en el aeropuerto, cada vez en compañía de menos viajeros de su mismo vuelo, hasta que de repente, la cinta se para y ya no hay duda: su maleta se perdió?

El diario alemán *Spiegel* ha publicado un informe del grupo de telecomunicaciones SITA que indica que cada año se pierden alrededor de 30 millones de piezas de equipaje en los aeropuertos del mundo, lo que no solo es un desastre para su propietario, sino que además supone miles de millones de euros para las compañías aéreas.

Según SITA, las pérdidas o desperfectos obligan a las aerolíneas y empresas del sector a indemnizar a los clientes por los daños sufridos por sus maletas, o a reenviar los equipajes extraviados. En el 99% de los casos de retraso en la entrega de maletas, los viajeros las recuperan en un plazo medio de unas 31 horas.

El problema de la pérdida de equipaje empeora en todo el mundo por la progresiva congestión de los aeropuertos, el aumento de las interconexiones entre vuelos, los pocos márgenes de tiempo en las operaciones de embarque y desembarque y el aumento del volumen de maletas transportadas. Solo en Europa, se perdieron 14,1 maletas de cada mil facturadas. El pasado año se extravió el 15% de las maletas tras facturarlas en el aeropuerto de salida, nada más comenzar su viaje. Según estos "detectives de maletas", la situación podría empeorar sensiblemente en los próximos años.

Adaptado de *El semanal digital*

a) **¿Cuál es la causa de la angustia a la que se refiere el autor en el primer párrafo?**

b) **¿Quién sale perjudicado como consecuencia de los equipajes extraviados?**

c) **¿Qué deben hacer las compañías aéreas ante la pérdida o desperfecto del equipaje de un viajero?**

d) **¿Por qué crees que puede empeorar el problema de la pérdida de equipajes?**

e) **Elabora con el resto del grupo una lista de recomendaciones a las líneas aéreas para combatir y evitar los problemas con los equipajes.**

3. **¿Has vivido una experiencia parecida en alguno de tus viajes? ¿Qué hiciste?**

4. **A continuación leerás el procedimiento de reclamación ante la desaparición del equipaje que sigue la legislación europea para defender al consumidor.**

a) **¿Conoces las siguientes palabras? Con ellas, completa los vacíos del texto:**

reclamación	seguro de viajes	tarifas
desaparición	equipaje	copia

Equipaje perdido

• Informar a la aerolínea sobre la desaparición de cualquier **(1)** antes de abandonar el aeropuerto. Para ello necesita la etiqueta de embarque de su equipaje.

• Completar un Parte de Irregularidades (PIR) en el momento en que informe sobre la **(2)** de su equipaje.

- Es posible que reciba algún dinero en ese momento para hacer compras de emergencia, aunque los precios y ____(3)____ pueden variar de una aerolínea a otra.
- Presentar su ____(4)____ por escrito y dentro de unos límites de tiempo rigurosos;
  - Para maletas y artículos dañados que falten del equipaje, el tiempo límite es de 7 días.
  - Para equipaje recibido con retraso, el tiempo límite es de 21 días desde el momento en que le haya sido entregada una maleta.
  - Para el equipaje perdido no hay un límite de tiempo preestablecido, pero se aconseja escribir tan pronto como sea posible una vez transcurridos 21 días.
- Guardar ____(5)____ de la carta que escriba para poder controlar la evolución de su reclamación. Pedir un nombre y un número de contacto.
- Si desea hacer la reclamación a través de su ____(6)____, la compañía de seguros le pedirá pruebas de la pérdida o de los daños. Esto puede suponer que deba dar parte a la policía local, lo que tendría que hacer en 24 horas, de poder ser.

Adaptado de la revista *Consumer Eroski (consumer.es)*

5. Observa la siguiente carta y subraya los puntos que coinciden con la lista del ejercicio anterior.

AirMadrid

Estimado pasajero,

Lamentamos que haya Vd. experimentado dificultades durante el transporte de su equipaje y reconocemos el gran inconveniente que esto puede llegar a causarle.

Antes de abandonar el Aeropuerto, por favor asegúrese que le ha sido proporcionado un Parte de Irregularidad de Equipaje (PIR). Este documento da fe de que el incidente ha ocurrido durante el transporte aéreo y es de vital importancia para fundamentar cualquier reclamación. También guarde a salvo su Billete de pasaje y las Etiquetas de Facturación de Equipaje.

Si su equipaje ha sufrido retraso el Agente de *Handling* tomará acción inmediata para localizarlo, a través del Sistema Computarizado de Búsqueda Internacional. Tan pronto como su equipaje haya sido identificado, le será remitido a la dirección que Vd. haya indicado, sujeto a las condiciones aduaneras del país. Le rogamos mantenerse en contacto con el Agente de *Handling* que está efectuando la búsqueda.

Si su equipaje no ha sido localizado pasado un periodo de 72 horas, usted podrá contactar con el Departamento de Equipajes de **Air Madrid Líneas Aéreas S.A.**, cuya dirección, número de teléfono y telefax se encuentran detallados más adelante. Bajo estas circunstancias, usted tiene derecho a efectuar una reclamación. Toda reclamación deberá hacerse por escrito al Departamento de Equipajes de **Air Madrid Líneas Aéreas S.A.**, dentro de los plazos establecidos en su billete de pasaje.

Las Compañías Aéreas están sujetas a acuerdos Internacionales que limitan su responsabilidad en incidentes de esta naturaleza. Por esta razón, en términos generales, el pasajero se beneficia reclamando en primera instancia a través de su Seguro Privado de Viaje, ya que dicha póliza ofrece un nivel de cobertura mucho más amplio.

Si Vd. desea reclamar directamente a la Compañía Aérea, deberá hacerlo por escrito a la dirección abajo indicada, dentro de los plazos estipulados en su billete de Pasaje. Le rogamos escribir a :

Air Madrid Líneas Aéreas, S.A.
Apartado de Correos 64507
28080 Madrid

Tfno.: + 34 913 243 223/0
Email: madlznm@airmadrid.com

Horario att. cliente de Lunes a Viernes
De 10:00 a 24:00 h. ininterrumpidamente

A fin de poder dar curso inmediato a su reclamación, le agradeceríamos que también adjunte la **Copia original** del Parte de Irregularidad de Equipaje, su Billete de Pasaje (una fotocopia, si lo requiriese para su uso posterior), las etiquetas de facturación de equipaje, y listado de contenido de su equipaje.

En Nombre de Air Madrid Líneas Aéreas de la cual somos sus Agentes Autorizados, le rogamos acepte nuestras más sinceras disculpas por cualquier inconveniente causado en esta ocasión.

Fuente: *Air Madrid*

FICHA 9.1.1.2. RETRASO Y CANCELACIÓN DE VUELOS

1. **¿Sabes cuáles son los derechos del pasajero en caso de retraso o cancelación de vuelos? Completa las siguientes frases y luego comprueba las respuestas leyendo el texto que sigue.**

a	El transportista debe ofrecer _____ gratuitos a los viajeros siempre que se produzca un retraso superior a las 2 horas.
b	Los pasajeros siempre tienen derecho a que se les devuelva el importe del billete cuando el retraso es de _____ horas.
c	La cifra de la compensación por cancelación de vuelos varía según _____ del trayecto.
d	La aerolínea debe avisar con una antelación mínima de _____ días de la cancelación de un vuelo para no abonar indemnización a los pasajeros.

LEGISLACIÓN EUROPEA – RETRASOS Y CANCELACIONES

La legislación europea para el caso de los retrasos de vuelos establece que si superan las 2 horas (para los vuelos de menos de 1500 km), las tres horas (entre 1500 y 3500 km) o las 4 horas (para viajes de más de 3500 km), el transportista deberá hacerse cargo gratuitamente de la comida, refrescos y noches de hotel extra. Si el retraso supera las 5 horas, los pasajeros tienen derecho a que se les devuelva el importe del billete.

Por lo que se refiere a las cancelaciones de vuelo, si el motivo de la anulación depende de la compañía, los viajeros deben ser compensados con los mismos criterios que aquellos afectados por *overbooking* (250, 400 y 600 euros, dependiendo de la distancia), a no ser que la aerolínea haya avisado con al menos 15 días de antelación o haya proporcionado vuelos alternativos con horarios parecidos a los del vuelo anulado. Si la cancelación retrasa al pasajero cinco horas o más, el afectado tiene derecho a la devolución del precio del billete o a la elección de un vuelo alternativo. La compañía debe proporcionar también comida y refrescos y hacerse cargo del hotel si el pasajero debe permanecer una noche extra.

Adaptado de *www.asdetour.com*

1. Lee el siguiente artículo sobre el tema y comenta con tus compañeros la información nueva para ti.

Aumentan las indemnizaciones por *overbooking*

El *overbooking* o sobreventa de billetes por parte de las aerolíneas afecta a 250 000 viajeros de los 250 millones de pasajeros que sobrevuelan cada año el espacio aéreo de la Unión Europea. Se trata de una práctica legal de las compañías aéreas –también de empresas ferroviarias– que consiste en vender dos veces un porcentaje del pasaje con el fin de evitar asientos vacíos. A pesar de que es legal, el *overbooking* deja al usuario en clara situación de indefensión y las indemnizaciones que se le conceden se consideran insuficientes. La Unión Europea acaba de aprobar una nueva norma con nuevas medidas compensatorias, de entre 250 y 600 euros, para los afectados. Durante la elaboración de este reglamento se acordó también la posibilidad de extender las indemnizaciones a otros sectores, concretamente al transporte marítimo y al ferroviario.

Es importante recordar, sin embargo, que un billete de avión no asegura una plaza en el vuelo que figura en el ticket. Lo que da derecho a asiento es la tarjeta de embarque. Puesto que el *overbooking* es una situación legalmente permitida, existen derechos que protegen al usuario ante dicha situación, promovidos por las compañías aéreas. Pero si el pasajero y la empresa no llegan a un acuerdo, existe un impreso de reclamación que el usuario puede rellenar en la Dirección General de Aviación Civil (DGAC) en los aeropuertos españoles. En el extranjero, la reclamación se tramitará según los mecanismos del propio aeropuerto, aunque la copia deberá entregarse obligatoriamente en el aeropuerto español de destino. En vuelos chárter con turoperadores a través de agencias de viajes, se puede reclamar ante el Departamento de Turismo de la comunidad autónoma correspondiente.

Adaptado de varias fuentes

2. Para justificar el *overbooking* aéreo, las líneas aéreas suelen alegar que hay muchos clientes que reservan vuelos que finalmente no toman, lo que causa graves perjuicios económicos. ¿Crees que es una justificación adecuada? Razona tu respuesta.

FICHA 9.1.2. INCIDENTES EN VIAJES COMBINADOS

El viaje combinado es una opción muy cómoda para el consumidor, pues tiene la ventaja de saber con antelación el precio del viaje y evitarse problemas como los de no encontrar transporte o alojamiento. El denominador común de los problemas que surgen en estos viajes es que los conflictos ocurren en un lugar distinto y alejado al de la firma del contrato. Por lo tanto, un lugar que suele ser extraño para el viajero implica que este deberá informarse bien, antes de salir de viaje, de las direcciones, teléfonos y lugares útiles para poder reclamar. Otros problemas también habituales hacen referencia a los siguientes aspectos: la publicidad, el contrato y las modificaciones.

FICHA 9.1.2.1. EL FOLLETO DE VIAJES

Las agencias de viaje deben ofrecer a sus clientes un folleto informativo sobre el viaje que estos desean contratar. El contenido del folleto es vinculante y exigible, para no cometer el delito de publicidad engañosa, excepto si los cambios que se producen se han comunicado por escrito y se aceptan después de firmar el contrato. En el folleto debe constar información completa y precisa acerca del servicio que ofrece.

1. ¿Qué significa que el contenido del folleto es "vinculante y exigible" para las agencias de viaje?

2. La legislación también obliga a las agencias de viaje a incluir en los folletos de viaje una información mínima, ¿cuál crees que es? Haz una lista junto con tus compañeros.

3. A continuación te presentamos la información obligatoria que debe incluirse. Lee la lista y comprueba si coincide con la que habéis elaborado en grupo.

1. Duración del paquete turístico contratado.	5. Información sobre la manutención de los clientes en el viaje.
2. Calendario e itinerario a realizar.	6. Precio y forma de pago.
3. Medios de transporte y tipos de viajes (clase turista, primera clase...).	7. Nombre y dirección del organizador.
4. Información sobre el lugar o lugares de residencia durante el viaje.	8. Cláusulas aplicables a posibles responsabilidades, cancelaciones y otras condiciones.

4. En parejas. Comprobad si este folleto contiene toda la información obligatoria.

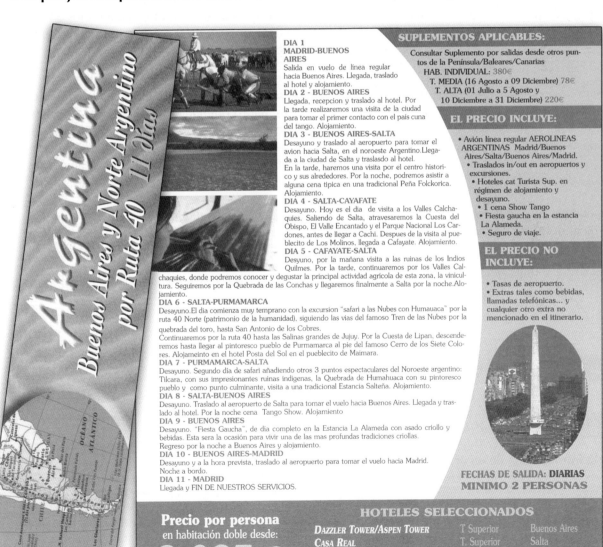

Argentina
Buenos Aires y Norte Argentino
por Ruta 40   11 días

DIA 1
MADRID-BUENOS AIRES
Salida en vuelo de línea regular hacia Buenos Aires. Llegada, traslado al hotel y alojamiento.
DIA 2 - BUENOS AIRES
Llegada, recepcion y traslado al hotel. Por la tarde realizaremos una visita de la ciudad para tomar el primer contacto con el país cuna del tango. Alojamiento.
DIA 3 - BUENOS AIRES-SALTA
Desayuno y traslado al aeropuerto para tomar el avion hacia Salta, en el noroeste Argentino.Llegada a la ciudad de Salta y traslado al hotel.
En la tarde, haremos una visita por el centro historico y sus alrededores. Por la noche, podremos asistir a alguna cena tipica en una tradicional Peña Folckorica. Alojamiento.
DIA 4 - SALTA-CAYAFATE
Desayuno. Hoy es el dia de visita a los Valles Calchaquies. Saliendo de Salta, atravesaremos la Cuesta del Obispo, El Valle Encantado y el Parque Nacional Los Cardones, antes de llegar a Cachi. Despues de la visita al pueblecito de Los Molinos, llegada a Cafayate. Alojamiento.
DIA 5 - CAFAYATE-SALTA
Desayuno, por la mañana visita a las ruinas de los Indios Quilmes. Por la tarde, continuaremos por los Valles Calchaquies, donde podremos conocer y degustar la principal actividad agrícola de esta zona, la vinicultura. Seguiremos por la Quebrada de las Conchas y llegaremos finalmente a Salta por la noche.Alojamiento.
DIA 6 - SALTA-PURMAMARCA
Desayuno.El dia comienza muy temprano con la excursion "safari a las Nubes con Humauaca" por la ruta 40 Norte (patrimonio de la humanidad), siguiendo las vias del famoso Tren de las Nubes por la quebrada del toro, hasta San Antonio de los Cobres.
Continuaremos por la ruta 40 hasta las Salinas grandes de Jujuy. Por la Cuesta de Lipan, descenderemos hasta llegar al pintoresco pueblo de Purmamarca al pie del famoso Cerro de los Siete Colores. Alojameinto en el hotel Posta del Sol en el pueblecito de Maimara.
DIA 7 - PURMAMARCA-SALTA
Desayuno. Segundo dia de safari añadiendo otros 3 puntos espectaculares del Noroeste argentino: Tilcara, con sus impresionantes ruinas indigenas, la Quebrada de Humahuaca con su pintoresco pueblo y como punto culminante, visita a una tradicional Estancia Salteña. Alojamiento.
DIA 8 - SALTA-BUENOS AIRES
Desayuno. Traslado al aeropuerto de Salta para tomar el vuelo hacia Buenos Aires. Llegada y traslado al hotel. Por la noche cena Tango Show. Alojamiento
DIA 9 - BUENOS AIRES
Desayuno. "Fiesta Gaucha", de dia completo en la Estancia La Alameda con asado criollo y bebidas. Esta sera la ocasión para vivir una de las mas profundas tradiciones criollas.
Regreso por la noche a Buenos Aires y alojamiento.
DIA 10 - BUENOS AIRES-MADRID
Desayuno y a la hora prevista, traslado al aeropuerto para tomar el vuelo hacia Madrid. Noche a bordo.
DIA 11 - MADRID
Llegada y FIN DE NUESTROS SERVICIOS.

SUPLEMENTOS APLICABLES:
Consultar Suplemento por salidas desde otros puntos de la Península/Baleares/Canarias
HAB. INDIVIDUAL: 380€
T. MEDIA (16 Agosto a 09 Diciembre) 78€
T. ALTA (01 Julio a 5 Agosto y 10 Diciembre a 31 Diciembre) 220€

EL PRECIO INCLUYE:
• Avión línea regular AEROLINEAS ARGENTINAS Madrid/Buenos Aires/Salta/Buenos Aires/Madrid.
• Traslados in/out en aeropuertos y excursiones.
• Hoteles cat Turista Sup. en régimen de alojamiento y desayuno.
• 1 cena Show Tango
• Fiesta gaucha en la estancia La Alameda.
• Seguro de viaje.

EL PRECIO NO INCLUYE:
• Tasas de aeropuerto.
• Extras tales como bebidas, llamadas telefónicas... y cualquier otro extra no mencionado en el itinerario.

FECHAS DE SALIDA: DIARIAS
MINIMO 2 PERSONAS

Precio por persona
en habitación doble desde:
2.097 €

HOTELES SELECCIONADOS

DAZZLER TOWER/ASPEN TOWER	T Superior	Buenos Aires
CASA REAL	T. Superior	Salta
HOSTERIA LOS SAUCES	Turista	Cafayate
POSTA DEL SOL	Turista	Maimara

Fuente: *Folleto Viajes Akali*

El contrato de un viaje combinado ha de ser por escrito y debe incluir toda la información necesaria como el destino, medios de transporte, fecha y horas de salida y llegada, tipo y categoría del alojamiento, número mínimo de personas necesario para organizar el viaje, precio, modalidades de pago, plazos para reclamar, etc. El consumidor tiene derecho a recibir una copia.

1. **¿Sabes qué hacer en caso de incumplimiento del contrato de un viaje combinado? Relaciona la incidencia con su solución.**

¿Qué hacer si la agencia de viajes...	
1. ...aumenta el precio acordado inicialmente?	**a.** Tiene dos opciones: 1) puede anular el contrato sin penalización, de modo que tiene derecho a la devolución de las cantidades pagadas y a indemnizaciones que variarán según la antelación de la modificación; o 2) aceptar las nuevas condiciones, para lo que deberá informar a la agencia que esta es la alternativa elegida en los 3 días siguientes desde la modificación, ya que si no, esta considerará que prefiere anular el contrato sin penalización.
2. ...modifica un elemento esencial del contrato antes de la salida?	**b.** Si el organizador del viaje no suministra o no puede suministrar una parte importante de los servicios previstos en el contrato, adoptará las soluciones adecuadas para continuar el viaje, sin suplemento alguno para el consumidor, y si hay diferencias de precio a favor del cliente entre los servicios previstos y los suministrados, se las abonará. Si el consumidor continúa el viaje con las soluciones aportadas por el organizador, se considerará que acepta las propuestas.
3. ...modifica un elemento esencial del contrato durante el viaje?	**c.** Si no desea pagar la diferencia, puede renunciar al viaje libremente y exigir que le sean devueltas las cantidades pagadas (aunque la agencia puede cobrar los gastos de gestión y de anulación, si los hay).

Adaptado de la revista *Consumer Eroski (consumer.es)*

1	2	3

1. **Lee la introducción de un artículo sobre la seguridad en los hoteles.**

La mayoría de los hoteles están dotados con avanzadas medidas de seguridad, incluso cuentan en plantilla con un equipo de profesionales encargados de vigilar la integridad de los clientes. La ley establece la necesidad de instalar en hoteles de categoría alta, cuatro y cinco estrellas, cajas fuertes individuales en cada habitación, para que el turista pueda dejar en ellas los objetos de valor. Pero, como reza el refrán, quien hizo la ley, hizo la trampa.

Adaptado de la revista *Consumer Eroski (consumer.es)*

a) ¿Qué quiere decir "quien hizo la ley, hizo la trampa"?

b) Después de esta introducción, ¿cómo crees que continuará el artículo?

c) Acaba de leer el resto del texto. ¿Cómo lo titularías?

Para el cliente, utilizar estos depósitos implica un gasto añadido del que, sin embargo, no siempre obtiene el resultado esperado. Las denominadas **cajas fuertes**, se muestran en ocasiones más débiles de lo previsto y ponen pocos impedimentos al **amigo de lo ajeno**. El **establecimiento** no puede garantizar una seguridad total y, por si fuera poco, tampoco suele hacerse responsable del robo del contenido de las mismas.

Por lo general, tan solo algunos hoteles de cinco estrellas responden ante casos de robo en la caja fuerte de la habitación, siempre y cuando el cliente haya rellenado con anterioridad una declaración de valor firmada por ambas partes. En estas cajas o en otro lugar de la habitación debe aparecer en español, francés, inglés y alemán que el establecimiento no responde del dinero, **alhajas** u objetos de valor que no se depositen en las cajas tras realizar dicha declaración. Esto significa que si se viaja con objetos de valor o importantes cantidades de dinero, es conveniente informar a los responsables del hotel de esta circunstancia. De lo contrario, en caso de robo podría **alegarse** desconocimiento y evitar así cualquier responsabilidad. Hay excepciones, por ejemplo, cuando se producen robos a mano armada o con violencia, en los que el personal sufre amenazas, ya que hechos como estos están calificados "de fuerza mayor", de modo que el hostelero tampoco se hace responsable y, en general, no **reembolsará** al usuario el valor de los objetos **sustraídos**.

Adaptado de la revista *Consumer Eroski (consumer.es)*

d) Piensa en un sinónimo para cada palabra marcada en negrita del texto anterior.

FICHA 9.1.3.2. INCUMPLIMIENTO DE SERVICIOS OFERTADOS

Al igual que con los viajes combinados, los hoteles y casas rurales suelen disponer de folletos de publicidad con información sobre sus servicios, situación, lugares cercanos de interés, capacidad... Cuando no se cumplen las condiciones pactadas, hay que intentar de nuevo un acuerdo con el director del hotel a fin de solucionar el problema (si es que tiene solución, como en el caso de un cambio de habitación) de una manera amistosa y rápida. Si esos problemas no se solucionan, se puede solicitar la correspondiente indemnización por daños y perjuicios y por supuesto, y como paso previo, pedir la Hoja de Reclamaciones, con la que obligatoriamente debe contar todo este tipo de establecimientos.

1. Estos son los servicios que incluye el folleto de publicidad de una cadena de hoteles y estaciones termales.

Fuente: *Grupo Natur*

a) **Dramatización en clase. En parejas.**

ALUMNO A	ALUMNO B
Imagina tres posibles incidencias relacionadas con 3 de los servicios que ofrecen en la habitación de hotel o en el apartamento. Por ejemplo, al llegar, las botellas del minibar estaban llenas de agua, el agua que sale del grifo es de color marrón…	Imagina tres posibles incidencias relacionadas con 3 de los servicios del establecimiento. Por ejemplo, la canguro contratada llegó 45 minutos tarde, en el jardín hay cactus con grandes pinchos que son muy peligrosos para tus hijos…

Preparad dos diálogos en que cada alumno (A y B) haga el papel del cliente insatisfecho y presente sus quejas al director del establecimiento, que intenta llegar a un acuerdo para solucionar la situación. El cliente se mostrará indignado o preocupado, mientras que el director del establecimiento deberá hacer todo lo posible para calmar los ánimos y conseguir solucionar el problema.

FICHA 9.2. LA HOJA DE RECLAMACIONES

Una de las medidas más importantes para la defensa de los derechos de los consumidores es la creación de la Hoja de Reclamaciones para proteger y defender sus intereses.

1. **Utiliza las palabras siguientes para completar el texto informativo al consumidor sobre la Hoja de Reclamaciones.**

> obligado
>
> documento   reclamado   justificación
>
> reclamación   quejas   establecimientos

La Hoja de Reclamación es un _____ (1) _____ oficial en el que usted puede expresar sus _____ (2) _____, con la seguridad de que estas serán correctamente atendidas tanto por el establecimiento o empresa que las provoca como por la Administración Autónoma.

DÓNDE SE PUEDE EXIGIR. El Decreto que regula la Hoja de Reclamaciones obliga a tenerlas a disposición del público. Todos los _____ (3) _____ o centros que comercialicen bienes y productos o presten servicios, deberán tener a disposición de los Consumidores y Usuarios el Libro de "quejas y reclamaciones".

CÓMO UTILIZARLAS. Si tuviera que hacer una _____ (4) _____, deberá exigir una Hoja al establecimiento, que no podrá negársela y está _____ (5) _____ a exhibir un cartel anunciando que tiene Hojas de Reclamación a disposición del público. Rellénela y guarde una copia y deje el original, que quedará en el establecimiento a disposición de la Inspección.

El _____ (6) _____ le contestará razonadamente en el plazo de 10 días. Si no lo hace o no le convence su _____ (7) _____, usted trasladará el asunto a las Oficinas de Información al Consumidor o bien a las Delegaciones Provinciales de Consumo, que se ocuparán del caso.

Adaptado de *www.terra.es*

2. **Piensa en algún contratiempo que hayas sufrido en un viaje, o utiliza uno del ejercicio anterior de la ficha 1.3.2. y completa la siguiente Hoja de Reclamación con tus datos. Si es necesario, invéntate los datos del reclamado.**

JUNTA DE ANDALUCIA

Consejería de Trabajo e Industria
Dirección General de Comercio, Consumo
y Cooperación Económica

HOJA DE RECLAMACIÓN
COMPLAINT FORM

INSTRUCCIONES DE USO EN EL DORSO DE LA HOJA VERDE
PLEASE, FOR INSTRUCTIONS SEE OVER

CONTROL DE ENTRADA EN
LA OFICINA DE RECEPCIÓN

FECHA

FIRMA RECEPTOR

2020103

1. LUGAR DEL HECHO - PLACE OF OCCURRENCE

EN
TOWN

PROVINCIA
PROVINCE

FECHA
DATE

2. IDENTIFICACIÓN DEL RECLAMANTE - DETAILS OF COMPLAINT

1ER APELLIDO
SURNAME

2º APELLIDO

NOMBRE
FIRST NAME

SEXO
SEX

EDAD
AGE

PROFESIÓN
PROFESSION

D.N.I.
PASSPORT Nº

DOMICILIO C/
ADRESS ST.

MUNICIPIO
TOWN

PROVINCIA
PROVINCE

COD. POST.
POSTAL CODE

NACIONALIDAD
NACIONALITY

TELÉFONO
TELEPHONE

3. IDENTIFICACIÓN DEL RECLAMADO - DETAILS OF PERSON UNDER COMPLAINT

NOMBRE O RAZÓN SOCIAL
NAME OR COMPANY

C.I.F. O D.N.I.
FISCAL Nº

ACTIVIDAD
ACTIVITY

DOMICILIO
ADRESS ST.

MUNICIPIO
TOWN

PROVINCIA
PROVINCE

COD. POST.
POSTAL CODE

TELÉFONO
TELEPHONE

4. HECHOS RECLAMADOS - DETAILS OF COMPLAINT

DOCUMENTOS QUE SE ACOMPAÑAN - DOCUMENTS INCLUDED
FACTURAS, ENTRADAS, MUESTRAS, ETC. - TICKETS, BILLS, SAMPLES, ETC.

5. FIRMAS - SIGNATURES

CONSUMIDOR
CONSUMER

RECLAMADO
PERSON UNDER
COMPLAINT

- EJEMPLAR PARA ENTREGAR POR EL CONSUMIDOR EN LA ADMINISTRACIÓN
- THE CLIENT IS REQUESTED TO HARD THIS COPY OVER TO THE ADMINISTRATION

1. **Relaciona los siguientes conceptos sobre seguros y medios de pago con su definición.**

1. Moneda.	**a.** Cumplen la misma función que el dinero en metálico y en caso de robo o pérdida tienen reposición debido al procedimiento de la doble firma.
2. Divisa.	**b.** Permiten disponer del dinero que se tiene en la cuenta.
3. Tarjetas de crédito.	**c.** Billetes de banco y monedas metálicas.
4. Tarjetas de débito.	**d.** Permiten disponer del dinero independientemente del saldo de la cuenta bancaria. Pueden ser de crédito limitado o ilimitado.
5. Cheques de viaje.	**e.** Moneda extranjera.

1	2	3	4	5

FICHA 9.4. EL TURISMO Y LA SEGURIDAD

1. **¿A qué países desaconsejarías viajar en este momento? ¿Por qué?**

2. **¿Qué factores contribuyen a que un destino sea considerado "de riesgo" para el turismo?**

3. **¿Qué medidas crees que deben tomar las autoridades para prevenir los ataques a los turistas? ¿Y los viajeros?**

4. **Recomendaciones de viaje para un viaje más seguro. Relaciona los elementos de ambas columnas.**

Para un viaje más seguro, el Ministerio de Asuntos Exteriores y de Cooperación recomienda que los viajeros...	
1. se provean	**a.** que la persona que viaja al extranjero está obligada a respetar las leyes de otros países, que, en muchos casos, varían de forma sustancial de las leyes españolas.
2. tengan siempre en cuenta	**b.** el teléfono y dirección de la Embajada o Consulado de España en el país que se propone visitar.
3. prevengan	**c.** de la documentación necesaria antes de la salida: billetes de retorno, documento de viaje, pasaporte o D.N.I., visado para aquellos países que lo requieran, y un seguro de viaje lo más amplio posible.
4. lleven anotados	**d.** inmediatamente al Consulado español en caso de detención.
5. avisen	**e.** el robo o pérdida de su documentación personal y de sus billetes de viaje.
6. consulten	**f.** los consejos y normas sanitarias del Ministerio de Sanidad y Consumo para viajeros internacionales.

1	2	3	4	5	6

Adaptado de *Recomendaciones de Viaje del Ministerio de Asuntos Exteriores y Cooperación española*

5. En parejas. Buscad en Internet información de algún país en el que exista la "Policía turística" y preparad una breve presentación sobre el tema para el resto del grupo.

6. Observa el siguiente folleto y realiza las actividades que aparecen a continuación.

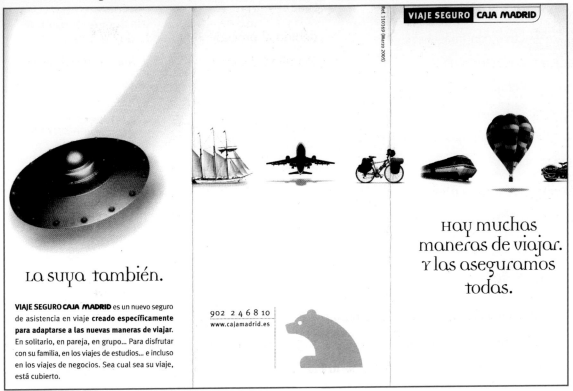

A

Hay muchas maneras de viajar. Y las aseguramos todas.

La suya también.

VIAJE SEGURO CAJA MADRID es un nuevo seguro de asistencia en viaje **creado específicamente para adaptarse a las nuevas maneras de viajar.** En solitario, en pareja, en grupo... Para disfrutar con su familia, en los viajes de estudios... e incluso en los viajes de negocios. Sea cual sea su viaje, está cubierto.

902 2 4 6 8 10
www.cajamadrid.es

Esta es la manera más moderna de viajar seguro.

VIAJE SEGURO CAJA MADRID es actualmente la mejor opción del mercado para viajar tranquilo. Porque además de adaptarse a las características especiales de su viaje, sean estas cuales sean, **cubre eventualidades no contempladas en las pólizas tradicionales.**

CON MUCHAS MÁS COBERTURAS Y GARANTÍAS.

Estas son algunas:
- **Asistencia en viaje.**
- **Equipajes:**
  - Demora en la llegada del equipaje.
  - Localización y envío de equipajes.
  - Pérdida, robo o daños de equipaje facturado.
- **Demora:**
  - Por *overbooking*.
  - En la salida del medio de transporte.
- **Personales:**
  - Acompañamiento de menores.
  - Transmisión de mensajes urgentes.
  - Asistencia sanitaria en el extranjero.
  - Prolongación de estancia.
  - Retorno anticipado por siniestro en su residencia habitual.
  - Indemnización por pérdida de clases.
  - Adelanto de fondos en el extranjero.
  - Información general (embajadas, vacunas y requisitos de entradas).
- **Accidentes.**
- **Responsabilidad civil.**

Y si su viaje es para esquiar, recorrer el desierto, navegar, volar... Consúltenos. Sea cual sea su viaje, lo podemos asegurar. Incluso en algunos casos, la póliza se prorroga automáticamente sin cargo alguno.

Y CONTRATACIÓN INMEDIATA.

También, porque hay viajes que surgen de pronto. Por eso, esté donde esté, podrá contratar su **VIAJE SEGURO** acercándose a cualquier oficina de **CAJA MADRID.** Y en solo unos minutos, podrá iniciar su viaje con toda tranquilidad. Y estará atendido las **24 horas del día en cualquier parte del mundo.** Como ve, todo está a su favor. Infórmese cuanto antes y en su próximo viaje, contrate **VIAJE SEGURO CAJA MADRID.** Con la garantía de dos grandes compañías: **MAPFRE** y CAJA MADRID.

*Viaje Seguro es un producto de **MAPFRE** | ASISTENCIA

B

a) **Examina cuidadosamente la portada (A) y el interior (B) de este folleto y señala dónde se especifica lo siguiente:**

	A	B
1. El mensaje principal, la definición o características.		
2. El nombre del servicio y de la empresa.		
3. Eslogan atractivo con imágenes.		
4. Resumen introductorio del producto.		
5. Detalles y ventajas del servicio.		
6. Conclusión con instrucciones de contacto con la empresa.		
7. Ofrecimiento de ampliación de información.		
8. Dónde contactar.		

b) **Ahora responde a estas preguntas:**

1	¿Cómo se llama el servicio y la empresa que lo promociona?
2	¿Cuál es el eslogan introductorio?
3	¿Qué tipo de producto es?
4	¿Cuáles son sus ventajas?
5	¿Cuál sería la conclusión y el eslogan final?

c) **A continuación lee el siguiente texto sobre el Plan Japón que en su día proyectó el Ayuntamiento de Madrid con la intención de atraer especialmente al colectivo turístico japonés.**

El Plan Japón proyecta atraer a turistas e inversores nipones con más seguridad y mejor servicio

Los japoneses son turistas de calidad, educados y con un alto nivel de renta, pero viajan poco a Madrid: su referente principal en España es Barcelona. Años atrás fueron un colectivo especialmente castigado por la delincuencia callejera, lo que convirtió a Madrid en un destino «peligroso», según sus autoridades y los turoperadores.

Esa es la razón principal del descenso en el número de estos turistas, que ahora intenta remontar el Ayuntamiento a través del Plan Japón, presentado ayer por el alcalde y su responsable de Economía.

Las autoridades municipales madrileñas se han propuesto atraer a los turistas japoneses con una combinación de buen servicio, facilidades para informarse en su idioma natal y especiales medidas de seguridad que no solo les protejan sino que, sobre todo, les transmitan la sensación de estar seguros en las calles de Madrid.

Policías cercanos

Para combatir el delito y la sensación de inseguridad, el Ayuntamiento propone en su plan poner en marcha dos Oficinas de Atención al Ciudadano, comisarías móviles que se unen a la que ya funciona en la zona centro. Entre las tres, en distintos puntos del área más visitada por los turistas –zona de los grandes museos, Palacio Real, Puerta del Sol y estadio Santiago Bernabéu– velarán por la tranquilidad de los visitantes y estarán a su disposición para cualquier problema. Serán algo parecido a las «koban» que funcionan en Japón, policía de barrio tan efectiva que hasta visita a los nuevos vecinos para presentarse y conocerles, cuando se trasladan a una zona.

Estas Oficinas móviles tendrán impresos de denuncia traducidos al japonés, y conexión con los principales hoteles donde se alojan estos turistas, además de con su embajada, para facilitar cualquier tramitación que se vean obligados a realizar. Además, el Ayuntamiento se compromete a enviar cartas –en japonés– al domicilio en su país de cada turista robado, disculpándose por lo sucedido y prometiendo la adopción de medidas.

Mapas y web en japonés

Para facilitarles la estancia en Madrid, el Ayuntamiento facilitará también mapas e información turística en japonés, y ha puesto en marcha una versión en este idioma de su página web turística –www.esmadrid.com–, a la que se puede acceder también a través del teléfono móvil gracias a una conexión realizada por la empresa municipal Promoción de Madrid utilizando la tecnología *I-mode* –que usan 50 millones de japoneses–. Es decir, que desde su móvil podrán conectarse para conocer, en su propio idioma, rutas turísticas por la capital, información sobre lugares de ocio, o teléfonos como el de su embajada o la policía.

En el aeropuerto de Barajas se abrirá un centro de atención al turista en japonés, y habrá igualmente una «hot line» telefónica en su idioma para resolver incidencias de seguridad, sanitarias o dar información básica.

Adaptado de *ABC*

d) **En grupos: A partir de la información del texto, elaborad un folleto de promoción de Madrid como lugar de destino para turistas japoneses.**

FICHA 9.5. SALUD E HIGIENE

1. **Estas son algunas de las coberturas relacionadas con la salud del turista que deberían estar incluidas en los seguros de viaje. ¿Puedes relacionarlas con su contenido?**

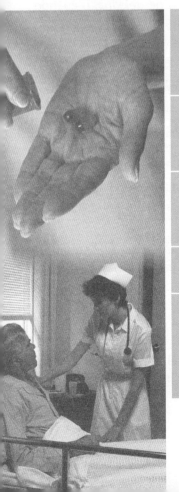

1. Gastos médicos, hospitalarios o farmacéuticos.	**a.** Cubre la atención urgente cuando el contratante del seguro sufra dolor intenso, infección o cualquier otro imprevisto odontológico. En caso de accidente o enfermedad, cuando se necesite atención hospitalaria urgente.
2. Gastos odontológicos o de urgencia.	**b.** Cubre los gastos de hotel, sin extras, cuando por lesión o enfermedad y por prescripción médica, el beneficiario deba prolongar su estancia por convalecencia.
3. Medicamentos.	**c.** En el caso de aconsejarse el traslado a otro lugar más indicado, el prestador del servicio de asistencia lo organizará y realizará en el medio de transporte que sea necesario.
4. Traslado sanitario.	**d.** Se incluyen los medicamentos de urgencia, recetados para la enfermedad que se haya atendido.
5. Prolongación de estadía.	**e.** Cubre todos los gastos médicos y hospitalarios necesarios, así como medicamentos y materiales médicos que se utilicen durante la asistencia. Debe comunicarse la situación lo antes posible al seguro y pedir asesoramiento médico. La enfermedad no debe ser preexistente.

1	2	3	4	5

2. A continuación te presentamos los problemas de salud más frecuentes que puede sufrir el turista durante su viaje. ¿Sabrías explicarlos? Relaciónalos con sus causas.

síndrome de la clase turista

jet-lag

mal de altura

diarrea del viajero

trastornos por el calor (insolación)

1	[_____] : cuando viajamos a un destino turístico que se encuentra a una altura superior a la del lugar del que procedemos, o tenemos intención de realizar una expedición de escalada a una montaña debemos tener en cuenta que podemos sufrir este problema, el cual aparece por encima de los 2500 m.
2	[_____] : esta enfermedad se puede transmitir por contacto directo, de persona a persona a través de manos sucias, o por vía indirecta por ingestión de agua o alimentos contaminados. Suelen aparecer en los viajes de aventura o de *trekking*, o cuando el país de destino no disfruta de condiciones de higiene adecuadas.
3	[_____] : se le ha llamado así porque es más fácil que se produzca cuando no hay movimiento, y es más difícil poder moverse en un asiento de clase turista debido al espacio más reducido.
4	[_____] : se trata de una reacción del cuerpo ante la exposición prolongada al sol.
5	[_____] : se produce cuando existe una diferencia horaria de al menos 6 horas con respecto al lugar de origen.

3. Haz una lista de destinos turísticos para los que sería conveniente contratar un seguro que cubra los problemas de salud de la actividad anterior (por ejemplo, el mal de altura para un viaje a La Paz, Bolivia).

4. Compara tu lista con la de tus compañeros.

5. "Consejos para disfrutar de un turismo saludable" es un folleto publicado por el Ministerio de Sanidad Pública de Uruguay. Coloca al lado de cada uno de los siguientes consejos la inicial de la categoría a la que pertenece: en la carretera (C), higiene (H), seguridad alimentaria (A).

	1. Conduzca con prudencia.
	2. Consuma agua potable y utilícela para cepillarse los dientes.
	3. Consulte al médico si se siente enfermo.
	4. Cocine bien los alimentos y consúmalos mientras estén calientes.
	5. Consuma alimentos que lleven el etiquetado correcto y con fecha de vencimiento vigente.
	6. Lávese las manos con agua y jabón antes de tocar alimentos y luego de ir al baño.
	7. Lave frutas y verduras si las va a consumir crudas.
	8. Asegúrese de que el vehículo está en buenas condiciones.
	9. Evite la acumulación de comida o residuos orgánicos.
	10. No arroje residuos fuera de los recipientes de recolección.

6. **Comprueba los resultados con tu profesor/a y, con el resto del grupo, pensad en algún consejo más para cada categoría.**

ACTIVIDADES RECOPILATORIAS

1. **A partir de las siguientes preguntas y respuestas sobre los seguros de viaje, escribe un breve texto de resumen.**

¿Por qué contratar un servicio de asistencia en viajes? Durante sus viajes al extranjero o dentro de su país, ante cualquier contratiempo, ya sea de salud, legal, con su equipaje, etc. es necesario contar con un servicio que solucione estos contratiempos sin que usted pierda tiempo y dinero en hacerlo. Este servicio cuenta con analistas que en su mismo idioma le ofrecerán soluciones durante las 24 horas, todos los días.

¿A partir de qué momento puedo disponer de las coberturas del servicio de asistencia en viaje? El servicio estará vigente a partir del primer día del mes siguiente al que sea contratado. Si usted precisa cobertura inmediata, deberá abonar una cuota más por los días adicionales.

¿Es necesario informar a la compañía si no quiero renovar el servicio el año entrante? El servicio se renovará automáticamente por periodos anuales. En caso de que usted no deseara un nuevo año de servicio, se le solicitará que informe a la compañía por escrito, con un mes de antelación a la fecha de vencimiento del periodo contratado.

Si no aviso, ¿el servicio se renovará automáticamente? Sí. Los seguros y servicios que ofrece American Express cuentan con sistema de renovación automática. Por tal motivo, en caso de no haber aviso previo, el servicio se renovará por un año adicional.

Adaptado de *American Express*

2. Dramatización.

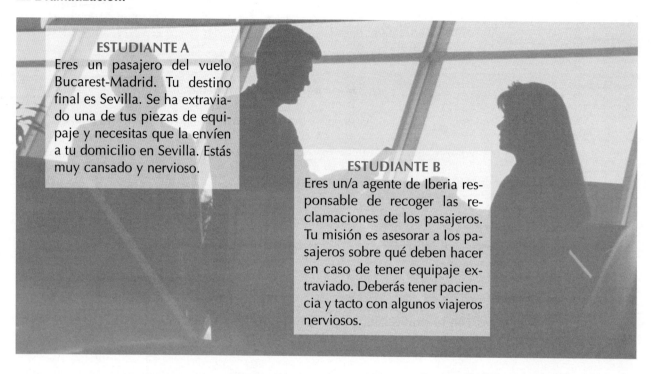

ESTUDIANTE A
Eres un pasajero del vuelo Bucarest-Madrid. Tu destino final es Sevilla. Se ha extraviado una de tus piezas de equipaje y necesitas que la envíen a tu domicilio en Sevilla. Estás muy cansado y nervioso.

ESTUDIANTE B
Eres un/a agente de Iberia responsable de recoger las reclamaciones de los pasajeros. Tu misión es asesorar a los pasajeros sobre qué deben hacer en caso de tener equipaje extraviado. Deberás tener paciencia y tacto con algunos viajeros nerviosos.

3. Acabas de llegar de vacaciones y has tenido muchos problemas con tu alojamiento. Escoge tres imprevistos de entre los apartados siguientes y escribe una carta de reclamación a la agencia de viajes con la que contrataste el viaje, expresando tus quejas.

Está roto/a...	No funciona...	Se atascó...
La persiana	El aire acondicionado	La puerta
La lámpara	El ventilador	La ventana
La cerradura	La luz	El lavabo
El interruptor	El teléfono de la habitación	El váter
El enchufe	La ducha	... y fue necesario
... y nadie fue a	La calefacción	insistir para que lo
repararlo.	... y nadie fue a repararlo.	repararan.

4. Imagina que eres un agente de viajes y atiendes la queja del punto 3. Elabora dos modelos de carta:
- una de respuesta positiva a la reclamación del cliente;
- una de respuesta negativa a esa reclamación.

¿Qué diferencias hay en la estructura de las cartas?

EL *MARKETING* TURÍSTICO

TEMA 10

1. Pre-lectura.

a) Define con tus propias palabras:

marketing turístico	
producto turístico	
marketing mix	

b) Lee el texto y complétalo con los verbos siguientes:

ofertan	adaptarse	consiste	implica
	desarrollarse	recabar	satisfacer

El *marketing* turístico es un conjunto de técnicas y acciones encaminadas a __(1)__ las necesidades de los turistas, de las poblaciones y de las organizaciones turísticas (empresas, instituciones y asociaciones) que __(2)__ unos productos y servicios en régimen de competencia.

El mercadeo o comercialización de productos turísticos debe __(3)__ dentro de una gestión de *marketing* orientada al mercado, dentro de un plan global coordinado con otras áreas de gestión. Este plan se conoce con el nombre de Plan de *Marketing* y su desarrollo __(4)__ acciones coordinadas, lo que se conoce como *marketing mix*, basada a su vez en cuatro políticas: producto, precio, promoción y publicidad.

El objetivo del *marketing* __(5)__ en combinar estos cuatro elementos con el fin de obtener los volúmenes de venta y los beneficios deseados. Previamente, la empresa debe definir su estrategia de *marketing mix*, debe __(6)__ la información que se resume en diferentes estudios que sirven para adoptar las políticas necesarias para obtener un posicionamiento de sus productos y servicios turísticos en el mercado.

El *marketing* turístico es necesario por las características mismas del sector. Por una parte, la demanda turística –consumidor turístico– se caracteriza por su elasticidad en lo que respecta a precios e ingresos y la estacionalidad marcada por las vacaciones. Esta demanda turística es compleja y amplia en cuanto a la segmentación del mercado. Por otra parte, el producto turístico que ofertan las empresas o diferentes entidades turísticas es un producto rígido, en el sentido de que no puede __(7)__ a variaciones de demanda al finalizar una temporada.

Adaptado de varias fuentes

c) **Después de leer.**

Comprueba si tus respuestas de la actividad a) son similares a la información del texto.

2. Aprende más sobre este tema. Relaciona:

1. Demanda potencial.	**a.** Aquella en la que los clientes ya han solicitado servicios previamente.
2. Demanda real.	**b.** Consiste en obtener ventajas en costes frente a los otros competidores, lo que permite ofrecer productos con precios inferiores.
3. Productos turísticos.	**c.** Comunicación comercial que se realiza con campañas de publicidad a través de diferentes medios.
4. Estrategia de segmentación.	**d.** Aquella que se concentra en un segmento concreto de la demanda, en una línea del producto, etc.
5. Promoción.	**e.** Diferentes servicios turísticos que se pueden ofrecer a un cliente.
6. Estrategia de liderazgo en costes.	**f.** Aquella que no habiendo solicitado ningún servicio podría hacerlo con una buena campaña de *marketing.*
7. Estrategia de diferenciación.	**g.** Consiste en crear productos claramente diferenciados para que parezcan únicos.

1	2	3	4	5	6	7

FICHA 10.1.1. ESPAÑA, CIEN AÑOS DE PROMOCIÓN TURÍSTICA

1. ¿Sabías que España conmemoró ya los cien años de promoción turística internacional? En parejas, escoged un país de vuestro interés y descubrid cuándo se inició la promoción turística. Podéis encontrar la información en la web del ministerio y/o oficina nacional de turismo del país elegido.

2. Presentad vuestros datos a la clase clasificándolos de acuerdo a los años conmemorados.

3. Lee el texto y amplíalo con información que encuentres en Internet.

Exposición "Cien años del turismo"

El 6 de octubre de 2005 se inauguró la Exposición "Cien años de Turismo" conmemorativa de la promulgación del primer decreto sobre impulso a la promoción turística internacional.

Se pudo visitar en la sala Miró del Palacio de Congresos. En ella se recogieron los hechos más significativos del turismo español durante estos cien años, lo cual permitió ver su evolución a lo largo de estos años. Se realizó un recorrido cronológico a través de imágenes y de una colección de material y objetos de promoción (desde carteles hasta presentaciones multimedia) sobre lo que ha sido la historia del turismo de España desde 1905. Así, el visitante pudo admirar la inauguración del primer establecimiento en la sierra de Gredos de lo que después sería la Red de Paradores de Turismo de España que inauguró el Rey Alfonso XIII en 1926; la publicación de la primera guía de hoteles y el establecimiento del libro de reclamaciones; la regulación a partir de 1940 de hoteles, cafés, líneas aéreas, agencias de viajes y la propia publicidad con fines turísticos. El eslogan de la época era "España es diferente". En 1963 se creó la Escuela Oficial de Turismo. En años sucesivos se crearon las Fiestas de Interés Turístico Nacional y se abrieron las "dutty free" en los aeropuertos.

Durante el recorrido de la muestra, el visitante también pudo contemplar cómo desde Turespaña se van sucediendo las diferentes campañas de promoción con eslóganes tan diversos como "Pasión por la vida", "Bravo España", "España marca" o la actual "Sonríe, estás en España".

Diferentes fotografías ilustraban escenas históricas y propias de nuestro país como fiestas típicas, inauguraciones de hoteles emblemáticos y balnearios, acontecimientos turísticos de la época como el primer trimotor que en 1927 realizó la línea Madrid-Barcelona en tres horas y media con 10 pasajeros; el primer recorrido del tren Talgo; y actos de proyección internacional como los Juegos Olímpicos de Barcelona y la Exposición Internacional de Sevilla en 1992.

A estos paneles se unió una colección de carteles originales que iba desde comienzos del siglo XX hasta nuestros días, algunos de ellos realizados por los más importantes artistas e ilustradores de cada momento como Dalí.

Adaptado de *Turespaña* y del *Ministerio de Industria, Turismo y Comercio*

a) **Después de leer el texto anterior, ¿qué hechos representativos del turismo español despiertan tu interés? Márcalos en el siguiente cuadro.**

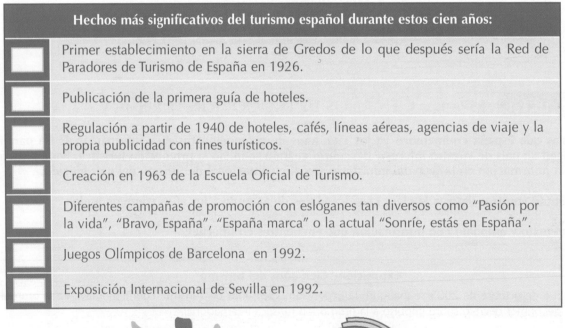

Hechos más significativos del turismo español durante estos cien años:	
☐	Primer establecimiento en la sierra de Gredos de lo que después sería la Red de Paradores de Turismo de España en 1926.
☐	Publicación de la primera guía de hoteles.
☐	Regulación a partir de 1940 de hoteles, cafés, líneas aéreas, agencias de viaje y la propia publicidad con fines turísticos.
☐	Creación en 1963 de la Escuela Oficial de Turismo.
☐	Diferentes campañas de promoción con eslóganes tan diversos como "Pasión por la vida", "Bravo, España", "España marca" o la actual "Sonríe, estás en España".
☐	Juegos Olímpicos de Barcelona en 1992.
☐	Exposición Internacional de Sevilla en 1992.

Barcelona '92

b) **En parejas, buscad información de alguno de ellos, y presentadlos ante la clase de manera atractiva.**

1. Las técnicas de *marketing* están basadas en:

| plan de *marketing* | promoción turística | comercialización |

Define estos tres conceptos y, después, completa el cuadro:

TÉCNICAS DE
MARKETING

1. _____	2. _____	3. _____
• Estudio del producto, del mercado, de la oferta y de la demanda. • Segmentación de la demanda. • Metas y objetivos. • Política de estrategias y tácticas. • Previsiones y pronósticos. • Política de precios. • Ciclo de vida del producto.	• Información a través de los medios de comunicación. • Publicidad. • Relaciones públicas. • *Marketing* directo. • Promoción.	• Canales de distribución. • Técnicas de *merchandising* o mercadeo.

Pre-lectura.

1. *Estamos trabajando para promocionar las condiciones que presenta la capital como destino turístico. Estamos hablando de poner en valor sus recursos culturales, muchas veces desconocidos, y también de aprovechar el buen momento que vive la ciudad como plaza para el turismo de negocios.*

¿Quién crees que expresó esta frase? Es posible que haya sido un guía turístico, un director de una escuela de turismo, un secretario de economía, un director nacional de turismo, etc. Argumenta tu respuesta.

2. ¿Qué tipos de turismo se pueden promocionar para una gran ciudad?

3. Escribe tres puntos importantes para empezar la promoción turística de una ciudad.

4. Presenta ante la clase tus respuestas anteriores.

5. Lee el texto.

El Servicio Nacional de Turismo de Chile, SERNATUR, y el Gobierno Regional Metropolitano, están decididos a posicionar a la región como un destino turístico de interés internacional, especialmente como una de las plazas más importantes para el desarrollo del turismo de negocios, congresos y convenciones de Latinoamérica, según afirmaron el Director Nacional de Turismo y la intendenta de Santiago de Chile al presentar el primer Plan de *Marketing* Turístico de la Región Metropolitana.

"Estamos trabajando para promocionar las condiciones que presenta Santiago como destino turístico. Estamos hablando de poner en valor sus recursos naturales y culturales, muchas veces desconocidos, y también de aprovechar el buen momento que vive Santiago como plaza para el turismo de negocios", expresó el Director Nacional de Turismo.

Por su parte, la intendenta destacó la gran oportunidad de desarrollo económico que significa este proyecto, indicando que "como Gobierno Regional e Intendencia, seguiremos trabajando para establecer alianzas estratégicas entre públicos y privados, con el fin de impulsar acciones que nos permitan potenciar la imagen de nuestra región y posicionarla en la red turística nacional y mundial, como un destino de turismo de negocios, consolidando a Santiago como una ciudad-región de clase mundial".

Los recursos entregados por el Gobierno Regional permitirán preparar el soporte que Santiago requiere para iniciar su promoción turística internacional, tales como la elaboración de un archivo fotográfico, folletería temática, vídeos promocionales, CD interactivo y la edición de un plano turístico y una revista con información de sus atractivos y actividades de entretenimiento.

Una vez que este material se encuentre listo, la Región Metropolitana saldrá con todo a la caza de los turistas internacionales, a través de la participación en ferias de turismo —especialmente aquellas dedicadas al área de negocios, congresos y convenciones—, la programación de viajes de prensa extranjera a la zona para la realización de reportajes y documentales, y la visita de operadores internacionales para que conozcan sobre el terreno la oferta turística santiaguina.

El nicho del turismo de negocios

Las autoridades destacaron que el Plan de *Marketing* de la Región Metropolitana apunta fuertemente a posicionar a Santiago como el destino de negocios más importante de la región, aprovechando para ello las características de su oferta turística y el buen pie en que se encuentra la ciudad.

Al respecto, Santelices enfatizó que durante el año anterior, Santiago ocupó el segundo lugar en el *ranking* sudamericano de ciudades sedes de este tipo de eventos, seguida por Sao Paulo y Buenos Aires. "Es más —dijo— el 70% de la ocupación hotelera de Santiago se debe al turismo de negocios".

Recordaron que Santiago fue distinguido como el Mejor Centro de Negocios de Latinoamérica (revista *América Economía* de mayo), tiene más de 9000 habitaciones, una parte importante de ellas en hoteles de 4 y 5 estrellas, excelente infraestructura y facilidades, y centros de convenciones equipados con tecnología punta.

Adaptado de *Turismo de Chile*

a) **Explica los siguientes bloques de palabras.**

1. Destino turístico	
2. Recursos culturales	
3. Archivo fotográfico	
4. Folletería temática	
5. Vídeos promocionales	
6. Plano turístico	
7. Realización de reportajes	
8. Eventos nacionales	

b) **¿Conoces otros países que tengan un plan de *marketing* tan amplio y desarrollado? ¿Qué país o región promocionarías tú?**

FICHA 10.2.2. UN CASO DE *MARKETING* TURÍSTICO

1. **Estudio de un caso.**

No sé cómo llamar a un producto de calidad

Tengo una empresa de alquiler de casas rurales. Cuando comencé, hace un par de décadas, la mayoría de ellas estaban en un estado presentable pero distaban mucho de ser confortables. Luego, en parte por el auge y el interés por el medio natural, las cosas cambiaron.

Como tantos otros empecé con este negocio ofreciendo productos que eran, para decirlo claro, de una calidad media tirando a baja, ninguna de las casas que ofrecía era nada del otro jueves. En aquel momento, el mercado tampoco estaba para grandes alegrías, y lo que primaba era el precio. Con la subida del nivel de vida de los españoles y la moda de la ecología también eso cambió; la gente empezó a ser más exigente y a interesarse más por sentirse cerca de la naturaleza. Pero, a la vez, las agencias que alquilábamos casas rurales habíamos exacerbado la guerra de precios: junto al nuevo público exigente, todavía había mucha gente a la que solo preocupaba comprar lo más barato. En consecuencia, mi margen era cada vez menor.

Así, hace unos años decidí lanzar un producto diferente de mayor calidad y por tanto de precio superior: el alquiler de castillos. Si el primero tenía la marca Rural, al nuevo lo denominé Rural Plus. Costó bastante, pero fue un éxito. Alquilar un castillo toda una noche, para una reunión de trabajo o comida de empresa, costaba una media de seis mil euros.

El Plus ha ido cuajando. Cuajando hasta el punto de que tengo miedo de que la marca Rural acabe dañando el producto Plus, porque mucha gente lo identifica o puede identificarlo con un producto de baja calidad. Sobre todo porque estoy a punto de sacar al mercado el SuperPlus, que es un tipo de alojamiento distinto, dirigido a un segmento muy superior del producto con el que empecé mi

andadura en este mundo. Mi agencia proporciona ahora, a quien pueda permitírselo, esa sensación de sentirse Robinson Crusoe, Aristóteles Onassis o una peculiar mezcla de ambos en la isla del Barón. Mi empresa gestiona en la actualidad tres islas particulares en España: la del Barón, en Murcia, y las de Tagomago y Sa Ferradura, en las Baleares.

Es evidente que si en su día no hubiera sacado al mercado el Plus con la marca original, ahora lanzaría el nuevo producto de alta calidad con una denominación totalmente distinta. Porque del producto normal al nuevo hay demasiada distancia.

Pero si le doy una denominación totalmente distinta, tengo que empezar de cero, al menos ante el cliente final, porque con los distribuidores tengo buena relación y me conocen bien. Además, si en el nuevo nombre no aparece la marca Rural, pierdo una cierta connotación.

Otra posibilidad es cargarme el producto original de baja calidad, porque en el fondo, con los números delante, solo me da volumen: el margen que me proporciona es testimonial, porque hoy por hoy donde de verdad gano dinero es con el Plus, y espero forrarme con el SuperPlus. ¿Mantengo la marca Rural en el nuevo producto, o creo una totalmente distinta?

Adaptado de "¿Usted qué haría?" de Carles Canals para *Actualidad Económica*

2. Vocabulario coloquial. Explica estas expresiones con tus propias palabras.

1	"**Ninguna** de las casas que ofrecía **era nada del otro jueves**".
2	"El Plus ha ido **cuajando. Cuajando** hasta el punto de que tengo miedo de que la marca Rural acabe dañando el producto Plus".
3	"Espero **forrarme** con el SuperPlus".

3. Señala qué opción se acerca más al sentido de la frase que aparece en el caso.

1 **Cuando comencé, la mayoría de ellas estaban en un estado presentable.**
a) Al comenzar, la mayoría de ellas estaban en un estado presentable.
b) De comenzar, la mayoría de ellas estaban en un estado presentable.
c) Para comenzar, la mayoría de ellas estaban en un estado presentable.

2 **Así, hace unos años decidí lanzar un producto diferente de mayor calidad.**
a) De todos modos, hace unos años decidí lanzar un producto diferente de mayor calidad.
b) A fin de cuentas, hace unos años decidí lanzar un producto diferente de mayor calidad.
c) De este modo, hace unos años decidí lanzar un producto diferente de mayor calidad.

3 **Tengo miedo de que la marca Rural acabe dañando el producto Plus, porque mucha gente puede identificarlo con un producto de baja calidad.**
a) Aunque mucha gente puede identificarlo con un producto de baja calidad, tengo miedo de que la marca Rural acabe dañando el producto Plus.
b) Si mucha gente puede identificarlo con un producto de baja calidad, tengo miedo de que la marca Rural acabe dañando el producto Plus.
c) Como mucha gente puede identificarlo con un producto de baja calidad, tengo miedo de que la marca Rural acabe dañando el producto Plus.

4 **Si le doy una denominación totalmente distinta, tengo que empezar de cero.**
a) Por si queremos darle una denominación totalmente distinta, tengo que empezar de cero.
b) En caso de darle una denominación totalmente distinta, tengo que empezar de cero.
c) Con la condición de darle una denominación totalmente distinta, tengo que empezar de cero.

4. Haz un resumen de la situación del caso con tus palabras.

5. ¿Qué crees que debe hacer el protagonista del caso?

6. Ahora lee la recomendación que le da un experto. ¿Se parece a la tuya?

"Le recomiendo lanzar el nuevo producto bajo una marca totalmente distinta, aunque haciendo constar en la publicidad que la empresa es Rural.

Su marca inicial, Rural, denotaba simplemente un producto. Su siguiente marca, Rural Plus, implicaba el mismo producto, pero de mayor calidad. Su tercer cambio parece denotar a la vez una nueva mejora de calidad.

No hay problema en que siga siendo Rural, convertido ya en nombre de empresa, porque tiene habilidades y sabe ofrecer distintos productos.

Lamento terminar señalando que dudo mucho de que acabe forrándose con el SuperPlus. Los productos de muy alta gama suelen ser especialidades, con buenos márgenes unitarios, pero cuyo volumen de ventas suele ser limitado. Suelen usarse sobre todo para generar imagen".

Adaptado de *Marque distancia, pero que le identifiquen*
de Lluis G. Renart, Profesor de *marketing*

7. Juego de simulación.

ALUMNO A

- Eres el responsable de la organización de congresos y seminarios de una importante Escuela de Negocios.
- Estás interesado en alquilar una isla para el próximo congreso de Antiguos Alumnos de esa escuela.
- Te pones en contacto con el director comercial de una empresa que alquila castillos e islas para ese tipo de eventos.
- Te informas de la situación de alguna isla privada, de las instalaciones que tienen, de cómo llegar, etc.

ALUMNO B

- Eres el director comercial de una empresa que se dedica a la venta y alquiler de islas.
- Un futuro cliente te pregunta sobre la posibilidad de organizar un congreso en un hotel de una isla privada. Le das los siguientes datos:
  "La Isla de Tagomago está situada a tan solo un par de kilómetros de Ibiza; esta hermosa isla emerge en medio del Mediterráneo con sus variadas costas idóneas para todo tipo de deportes acuáticos y la buena pesca. El precio de venta asciende a 7,5 millones de euros debido al lujoso complejo arquitectónico –con piscina incluida– que preside la isla.
  Tagomago también se puede alquilar. 19 000 euros cuesta la semana para dos personas, aunque conforme aumenta el número de invitados desciende el precio por inquilino.

Desde el punto de vista del *marketing*, es la primera y más importante de las variables de *marketing mix*. Si una empresa no tiene el producto adecuado para estimular la demanda, no puede llevar a cabo de forma efectiva ninguna acción comercial. Se puede decir que el producto es el punto de partida de la estrategia de *marketing*.

Desde el punto de vista comercial, producto designa cualquier bien o servicio, o la combinación de ambos, que poseen un conjunto de atributos físicos y psicológicos que el consumidor considera que tiene un bien para satisfacer sus deseos o necesidades.

El producto turístico es principalmente un conjunto de servicios, compuesto por una mezcla o combinación de elementos de la industria turística.

1. **Lee el siguiente diálogo entre dos estudiantes de una escuela de turismo.**

Víctor: Mira, Carlota, estoy revisando el tema de las características del *marketing* turístico y no acabo de entenderlo.

Carlota: Pues yo lo que sé lo he leído en los libros, pero me pasa lo que a ti, que no entiendo bien el concepto.

Víctor: A ver, yo lo que entiendo es que un producto turístico es cualquier oferta que proviene de las agencias de viajes o de los turoperadores…

Carlota: Sí, sí, eso es muy evidente, lo que hemos de mirar es eso de las características del *marketing* turístico que aparece aquí, ¿ves? *(señalando el libro y leyendo)*

Víctor: Sí, ya veo, déjame leerlo a mí. *(pausa)*

Carlota: Pues no es tan difícil, leyéndolo con más detenimiento, cuando hablan de algo tangible están mencionando aquellas características que se pueden saborear, ver, tocar… como es la calidad de la comida, el confort de una habitación de un hotel…

Víctor: Sí, es verdad, tienes razón. Entonces, claro, existen otras características que no se pueden apreciar por medio de los sentidos, eso se refiere seguramente a las expectativas de los turistas, cómo imaginan el producto y eso es lo intangible. ¡Ya lo tenemos! Eso es lo que hacen la mayoría de los turistas, dejan volar su imaginación y luego… así les va a las agencias.

Carlota: Desde luego, cuando te imaginas un paraíso, llegas y ves lo que hay, entonces todo son quejas y reclamaciones.

Víctor: Además también creo que el producto turístico es muy estacional y eso le hace vulnerable.

Carlota: Sin embargo, por otro lado, no existen fechas de caducidad ya que no son artículos que se pueden almacenar y eso es muy positivo.

Víctor: Creo que lo mejor sería hacer una tabla con las ventajas e inconvenientes de un producto turístico, ¿te parece?, ¿me ayudas?

Adaptado de *Spanish Infovia*

2. En parejas, haced una lista agrupando las ventajas y desventajas de un producto turístico.

ventajas

desventajas

3. Aquí tienes un texto que habla sobre las características del producto turístico. Relaciona cada uno de estos términos con su descripción.

a. Agregabilidad y sustituibilidad.
b. Subjetividad, individualidad, inmediatez y simultaneidad de producción y consumo.
c. Intangibilidad.
d. Caducidad.
e. Heterogeneidad.

1 [   ]. Los productos turísticos tienen unos componentes tangibles y otros intangibles. La tangibilidad se observa en la cama de un hotel, el *overbooking*, la calidad de la comida. La parte tangible la constituye el producto turístico en sí, tal y como es ofrecido por la empresa de servicios turísticos.
La intangibilidad se deduce del hecho de que las características de los componentes de un producto turístico no se pueden testar por medio de los sentidos. Los turistas generan expectativas, imaginan cómo es el producto, qué uso le darán, y qué resultados esperan obtener. Este componente de intangibilidad hace que los consumidores no estén seguros de lo que compran, ni del beneficio que realmente van a obtener cuando consuman el producto.

2 [   ]. Los productos turísticos no se pueden almacenar.

3 [   ]. El producto turístico se forma a partir de la agregación de varios componentes, alguno de los cuales se puede sustituir por otro de forma inmediata.

4 [   ]. El producto turístico está formado por muchas partes, y condicionado por muchos factores.

5 [   ]. Es subjetivo porque depende de las condiciones en que estén clientes y prestatario en el momento del consumo.
Las satisfacciones que produce son individuales y distintas de unas personas a otras.
Su consumo es simultáneo a su fabricación real, de manera que el producto se crea realmente al mismo tiempo que se consume.

Adaptado de *J. M. Colina*

4. Comprueba si en el diálogo de la actividad 1 han aparecido todas las características de los productos turísticos que se mencionan en el texto. ¿Cuáles faltan en el diálogo?

FICHA 10.4. LA PUBLICIDAD

No es suficiente con disponer de un buen producto, y comercializarlo a través del canal de distribución más adecuado, con un buen precio. Además, hay que comunicar su existencia. Los instrumentos para realizar esta actividad forman lo que se llama el "mix de comunicación". Entre estos instrumentos está la publicidad.

1. ¿Qué es para ti la publicidad? Escribe una definición y compárala con la de tus compañeros.

2. Aquí tienes una definición de publicidad. ¿Coincide con la que has hecho tú? Añade las características que te parezcan más importantes y que no hayas mencionado en tu definición.

> "**Publicidad** es la comunicación no personal y pagada para la presentación y promoción de bienes, servicios o ideas, que lleva a cabo un patrocinador identificado. Las herramientas: medios de masas, circulares, cartas, pósters, catálogos... Los objetivos son: informar, persuadir y mantener el recuerdo".

3. En parejas. A continuación, vais a leer un texto que hace referencia a la publicidad exterior. Antes, responded a estas preguntas:

a) ¿Cuáles son los principales objetivos de la publicidad?

b) ¿Por qué factores está condicionada?

c) Lee el texto y complétalo con las palabras que aparecen a continuación:

Anunciarse a pie de calle

¿Qué soportes son los más adecuados para cada campaña de publicidad exterior?

Las modernas herramientas con las que se diseñan las campañas de publicidad exterior han aumentado su eficacia de forma exponencial. Solo la televisión consigue más notoriedad que las vallas, marquesinas y carteles de estas campañas. ¿Quieres aprovechar su tirón?

La publicidad exterior salta a la vista sin previo aviso. Esta es la clave de su eficacia. Después de la televisión, es el medio que más imagen de marca consigue, con un 24% de menciones frente a un 60% del recuerdo televisivo. ¿Cómo se explica entonces que solo acapare un 5,4% de la inversión total de los anunciantes?

La razón hay que buscarla en fantasmas que hoy forman parte del pasado, como la escasa [____(1)____] de los anunciantes o la falta de un control de la [____(2)____] para comprobar la eficacia de las campañas. Un oscuro pasado que nada tiene que ver con la situación actual de la publicidad exterior en España. "Hoy los anunciantes cuentan con un sistema de medición de audiencia (Geomex), que permite conocer tanto la frecuencia de contacto del público al que va dirigida la [____(3)____] como la repercusión que tiene esa publicidad según las áreas en las que está expuesta" afirma el director general de Productos y Servicios de la consultora Cuende y Asociados. "Si la agencia de publicidad no utiliza los datos de audiencias para diseñar una campaña de publicidad exterior estará haciendo una planificación a ciegas", añade.

Criterios de uso. Generalmente, las grandes empresas no utilizan la publicidad exterior como único medio y lo combinan con otros [____(4)____] como prensa, radio o televisión. En cuanto a la forma de aprovechar al máximo este tipo de publicidad, la directora de Investigación de la central de medios Carat Expert recomienda adecuar los soportes y los lugares elegidos al público objetivo y al propio [____(5)____] de la campaña.

El soporte. Las marquesinas están más indicadas para *targets* urbanos y clases medias; las vallas sirven, sobre todo, para generar imagen, y los autobuses son el soporte escogido para las [____(6)____] de productos, fundamentalmente viajes y estrenos de películas.

Escoger el emplazamiento. Otro factor diferencial entre un soporte y otro está en la posibilidad que ofrezca este de segmentar mejor al público en función de su ubicación. Es el caso de las cabinas, o lugares de paso, como las lonas, en las que un anuncio determinado puede permanecer mucho tiempo. La publicidad exterior emplazada en aeropuertos va dirigida a un público profesional, mientras que un [____(7)____] en el metro tiene mayor penetración entre las clases más populares. En este último caso hay que tener en cuenta que solo Madrid, Barcelona, Valencia y Bilbao tienen Metro. Por último, no hay que olvidar que la publicidad situada en los andenes tiene un mayor número de impactos que la situada en zonas de paso.

Motivos del desplazamiento. Los expertos diferencian entre soportes vinculados al universo del trabajo y los relacionados con el ocio. Los afines al mundo laboral –autobuses, marquesinas, taxis y metro– son más útiles para textos informativos, provocan un recuerdo más fugaz en el consumidor y se utilizan más para anunciar productos –generalmente marcas locales– que para potenciar el recuerdo o la imagen de [____(8)____]. Por el contrario, los relacionados con el ocio –sobre todo carteleras– usan imágenes y potencian la marca. El mobiliario urbano estaría a caballo entre ambos.

Adaptado de varias fuentes

d) **Elección múltiple.**

(1)	a. solvencia	b. tarea	c. creatividad
(2)	a. audiencia	b. clientela	c. colectividad
(3)	a. sesión	b. campaña	c. información
(4)	a. puestos	b. reclamos	c. soportes
(5)	a. texto	b. signo	c. mensaje
(6)	a. promociones	b. producciones	c. reclamaciones
(7)	a. cartel	b. póster	c. anuncio
(8)	a. empresa	b. firma	c. marca

e) **¿Qué significa "salta a la vista" y "estar a caballo entre…"?**

f) **Responded a las siguientes preguntas:**

1	¿Cuál es el medio que más imagen de marca consigue?
2	¿Por qué es eficaz la publicidad exterior? ¿Por qué se emplea poco?
3	¿Cómo podemos sacar el máximo rendimiento a este tipo de publicidad?
4	¿Hay algún tipo de diferencia en cuanto al uso de un soporte determinado? ¿Cuál?
5	¿Estáis de acuerdo con el artículo? Comentad con el resto de los compañeros vuestra opinión.

4. Relaciona las dos columnas.

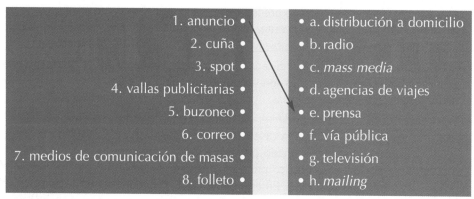

1. anuncio •   • a. distribución a domicilio
2. cuña •   • b. radio
3. spot •   • c. *mass media*
4. vallas publicitarias •   • d. agencias de viajes
5. buzoneo •   • e. prensa
6. correo •   • f. vía pública
7. medios de comunicación de masas •   • g. televisión
8. folleto •   • h. *mailing*

5. La publicidad exterior debe reunir una serie de requisitos formales para que pueda ser más eficaz. ¿Recordáis algunos?

6. Poned los siguientes títulos en el espacio correcto del texto y comprobad si habéis hecho mención de alguna de estas características:

a. Movimientos y efectos ópticos.	**b.** Cuidar el contexto.	**c.** Sencillez.
d. Mensajes muy visuales.	**e.** Facilitar la lectura.	

Creatividad al aire libre: la forma de dar el mensaje influirá en el de recuerdo de la campaña

1. _____

Se debe usar un titular corto y no incluir demasiadas palabras. La tipología debe ser clara y sin colores que faciliten la lectura.

2. _____

Un anuncio impacta más si está hecho con imágenes que se queden en la retina del espectador, pero sin que la imagen vampirice el mensaje o la marca.

3. _____

Además de crear el contenido dependiendo de las dimensiones del soporte y de cómo se verá finalmente, es interesante personalizarlo según la zona en la que se va a colocar y mencionar.

4. _____

Son recomendables los mensajes simples y directos.

5. _____

El movimiento capta enseguida la atención. Así, los carteles que utilizan el mismo soporte para ver varios anuncios o el recurso de utilizar efectos ópticos para obtener distintas visiones del mismo anuncio son algunas formas de captar la atención.

Adaptado de *Emprendedores*

1. El siguiente texto explica el desarrollo de una publicidad turística. Estos términos son importantes para su comprensión. ¿Sabes qué significan?

firmar un convenio · el volumen de la inversión · la planificación de medios · la campaña de publicidad · el producto complementario

2. Lee el texto y contesta las preguntas a continuación.

El secretario general de Turismo y vicepresidente de Turespaña, y el consejero de Turismo del Gobierno de Canarias, han firmado un convenio entre el Instituto de Turismo de España y la Consejería de Turismo de Canarias para el lanzamiento de una campaña conjunta de publicidad turística.

La campaña de publicidad se ha definido buscando en todo momento destacar los elementos diferenciadores del destino turístico Canarias frente a sus competidores y resaltando en los visuales los elementos propios. Los productos a promocionar son: el turismo de sol y playa, el turismo cultural y de interior y el turismo deportivo y de naturaleza y en todos ellos se ha cuidado presentar el producto desde elementos característicos de las islas Canarias de forma general.

La campaña *Smile! You are in Canarias* (cada persona tiene la posibilidad de dibujar su sonrisa cuando venga a Canarias) se dirige a un público general de clase media europea en el que se priorizan las familias con niños, las parejas y los grupos de jóvenes. Por ello, en cada visual se ha procurado presentar el producto principal a promocionar con un producto complementario: la playa con niños con el avistamiento de ballenas, el paseo por un centro histórico con la gastronomía, el golf con el *wellness*, (por poner tres ejemplos) con el fin de incorporar a la imagen elementos diversificadores y propios del destino Canarias.

La campaña se dirige a los siguientes mercados: Países Bajos, Irlanda, Dinamarca, Finlandia, Bélgica, Suiza, Austria, Italia, Francia y Portugal. Se trata de mercados de especial importancia para Canarias ya que contrarrestan la concentración de los flujos en los mercados británico y alemán.

La determinación del tipo de productos y el volumen de la inversión necesaria en cada uno de ellos se ha hecho teniendo en cuenta los análisis del Plan de Objetivos de Promoción Exterior del Turismo. La identificación del público objetivo tanto en lo creativo (para determinar quién debe aparecer en la foto del visual) como en la planificación de medios, parten de los análisis de mercados que realiza Turespaña. Los "*dossier*" mercado" del Plan de Objetivos incluyen no solo los datos generales de llegadas y los rasgos más importantes de comportamiento de los turistas sino que incorporan además un análisis de competencia y determinación de productos de gran potencialidad.

Adaptado de *Turismo de Canarias*

a) Responde a las preguntas siguientes:

1	¿Cuáles son los objetivos de la firma del convenio?
2	¿Recuerdas qué mercados son de especial importancia para Canarias?
3	¿Cómo se determinó el volumen de inversión?
4	¿Qué determinaron los análisis de mercados que realizó Turespaña?
5	¿Cómo defines la campaña "Smile! You are in Canarias"? ¿A qué tipo de público está dirigida? Nombra los productos complementarios que ofrece la campaña. ¿Cuál te interesaría? Justifica tus respuestas.

ACTIVIDADES RECOPILATORIAS

Te presentamos dos anuncios de dos diferentes lugares de la geografía española: Lanzarote, en las Islas Canarias y la Costa Daurada, en Tarragona.

1. Ambos se presentan en medios de publicidad exterior. ¿Qué tipo de soporte publicitario elegirías? ¿Crees que cumplen los requisitos para que esa publicidad llegue al público objetivo y sea eficaz? ¿Recuerdas lo comentado en este tema?

2. En parejas, comparad los dos anuncios y repasad si cumplen esas características presentadas en la ficha 10.4. (sencillez, facilitar la lectura, etc.)

ANUNCIO A

ANUNCIO B

¿MONTAMOS UN *SPA*?

TAREA

1

El sector del spa y del wellness tiene cada vez más presencia en Fitur. La Feria Internacional de Turismo ha manifestado un gran crecimiento en el sector spa y el de la salud. Destacan los intercambios entre empresas y compradores en el séptimo Salón de Reuniones y Viajes de Incentivo.

1. Actividades de pre-lectura.

Te proponemos que montes un *SPA* (*salutem per aqua*) **¿Qué preferirías: obtener una franquicia o montar un negocio por cuenta propia y con total libertad?**

- ¿Sabes en qué consiste un *spa* básicamente?
- ¿Cuál crees que es el origen de los *spa*?
- ¿Existen este tipo de locales en tu país? ¿Cómo son?
- ¿Existe un tipo de turista específico al que se dirige la oferta que ofrece este tipo de locales? ¿A qué tipo de público van dirigidos?

2. Comprensión lectora. "Monta un *spa*". Este artículo fue publicado en la revista de información económica *Emprendedores*. Su lectura te ayudará a seleccionar el tipo de establecimiento que vas a montar, así como los pasos necesarios para hacerlo.

a) Vocabulario. ¿Sabes qué significan los términos recogidos en el siguiente cuadro? Te serán imprescindibles para la comprensión del texto.

talasoterapia	asequible	estaciones termales	reclamo
puntos guía	fidelización	dolencias	centro de bronceado amenaza

MONTA UN *SPA*

Balnearios urbanos, hoteles con *spa*... La salud a través del agua se está imponiendo en los últimos años como consecuencia del creciente interés de la sociedad por actividades de ocio relacionadas con la relajación y la salud. Te contamos qué necesitas para montar uno.

Impulsados por el fuerte crecimiento de la oferta, los establecimientos orientados al turismo de salud y belleza, que pueden llegar a facturar cerca de 1000 millones de euros en un año, han experimentado en los últimos años tasas de crecimiento en torno al 20%, según datos de un estudio sobre balnearios realizado por la consultoría DBK. Se amplía la oferta, de modo que dentro de estos establecimientos se han incluido los hoteles con *spa* y los locales de **talasoterapia** o utilización de aguas marinas. Por un lado, en las grandes ciudades se abren hueco los balnearios urbanos que venden bienestar al cliente a un precio **asequible** sin que este tenga que invertir tiempo en desplazarse a **estaciones termales**. Mientras, en las zonas turísticas surgen hoteles que incorporan en su oferta el *spa* como **reclamo**.

Y es que los servicios prestados por los *spa* están de moda. Según el estudio de DBK, "estos establecimientos cuentan en su conjunto con una oferta de alrededor de 60 000 plazas, siendo Canarias la comunidad con una mayor oferta, concentrando alrededor del 35% del total de plazas del país".

Hasta hace poco, la mayoría de la gente en España no sabía lo que significaba la palabra *spa*. Sin embargo, en otros países es un sector más maduro. Linda Nicolau, directora gerente de Ecologic Natural *Spa*, explica que "en Estados Unidos y Asia, lugares donde se pueden encontrar los grandes *spas* del mundo, los *spas* turísticos son realmente espectaculares y forman ya una parte muy importante de cualquier hotel de cierta categoría. Los *spas*, balnearios urbanos y los centros de *wellness*, también son muy populares y suelen ser muy lujosos en estas zonas".

En España, todavía nos encontramos en fase de crecimiento, si bien es verdad que el aumento de la oferta ha sido notable en los últimos años. Si nos centramos en la comparación entre provincias, Nicolau comenta que "la mayor diferencia se encuentra en las grandes ciudades o en las zonas de turismo de alto nivel. Estas son las zonas en las que más se conoce el concepto *spa* por la influencia extranjera. También se distingue mucho por los precios. Por ejemplo, efectuar un tratamiento en ciudades como Madrid, Barcelona, Marbella o Mallorca resulta bastante más caro que realizarlo en alguna ciudad de interior".

Al tratarse de un sector en crecimiento, las oportunidades son mayores que las que pueda ofrecer un sector ya maduro. A continuación te detallamos algunos **puntos guía**:

- <u>Personalización</u>. Ofrecer un trato personalizado al cliente será tu mejor arma para diferenciarte de la competencia.

- <u>Especialistas</u>. Contar con profesionales que sepan aclarar en todo momento las dudas e indicar cuáles son las mejores formas de aprovechar el circuito, te ayudará a obtener la **fidelización** de tu clientela. También puedes ofrecer cursos personalizados para niños, ancianos, personas con **dolencias** concretas... Todo dentro de un horario lo más amplio posible para poder adaptarte a las necesidades de tu clientela.

- <u>Diversificación</u>. Las posibilidades de diversificación hacia otras áreas son elevadas: lo más común es complementar los servicios prestados en el *spa* con servicios propios de un centro de estética. No obstante, hay muchas más opciones ya que se puede diversificar con distintos aparatos, **centro de bronceado** e, incluso, peluquería. Ofrecer un servicio integral, siempre relacionado con la belleza y el bienestar, puede ayudarte a incrementar tu clientela. Sin embargo, esta diversificación también puede ser una **amenaza**, ya que otras empresas —como hoteles, gimnasios, centros de estética, etc.– están incluyendo, cada vez más, dentro de su cartera de productos y servicios, algunos que son propios de los *spa*, como las piscinas de hidromasaje o los *jacuzzi*, entre otros muchos.

Adaptado de *Emprendedores*

b) Marca si las siguientes afirmaciones son verdaderas o falsas.

	V	F
1. Los tratamientos de *spa* son inasequibles para la clase media.		
2. Un tratamiento en Málaga no es más caro que en cualquier otra ciudad.		
3. Los *spa* en España están concentrados básicamente en las Canarias.		
4. En España nos encontramos en absoluta fase de consolidación.		
5. Personas con dolencias concretas pueden hacer cursos especializados.		
6. Para fidelizar a la clientela es necesario contar con especialistas.		
7. En la diversificación todo son ventajas para este producto.		
8. La diversificación supone tanto una gran ventaja como una seria amenaza.		
9. Los *spa* son ofrecidos solo en hoteles de cuatro o cinco estrellas.		
10. Los *spa* están más consolidados en España que en Asia o Estados Unidos.		

A partir de ahora vais a trabajar en parejas.

Para montar vuestro *spa* no podéis olvidar estudiar y valorar cada uno de los siguientes elementos:

1. EL LOCAL

Las características mínimas son:

- **Tamaño.** Para *spas* urbanos se requiere un mínimo de 100 m². Aunque lo ideal, para ofrecer como-didad, es en torno a los 200 m², siendo las dimensiones de un *spa* medio entre los 400 m² y los 500 m². Además, es necesario tener un pequeño almacén para guardar y controlar los productos, consu-mibles, etc., y una zona para la maquinaria y la depuradora de la piscina.
- **Ubicación.** Se debe hacer un estudio para conocer el nivel socioeconómico de la zona. Mejor si es medio-alto, ya que da estatus a la empresa sin limitar al cliente con nivel económico más bajo.
- **Regulación.** Este sector sigue sin estar tan regulado como debería, aunque existen normas estrictas sobre dónde y cómo efectuar las instalaciones eléctricas, la instalación de saunas, etc.
- **Humedad y ruido.** Es imprescindible contar con un deshumidificador que aísle de la humedad y el continuo funcionamiento de la depuradora obliga a una buena insonorización.

Adaptado de *Emprendedores*

a) **Pensad los metros que vuestro local necesitará y valorad su ubicación geográfica, teniendo en cuen-ta que podéis montarlo tanto en España (península o islas) como en el lugar de Sudámerica que os guste. Podéis buscar los mapas en Internet. Después completad el cuadro con los datos convenien-tes para vuestro proyecto:**

Tamaño del local:	
Ubicación del local:	

2. OFERTA, A LA ÚLTIMA

El balneario se complementa con servicios de estética manual (masajes con fangos, lodos...) y, en algunos casos, con diversos aparatos (de gimnasia pasiva, rayos UVA, etc.). El tamaño del local condicionará los servicios que ofrezcáis. Necesitaréis una zona diáfana para ubicar un circuito básico de una hora y media, que suele estar compuesto por una piscina de hidromasaje, *jacuzzi*, zonas de calor (baño turco, terma romana, sauna...) y duchas (terapéutica, escocesa, de aceites esenciales...). Además necesitaréis cabinas independientes para completar los tratamientos de masaje, etc. Es fundamental estar informados de todas las novedades e ir renovándose. Internet, las ferias del sector y los proveedores son una gran fuente de información.

Adaptado de *Emprendedores*

b) **Completad el cuadro con los datos convenientes para vuestro proyecto:**

SERVICIOS	APARATOS	N.º DE CABINAS	CIRCUITO BÁSICO

3. CLIENTELA

Niños, mayores, hombres, mujeres..., cada vez son más variados los clientes que acuden a estos locales. Se están rompiendo las barreras y ampliándose los clientes potenciales. Una forma de fomentar la fidelidad es ofreciéndoles bonos descuento de varias sesiones, la posibilidad de traer un amigo para que conozca el centro, etc., además de un horario lo más amplio posible para adecuarse a todas las necesidades.

Adaptado de Emprendedores

c) Completad el cuadro con los datos convenientes para vuestro proyecto:

Público objetivo	➡	
Formas de fidelización	➡	
Horario	➡	

4. INVERSIÓN MÍNIMA NECESARIA

La inversión para montar un *spa* dependerá de los servicios que decidáis prestar. Se puede montar un *spa* con muchas piscinas, saunas, etc., lo que aumentará mucho el importe. Otra opción más económica es la de concentrar la zona de tratamientos. Para un *spa* completo de alta calidad (con servicios de belleza, zona de aguas, *fitness*, etc.), la inversión estaría entre 1500 y 1800 euros/m², incluyendo coste de planos, ingeniería, productos, herrramientas, puesta en marcha, etc. Hay que invertir constantemente para no quedar obsoletos. El plazo de recuperación puede llegar en dos años.

A continuación os detallamos la inversión mínima necesaria para iniciar la actividad empresarial en un local de unos 200 m². Además, tendréis que contar con un colchón financiero para hacer frente a los gastos de personal, publicidad, suministros, etc.

Gastos de primer establecimiento	3500 euros
Alquiler de local (primer mes + dos meses de reserva)	9000 euros
Reforma y mobiliario	324 000 euros
Cuota neta del primer año de *leasing*	47 500 euros
TOTAL	384 000 euros

Adaptado de Emprendedores

d) Haced un cálculo aproximado del coste de vuestro *spa* teniendo en cuenta los datos con los que habéis completado los cuadros de los puntos 1, 2 y 3:

Gastos de primer establecimiento	.... euros
Alquiler de local (primer mes + dos meses de reserva)	.... euros
Reforma y mobiliario	.... euros
Cuota neta del primer año de *leasing*	.... euros
TOTAL	.... **euros**

5. PUBLICIDAD

e) **¿Qué imagen queréis dar de vuestro negocio? Seguid el ejemplo:**

> *Queremos que tenga una imagen innovadora / rompedora / clásica / seria / etc., pero, sin embargo, no quisiéramos que resultase demasiado moderna / anticuada / etc. Sin duda, nos encantaría que fuese una imagen que...*

f) **El logotipo es muy importante. Cread vuestro logotipo teniendo en cuenta la información del cuadro, pero primero resolved la relación correspondiente entre cada imagen y su tipología:**

Tipos de logotipo:

a. **Descriptivo**
b. **Acrónimo**
c. **Simbólico**
d. **Patronímico**
e. **Geográfico**
f. **Siglas**

1. ....

2. ....

3. ....

4. ....

5. ....

6. ....

g) **En parejas, elegid 3 ó 4 de los medios publicitarios de la lista y cread un mensaje publicitario lo más innovador y original posible. Los diferentes medios que elijáis deberán contener el mismo mensaje, pero adaptado adecuadamente al medio que estáis utilizando, sea este visual, auditivo, gráfico...**

- Vallas publicitarias.
- Carteles: metro / cine /...
- Televisión (autonómicas).
- Radio: cuñas publicitarias.

- *Mailing* / buzoneo.
- Anuncios en prensa / revistas de salud.
- Folletos en gimnasios / colegios / hoteles...
- Internet...

FICHA 3. PUESTA EN MARCHA

1. Completad el siguiente modelo de Carta Circular de Apertura ayudándoos de las palabras de la lista que más os gusten:

- *Estimado/a Sr./Sra.*
- *Muy Sr./Sra. nuestro/a.*
- *Nos es grato / Nos complace / Tenemos el gusto / Tenemos el placer...*
- *Atentamente / Cordialmente / Reciba un cordial saludo.*

NOMBRE COMERCIAL
Dirección
Teléfono / Fax
Dirección de correo electrónico.

FECHA

DESTINATARIO
Posición
Dirección

ENCABEZAMIENTO

CUERPO DE LA CARTA EN EL QUE SE REALIZA LA NOTIFICACIÓN DE LA APERTURA Y LA DESCRIPCIÓN DE LAS ACTIVIDADES DE VUESTRA SOCIEDAD COMERCIAL, ASÍ COMO TODO AQUELLO QUE QUERÁIS DESTACAR.

REFERENCIA A LOS DOCUMENTOS QUE ADJUNTÉIS A LA CARTA (CATÁLOGO, LISTA DE PRECIOS, ETC.)

DESPEDIDA

FIRMA

NOMBRE

ANEXOS: CATÁLOGO Y LISTA DE PRECIOS

2. Como habéis visto, necesitáis adjuntar a la carta de apertura un catálogo con su correspondiente lista de precios, por tanto, eso es lo que os pedimos a continuación: la creación del catálogo y la lista de precios correspondiente. Recordad utilizar el logo, el nombre comercial y todos aquellos elementos que mejor destaquen los atractivos de vuestro establecimiento. Por supuesto, podéis añadir fotos.

3. Por último, observad la siguiente invitación para la inauguración y cread la vuestra propia.

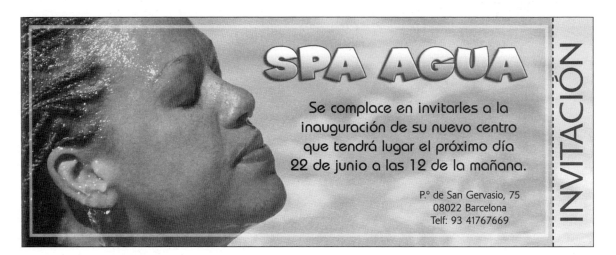

ACTIVIDADES RECOPILATORIAS

1. Leed los siguientes textos sobre los establecimientos *SPA* y *Hammam*. Completad el texto 1 con las expresiones del recuadro y explicad con vuestras propias palabras las que están en negrita en el texto 2.

como pez en el agua	llevarse el gato al agua	poner la piel de gallina
darle un capricho al cuerpo	perder el tren	

TEXTO 1

Agua: caudal de salud

La salud se ha convertido en la actualidad en un nuevo reclamo turístico y los hoteles para no _____(1)_____ han encontrado una forma de _____(2)_____ diversificando su oferta para que los clientes queden satisfechos, obteniendo un plus al simple alojamiento. Tanto aquellos que se precian de estar a la última, como los que se preocupan por su salud, utilizan su tiempo libre para disfrutar en los *spa* y _____(3)_____. Los balnearios han cambiado su imagen y ya ha pasado a la historia el identificar al cliente de balneario con persona de la tercera edad, pues de hecho, es gente cada vez más joven la que se siente _____(4)_____ y absolutamente atraída por estos hoteles que ofrecen salud, buen servicio de habitaciones y una excelente cocina. El culto al cuerpo y el relax no son inquietudes realmente novedosas: primero los romanos y después los árabes dieron una gran importancia a esta clase de tratamientos basados en el agua. Los modernos *spa* recogen la herencia de las antiguas termas y los *hamman,* y los combinan con nuevas técnicas como la electroterapia o las cabinas de envolvimientos. Todo ello aderezado con música *chill out* y *new age* para crear el ambiente idóneo. Algunos hoteles cuentan entre sus instalaciones con "rarezas" como piscinas activas *talasso*, sauna finlandesa, *hamman, vaporarium*... Eso sí, los precios a veces pueden _____(5)_____.

Adaptado de varias fuentes

La magia del agua

Para perderse un fin de semana, nada mejor que hacerlo en la Granada Nazarí. Siguiendo la huella de los árabes, uno se adentra en el Albaicín para **rendirse sin condiciones** al encanto y la magia de sus teterías, sus bazares y por supuesto a su *hammam* y su culto naturista al agua como símbolo de purificación corporal y de inspiración poética. Para el mundo islámico el agua es un don divino, pero también significa la sabiduría profunda y la pureza, la **bebida por excelencia** que **apaga la sed del alma**. Tomar un *hammam* tiene sus reglas, tiene su particular ritual para **despertar los sentidos** a través del agua y **dejar aflorar los pensamientos** de forma prodigiosamente fluida, por lo que un *hammam* es un lugar de reposo, además de una verdadera **fuente** de intercambio de ideas y discusión social, política y cultural. El diseño de un *hammam* situado en Granada suele ser similar a los auténticos baños árabes de la Alhambra, la belleza de la arquitectura musulmana con sus arcos y celosías, la luz es difusa y su ambiente cálido con un agradable olor a aceites y esencias que junto al alegre chapoteo del agua y la música arabizante, ayuda a crear un clima de magia sin igual que **nos transporta** a nuestro pasado andalusí.

Adaptado de Rosie Lawhorn para *Spanish Infovía*

2. Entre los dos textos anteriores existen similitudes y diferencias obvias y otras que no lo son tanto. A continuación completad el cuadro en parejas y posteriormente comparad los resultados con el resto de la clase.

SIMILITUDES	DIFERENCIAS

3. Juego de rol.

En grupos de 4, debatid las ventajas y desventajas de montar un *spa* o un *hammam*. Podéis partir de la actividad anterior, pero vamos a ir más allá del contenido de los dos textos, pues ahora tendréis que hacerlo desde la óptica de los empresarios de tales establecimientos, aprovechando la experiencia adquirida durante la tarea de crear vuestro propio *spa*. Podéis sustentar vuestras posiciones tomando como base los distintos elementos sobre los que habéis trabajado para crear vuestro establecimiento *spa*.

El siguiente cuadro os puede servir de ayuda para plantear con claridad los puntos que defenderéis en el debate.

LOCAL (Tamaño, ubicación, etc.)		
SERVICIOS (Aparatos, circuito, etc.)		
CLIENTELA (Público objetivo, bonos, horarios, etc.)		
INVERSIÓN (Alquiler del local, reforma, mobiliario, etc.)		
PUBLICIDAD (Imagen, logo, etc.)		

ORGANIZANDO UN ITINERARIO TURÍSTICO

TAREA

2

1. Actividades de pre-lectura.

Imagina que tienes que organizar un viaje para unos clientes por España. ¿Recuerdas cuáles son las etapas en la programación de un viaje? ¿Qué tipo de paquete o viaje programado les ofrecerías?

2. "A la carta: así se organizarán los viajes". Este artículo está dirigido a un público no especializado y su lectura te ayudará a ver los grandes cambios producidos en el sector de viajes en los últimos años y que se están consolidando en la actualidad.

a) Léxico. Estos términos te resultarán imprescindibles para la comprensión del texto. ¿Sabes qué significan?

viajes a la carta	programas cerrados	viajeros independientes
excursiones en destino	operador local	agencias virtuales

A la carta: así se organizarán los viajes

Una de las claves del viajero del futuro será la forma en que organice el viaje. Ahora solemos recurrir a una agencia de viajes, real o virtual, y algunos, los menos, se lo montan solos. En el futuro, las agencias cambiarán su forma de actuar y se impondrán los llamados **viajes a la carta**, al gusto del viajero y en detrimento de los **programas cerrados**. Una realidad que ya existe, por ejemplo, en Japón, "donde se ha extendido la tendencia del viaje de pequeños grupos –entre 8 y 10 personas– con itinerarios mucho más flexibles" afirma el presidente de la Federación Española de Agencias de Viajes.

Junto a los viajes a la carta, la verdadera novedad se producirá en casa. Y es que el número de **viajeros independientes** crecerá de forma apabullante. Esto significa que no se contratará con un mismo proveedor todo el viaje, ya sea una agencia normal o virtual. Los billetes de avión se comprarán a la línea aérea, las reservas de hotel se harán con la propia cadena de hoteles, las **excursiones en destino** a través de un **operador local** y los servicios de un guía se elegirán entrando en su página web. Será como un gran supermercado donde uno irá echando a la cesta solo lo que le interesa.

Esto ya es una realidad aplastante en Estados Unidos. El presente es el siguiente: según un estudio de la *Travel Industry Association of America*, la compra *on-line* de billetes de avión, reservas de hoteles y alquileres de coches superó los 14 000 millones de dólares. Del mismo estudio se desprende que de las compras *on-line* de billetes de avión, el 58% fue realizado por usuarios particulares, el resto a través de **agencias virtuales**. La venta de viajes *on-line* será uno de los motores del comercio electrónico en los próximos años.

Adaptado de *Revista Práctica Deviajes*

b) Marca si las siguientes afirmaciones son verdaderas o falsas.

	V	F
1. El perfil del cliente dependerá de cómo organice su viaje.		
2. Las agencias de viajes impondrán programas cerrados.		
3. El número de viajeros independientes se incrementará notablemente.		
4. Algunos servicios sueltos los gestionará solo la agencia.		
5. En EE.UU. más de la mitad de las reservas de billetes de avión se hizo a través de agencias virtuales.		

c) Estos son los pasos que hay que seguir para programar un viaje. Ordénalos cronológicamente.

	Elaboración y diseño del folleto y/o proyecto de viaje.
	Presentación del producto.
	Creación o diseño del producto.
	Elección de proveedores.
	Cálculo del índice de ocupación o punto muerto.
	Planificación del itinerario.
	Formalización y realización.
	Cálculo del presupuesto del viaje.

d) Elección del tipo de viaje. Paquete turístico.

Se entiende por viaje combinado el que, además de ofrecerse con un precio global y sobrepasar las veinticuatro horas o una noche de estancia, incluye, al menos, dos de los tres elementos siguientes:
- Transporte.
- Alojamiento.
- Otros servicios turísticos no accesorios del transporte o del alojamiento y que constituyan una parte significativa del viaje organizado.

Este servicio turístico puede ser programado por propia iniciativa de la agencia productora, servicio a la oferta, o bien a petición del cliente, servicio a la demanda. En el primer caso es la agencia la que determina todos los detalles. En el segundo, es el cliente el que decide estos detalles, generalmente con la ayuda y asesoramiento del agente de viajes.

Fuente: J. Gómez y C. Quijano, *Rutas e itinerarios turísticos en España*

FICHA 2. PREPARANDO EL ITINERARIO TURÍSTICO

1. **En grupo. Vais a realizar un itinerario turístico por España. A continuación, tenéis una serie de pasos que deberéis seguir:**

a) **Diseño del producto: datos del cliente objetivo, duración del viaje, servicios y posibilidades del cliente. Qué tipo de paquete turístico vais a preparar. Planificación del itinerario: etapas de su desarrollo, servicios que se prestan y medios de transporte. Podéis consultar los siguientes temas: los temas 3 y 4, dedicado a transporte, el tema 5 para los alojamientos y el tema 6 para restauración. Para actividades de ocio y negocio, los temas 7 y 8.**

b) **Elaboración y diseño del folleto y proyecto del viaje.**

c) **Presentación del producto.**

1. Para el punto a) os servirá de ayuda ir completando los datos planteados en los cuadros siguientes:

ITINERARIO:

Destino final:	
Etapas del desarrollo:	

De las siguientes características, ¿cuáles reúnen el destino elegido?

Interés ecológico.	☐	Patrimonio monumental y arqueológico.	☐
Buena gastronomía.	☐	Patrimonio natural.	☐
Poco turismo.	☐	Turismo de alto nivel económico.	☐

DURACIÓN DEL VIAJE:

	Primer trimestre	Segundo trimestre	Tercer trimestre	Cuarto trimestre
Periodo				

	Baja	Media	Alta
Temporada			

DISEÑO DEL PRODUCTO:

	Edad	Estatus económico	Tipo de turista: ocio, cultural, sol y playa, etc.	Otros datos
Datos del cliente objetivo				

SERVICIOS:

Incluidos en el precio:				
Adicionales:				

USO DE GUÍAS:

SÍ ¿Qué tipo?	NO

TRANSPORTE:

Automóvil propio/de alquiler	Autobús	Avión	Barco	Tren	Otros

ALOJAMIENTO:

Realizad y completad vosotros mismos la tabla correspondiente, recordando tanto los alojamientos hoteleros y sus categorías, como los extrahoteleros.

PRECIO VENTA AL PÚBLICO:

Debéis indicar los precios por persona en habitación individual, doble y los distintos suplementos o descuentos de acomodación.

2. **Elaboración y diseño del folleto y proyecto del viaje. Lo realizaréis teniendo en cuenta, claro está, el destino y las condiciones elegidas. Debéis incluir una foto de portada como la del modelo.**

3. **Presentad el producto al resto de la clase intentando hacer hincapié en lo que hayáis resaltado en el folleto.**

1. Rellena la hoja de reserva de este viaje.

HOJA DE RESERVA

C.I.F.: A-28668127 G.A.T.: 697
O'Donnell, 49 • 28009 Madrid • Telfs.: 91 409 11 25 - 91 409 32 81 • Télex: 43703 CTAI • Fax: 91 409 66 92

AGENCIA _____ RESERVADO POR _____

DOMICILIO_____ C.I.F. _____

CIUDAD _____ TFNO. _____ TLX. _____

NOMBRE DE LOS CLIENTES

1. _____ 5. _____

2. _____ 6. _____

3. _____ 7. _____

4. _____ 8. _____

N.º DE HABITACIONES RESERVADAS

_____ DOBLES

_____ INDIVIDUALES

_____ A COMPARTIR según disponibilidad

_____ TRIPLES

Nota: la 3.ª cama en habitaciones triples es cama supletoria.

VISADOS

País _____ N.º de impresos ☐ Fotos ☐

País _____ N.º de impresos ☐ Fotos ☐

País _____ N.º de impresos ☐ Fotos ☐

País _____ N.º de impresos ☐ Fotos ☐

PRECIO POR PERSONA _____

SUP. INDIVIDUAL _____

SUPLEMENTO T. ALTA _____

SUPLEMENTO _____

COMISIÓN _____

VISADOS _____

TOTAL

IMPORTANTE
Enviar pasaportes, fotos e impresos cumplimentados y firmados antes del _____

OBSERVACIONES

Para confirmar la reserva, envíen el BONO VALORADO (original y copia) en el plazo de 8 días. La entrega o envío de la documentación se efectuará al recibo del pago de nuestra factura.

_____

_____

_____

Reservado por _____ Fecha _____

Fuente: J. Gómez y C. Quijano, *Rutas e itinerarios turísticos en España*

2. Lee la siguiente carta y realiza las actividades a continuación.

JOMESPA

Apartado de Correos 36400
28080 Madrid (España)

Madrid, 30 de julio de 2007

Dña. Luisa Martín González
c/ Espoz, n.º 34, 1.º B
37002- Salamanca
N. Ref.: 255

Distinguida señora:

Le agradecemos la confianza demostrada en su carta del día 18 de julio, que hemos leído atentamente. Hemos considerado su reclamación y hemos consultado con el agente al cual hizo usted su reserva de billete de avión a París.

Sentimos que circunstancias familiares imprevistas la obligaran a última hora a posponer sus vacaciones y, en consecuencia, a perder una parte del dinero que usted había depositado en la agencia al efectuar la reserva de vuelo.

Tal y como figura en las condiciones impresas en el dorso del documento de reserva, y de acuerdo por lo establecido por la ley en estos casos, tenía usted derecho a la devolución de, únicamente, un 50% de la reserva. El agente tiene la obligación de retener el 25% del importe total del billete en concepto de comisión y gastos en el caso de que la anulación tenga lugar con menos de siete días de antelación. Desearíamos que comprendiera usted que tal es el sistema mediante el que los mayoristas y las agencias de viajes se comprometen a garantizar a sus clientes la reserva de un viaje.

Tenga la seguridad de que asumimos que su anulación se debió a circunstancias delicadas y que en modo alguno obedeció a una falta de seriedad por su parte; no obstante, sentimos comunicarle que no nos es posible devolverle la totalidad del adelanto que efectuó al formalizar la reserva, tal y como usted reclamaba.

Atentamente

Cristina Ramos
Departamento de Atención al Cliente.

Adaptado de G. Sanz y A. Fraser, *Manual de comunicaciones escritas en la empresa*

a) **Marca las siguientes partes en la carta: destinatario, despedida, fecha, firma, membrete, saludo, texto.**

b) **Escribe la carta de queja que debió de dar origen a la carta anterior, reclamando el reembolso del dinero del billete anulado. Utiliza los puntos anteriores, a) y b), para la estructura.**

ACTIVIDADES RECOPILATORIAS

1. Juego de roles. Un cliente va a una agencia de viajes para contratar un viaje.

ALUMNO A	ALUMNO B

Vas a una agencia de viajes con el fin de contratar un viaje combinado. Debes:
• Elegir qué tipo de cliente eres.
• Pedir información sobre lo que quieres.
• Ser exigente en cuanto a detalles de precios, guías, hoteles…
• Dejar encargado el viaje.
	Eres un agente de una agencia de viajes. Un cliente viene a pedir información sobre un viaje para sus próximas vacaciones. Debes:
	• Interrumpir tu trabajo y saludar amablemente.
	• Ofrecer asiento y hacer que el cliente se sienta cómodo.
	• Presentarte.
	• Mostrar interés hacia lo que el cliente desea, centrando la atención en ello.
	• Tratar de conocer al cliente: fijarse en su aspecto y detectar sus necesidades y motivaciones.
	• Anotar los siguientes datos sobre el viaje:
	  - dónde desea viajar;
	  - cuándo;
	  - por cuánto tiempo;
	  - qué tipo de viaje le gustaría hacer;
	  - cuántas personas;
	  - cómo: medio de transporte básico, categoría de alojamiento, otros servicios;
	  - cuánto podría gastarse.
	• Convencer al cliente.
	• Cerrar la venta.
	• Anotar de nuevo los datos personales y cobrar un depósito o el importe total.
	• Entregar la documentación y la máxima información posible del viaje.

MODELO DE EXAMEN

1.- COMPRENSIÓN LECTORA (Tiempo: 40 minutos).

1a.- Texto 1: Ejercicio de opción correcta. (Tiempo: 10 minutos).

Lago Titicaca: visión de dioses

Situado a más de 3800 metros de altura, el Titicaca es el lago navegable más alto del mundo y uno de los lugares legendarios de Sudamérica. Heredero de antiguas tradiciones y mitos, rodeado de montañas y con casi medio centenar de islas, es una invitación a descubrir la belleza y los misterios del altiplano inca.

El lago Titicaca guarda el secreto del origen del imperio Inca, la fuente de una cultura que sigue proyectando su luz, después de años de oscuridad, sobre la civilización que se le impuso. El Titicaca, en el pasado venerado por los incas y hoy considerado como uno de los lugares mas puros del mundo, es el origen de este imperio, que tenía en esta región de lago –hoy compartido entre Bolivia y Perú– un tesoro natural donde criar llamas y cultivar papa y café. En esta región del imperio, además, las entrañas de las montañas eran ricas en oro y plata, los metales que los incas ofrendaron a los dioses y los conquistadores a sus reyes.

Las montañas que rodean al Titicaca parecen estar muy cerca, pero en realidad se encuentran a unos 30 kilómetros de distancia, casi invisibles por la pureza del aire, que parece acortar las distancias. El lago Titicaca depara los más hermosos paisajes, con sus aguas armoniosas volcadas contra los picos gigantescos de los Andes bolivianos, cuyas nieves eternas parecen vigilar para siempre los destinos de las islas que los indígenas consagraron a sus dioses. Uno de los lugares más interesantes para visitar es la Isla del Sol, donde quedan muchos vestigios de las culturas que poblaron este lugar desde tiempos inmemoriales, antes de los incas, y posee maravillosos monumentos precolombinos.

La región del Titicaca puede visitarse durante todo el año, gracias a disfrutar de un clima soleado pero moderado por la altura, que refresca las noches del altiplano haciendo descender notablemente la temperatura. El impacto turístico en la zona, muy visitada por viajeros que llegan desde Perú después de haber recorrido Cusco y Machu Picchu, es cada vez mas importante.

Texto adaptado de *Perú Travel Guide*

1.- COMPRENSIÓN LECTORA (Tiempo: 40 minutos).

1a.- Texto 1: Opción correcta. (Tiempo: 10 minutos).
Responda a las preguntas que se plantean sobre el texto. No escriba en esta hoja. Marque la opción correcta en la hoja de respuestas.

1. El lago Titicaca destaca como lugar de interés sobre todo porque
    a) es navegable.
    b) es origen del imperio Inca.
    c) lo comparten Bolivia y Perú.

2. Según el texto, el imperio Inca

    a) es una cultura oscura.

    b) ofrecía oro a dioses y a conquistadores.

    c) sigue teniendo influencia a pesar de haber desaparecido.

3. La zona del lago Titicaca

    a) está rodeado de gigantescos picos cercanos donde se respira aire puro.

    b) tiene islas en las que viven indígenas consagrados a sus dioses.

    c) cuenta con abundantes recursos naturales y un hermoso paisaje.

4. Según se afirma en el texto, el lago

    a) se convertirá en un lugar turístico emergente.

    b) es considerado en la actualidad una excelente fuente receptora de turismo.

    c) es destino de turistas que después también visitan Machu Picchu.

1a.- Texto 2: Completar. (Tiempo: 15 minutos).

España consigue un aumento de visitantes del 6,1%

España batió un nuevo récord de visitantes extranjeros entre enero y julio de este año, con 31,5 millones de _____**1**_____ y un crecimiento del 6,1%, una tasa que no se registraba desde hace cuatro años, según datos de la Encuesta de Movimientos Turísticos en Fronteras (Frontur).

Las cifras de Frontur chocan, sin embargo, con las previsiones del sector _____**2**_____ y con otros datos oficiales. La encuesta de Egatur sobre el gasto medio por turista indica que este año se ha reducido un 3,8% y terminará el ejercicio con un descenso del 5% en términos reales.

Un día antes, el ministro de Industria, también informó que el sector turístico no estaba perdiendo peso en la economía y destacaba que España es el segundo país del mundo en ingresos por visitas.

Sin duda, Cataluña ha sido la comunidad más beneficiada por esta remontada del turismo y especialmente por el fuerte aumento de visitantes franceses. Con ocho millones de turistas extranjeros, Cataluña se consolida como primer _____**3**_____ nacional, al recibir a más de una cuarta parte de los turistas extranjeros, con un crecimiento del 12,7% en los siete primeros meses, una tasa que duplica la media española.

En concreto, Cataluña recibió más de la mitad de los 4,9 millones de franceses que visitaron España entre enero y julio, con un alza del 21,4%. Francia logra compensar así el _____**4**_____ del Reino Unido y anima la esperada recuperación del mercado alemán, que desde hace cuatro años ha dejado de enviar a España cerca de dos millones de turistas.

La principal vía de acceso de los turistas hasta julio fue la _____**5**_____, elegida por 23,1 millones de visitantes. Por _____**6**_____ llegaron 7,5 millones de turistas, lo que supone un fuerte aumento del 8%.

Texto adaptado de *ABC*

1.- COMPRENSIÓN LECTORA (Tiempo: 40 minutos).

1a.- Texto 2: Completar. (Tiempo: 15 minutos).

Complete las palabras que faltan en el texto. No escriba en esta hoja. Marque la opción correcta en la hoja de respuestas.

(1)	a. turismos	b. viajantes	c. turistas
(2)	a. hotelero	b. alimenticio	c. automovilístico
(3)	a. rumbo	b. destino	c. aterrizaje
(4)	a. incremento	b. aumento	c. estancamiento
(5)	a. aérea	b. peatonal	c. marinera
(6)	a. caminos	b. vías	c. carretera

1.- COMPRENSIÓN LECTORA (Tiempo: 40 minutos).

1b.- Texto 1: Verdadero/Falso. (Tiempo: 15 minutos).

LA ORGANIZACIÓN MUNDIAL DEL TURISMO Y LA COMUNIDAD ANDINA SUSCRIBEN MEMORANDO DE ENTENDIMIENTO

Los Secretarios Generales de la Organización Mundial del Turismo, Francesco Frangialli, y de la Comunidad Andina, Allan Wagner, suscribieron el día de hoy, 19 de abril de 2006, un Memorando de Entendimiento para la Cooperación Técnica y el Desarrollo del Turismo en sus respectivas sedes de Madrid y Lima.

Esta iniciativa conjunta del organismo especializado de Naciones Unidas en materia de turismo y de la Secretaría General de la integración andina refleja el firme y común convencimiento de que el turismo no solo es un factor clave para la paz, el entendimiento y la integración de los pueblos, sino también una de las actividades más importantes para la reducción de la pobreza y el desarrollo económico y socialmente sostenible de las economías, en particular de las economías andinas.

Actualmente, el turismo genera altos ingresos en varios de los países andinos y es fuente fundamental de empleo. En 2005, por ejemplo, las llegadas internacionales a los países de la región fueron de 4 214 770 y el gasto de los viajeros alcanzó los 3332 millones de dólares de los Estados Unidos de América.

El Convenio suscrito pone énfasis en el logro de los Objetivos de Desarrollo del Milenio, orientados a generar riqueza y empleo mediante el desarrollo del turismo intra-subregional y la consolidación de condiciones favorables para la creación de nuevos productos y destinos turísticos y la expansión de turismo receptor, incluyendo la definición de propuestas de políticas para el transporte aéreo, que permita ampliar las rutas turísticas y mejorar las condiciones de conectividad y los precios.

Asimismo, facilitará la promoción del turismo andino en los mercados internacionales; la creación de una plataforma de encuentro, discusión y reflexión internacional sobre el turismo andino e internacional; y, la capacitación de técnicos andinos y el apoyo recíproco a nivel de expertos de la OMT y de la SG-CAN, entre otros.

El Memorando apunta también a la puesta en marcha de un proyecto subregional para establecer en la Comunidad Andina una Cuenta Satélite de Turismo (CST), a fin de medir el efecto económico del turismo en las economías andinas. Esto tiene especial significado, dado el papel relevante de la actividad en términos de apoyo a la estabilización macroeconómica y a la generación de empleos e inversiones en la subregión.

Ambos Secretarios Generales reiteraron su satisfacción por la suscripción del Memorando de Entendimiento e hicieron un llamado a los sectores público, empresarios y operadores a beneficiarse de las oportunidades de cooperación que ofrece el acuerdo para apoyar el desarrollo turístico de la región andina en distintos ámbitos.

Texto adaptado de la *OMT*

1.- <u>COMPRENSIÓN LECTORA</u> (Tiempo: 40 minutos).

1b.- Texto 1: Verdadero/Falso. (Tiempo: 15 minutos).

Responda verdadero/falso a las preguntas que se plantean sobre el texto. No escriba en esta hoja. Marque la opción correcta en la hoja de respuestas.

1. El Memorando de Entendimiento para la Cooperación Técnica y el Desarrollo del Turismo falla al no considerar que el turismo es factor para la paz, integración y entendimiento de los pueblos.

    a) Verdadero.   b) Falso.

2. No son claros los ingresos provenientes del turismo en los países andinos.

    a) Verdadero.   b) Falso.

3. Está por determinarse si el turismo es una fuente de empleo en las comunidades andinas.

    a) Verdadero.   b) Falso.

4. En los Objetivos de Desarrollo del Milenio no se incluye el sector transporte.

    a) Verdadero.   b) Falso.

5. Se toma en cuenta el desarrollo de rutas turísticas, su conectividad y costes.

    a) Verdadero.   b) Falso.

6. La OMT no colaborará en el proceso de entrenamiento de técnicos.

    a) Verdadero.   b) Falso.

7. La Comunidad Andina actualmente tiene una Cuenta Satélite de Turismo (CST).

    a) Verdadero.   b) Falso.

8. La Cuenta Satélite de Turismo (CST) tiene como papel principal el estudio del impacto económico del sector turismo en las economías de la región.

    a) Verdadero.   b) Falso.

9. La investigación económica impulsará inversiones en la región.

    a) Verdadero.   b) Falso.

10. El Memorando de Entendimiento abre sus puertas a otros sectores en busca de beneficio mutuo.

    a) Verdadero.   b) Falso.

APELLIDO Y NOMBRE _____

CENTRO _____

CIUDAD / PAÍS _____

FECHA EXAMEN _____

HOJA DE RESPUESTAS (Señale la casilla correspondiente, <u>solo una casilla</u>).

1. COMPRENSIÓN LECTORA

1a. Opción múltiple		
	a	b	c
1	☐	☐	☐
2	☐	☐	☐
2	☐	☐	☐
4	☐	☐	☐

1a. Completar		
	a	b	c
1	☐	☐	☐
2	☐	☐	☐
2	☐	☐	☐
4	☐	☐	☐
5	☐	☐	☐
6	☐	☐	☐

1b. Verdadero / Falso	
	V	F
1	☐	☐
2	☐	☐
2	☐	☐
4	☐	☐
5	☐	☐
6	☐	☐
7	☐	☐
8	☐	☐
9	☐	☐
10	☐	☐

2.-CONOCIMIENTOS ESPECÍFICOS DEL IDIOMA (Tiempo: 40 minutos).

2a.- Opción múltiple sobre problemas gramaticales. (Tiempo: 20 minutos).
No escriba en esta hoja. Marque la opción correcta en la hoja de respuestas.

1. Una caminata y natación en las bellas cascadas de Río María _____ una forma inolvidable de celebrar la Navidad.

    a) es   b) está   c) hay

2. Nuestros guías tienen grandes conocimientos, son gente local, que hará lo mejor para asegurar que usted _____ disfrutar de la manera que más le _____.

    a) pueda / complazca   b) pueda / complace   c) puede / complazca

3. La comunidad ambientalista de Nicaragua ha promovido durante muchos años una activa campaña de educación _____ salvar a las tortugas marinas del país.

    a) en   b) por   c) para

4. Este es el mejor lugar para reservar un curso, pues el precio es como si usted lo _____ directamente a los centros de buceo.

    a) reservaría   b) reservara   c) reserve

5. Entre los múltiples atractivos, se encuentran los recorridos por selvas vírgenes, poblados _____ arquitectura se remonta a las épocas de la Conquista y la Colonia y parques naturales que datan de la era de los dinosaurios y varios Patrimonios Culturales de la Humanidad.

    a) cual   b) cuya   c) que

6. El turismo aventura se ganó un lugar más que importante _____ los turistas que prefieren sentir la adrenalina y el riesgo _____ sus vacaciones antes que sentarse _____ un auto _____ recorrer los atractivos tradicionales.

    a) de / en / con / por   b) entre / en / con / para   c) entre / en / en / para

7. Argentina cuenta _____ una notable variedad de paisajes y climas, su cultura y costumbres hacen que los visitantes se _____ atraídos por su belleza.

    a) con / sienten   b) de / sientan   c) con / sientan

8. Si usted aún no_____ lo que buscaba, destinos o viajes que deseaba, le _____ a contar con nosotros para ayudarle en la elección del mismo.

    a) encontraba / invitemos   b) encuentra / invitáramos   c) ha encontrado / invitamos

9. ¡_____ Panamá a su repertorio! Todo lo que usted necesita traer son zapatos confortables y adecuados para excursionismo.

    a) Añade   b) Añada   c) Añadirás

10. El guía - intérprete del Patrimonio, natural o cultural, es un profesional cuya labor es elaborar líneas de actuación para la puesta en valor y difusión del patrimonio a fin de que el público _____ conozca, comprenda y valore.

    a) lo   b) le   c) les

11. Tecnología suele ser igual a movimiento, y si alguien entiende de eso, es el sector del Turismo, por lo tanto, las empresas turísticas no _____ perder el tren de las nuevas tecnologías y están adaptando cada vez más metodologías, productos y servicios a la Red.

    a) habían   b) debían de   c) podían

12. Si conoce cuál es la compañía con la que hará el viaje ya puede saber, o _____ hacerse una idea, de la comida que le ofrecerán.

    a) menos   b) al menos   c) de menos

13. Tomar conciencia de que la conservación de los entornos naturales depende _____ de las políticas y de los organismos creados para tal fin, _____ del modo con el que cada uno se relaciona con el medio ambiente.

    a) mucho / pero   b)incluso / y   c) no solo / sino también

14. El turismo ecológico, ese _____ el visitante tiene un contacto directo con la naturaleza, es una de las opciones de esta época de descanso, en la que visitar los Parques Nacionales Naturales de Colombia puede ser una experiencia de aprendizaje para la familia.

    a) del que   b) en el que   c) con el que

15. Mallorca es un destino con un amplio abanico de ofertas, _____ el turismo de sol y playa _____ el turismo de negocios.

    a) desde / hasta   b) de / a   c) ante / tras

16. El turismo mundial superó el año pasado la crisis _____ llevaba sumida desde aquel fatídico 11 de septiembre.

    a) por la que   b) a la que   c) en la que

17. Al turismo_____ considera un sector generador de oportunidades, capaz de crear negocios y empleo, potenciador de crecimiento y desarrollo de_____ área, estímulo importante para proteger el medioambiente y las culturas autóctonas.

    a) le / la   b) se le / un   c) se lo / una

18. En los próximos años, el turismo de la Comunitat Valenciana volverá a _____ presente en los certámenes internacionales.

    a) tener   b) estar   c) ser

19. Dentro de 5 años el 90% de los viajes de negocios se contratará por Internet, _____ la encuesta de *Carlson Wagonlit Travel*.

    a) por   b) según   c) tal

20. Con un mensaje en la confirmación de la compra de billetes de avión, la compañía facilita a sus clientes información _____ costaría compensar las emisiones contaminantes del vuelo que van a realizar.

    a) para lo cual   b) con lo que   c) sobre lo que

2.-CONOCIMIENTOS ESPECÍFICOS DEL IDIOMA (Tiempo: 40 minutos).

2b.- Completar cuestiones de léxico. (Tiempo: 20 minutos).
No escriba en esta hoja. Marque la opción correcta en la hoja de respuestas.

1. El turismo depende en gran parte de _____ ya que cuando un turista viene aquí, generalmente no solo busca sol, playa y descansar, sino también quiere hacer excursiones, realizar viajes de aventura, salir a restaurantes, ver monumentos, etc.

    a) programas culturales   b) actividades de arte   c) ofertas complementarias

2. La _____ Internacional del Turismo, Fitur, acogerá los próximos 28 y 29 de enero, en el Auditorio Sur de las instalaciones de Ifema, el Festival Folklórico de los Pueblos del Mundo.

    a) Apertura   b) Temporada   c) Feria

3. El turismo activo es una actividad turística realizada en _____que engloba un total de 33 actividades relacionadas con la práctica deportiva que se sirven de los recursos de la naturaleza.

    a) complejos recreativos   b) espacios naturales   c) estructuras modernas

4. La _____ deberá realizarse siempre hasta 30 minutos antes de la salida programada de su vuelo.

    a) transacción   b) facturación   c) venta

5. Uno de los productos que comercializa Pullmantur son las _____ de un día alrededor de las grandes ciudades.

    a) guías   b) ofertas   c) excursiones

6. Hasta ahora, en el sector del turismo rural, el mercado estaba protagonizado por los negocios familiares y la venta directa, ahora comienza a ser suficientemente sustancioso como para que se metan en él los _____ .

    a) turistas   b) intermediarios   c) visitantes

7. Olvida cuanto has leído hasta ahora sobre las _____ griegas para el verano. Aquí te presentamos las más exclusivas del Egeo y el Jónico.

    a) estructuras   b) islas   c) comunidades

8. Marina d'Or - Ciudad de Vacaciones es el mayor _____ turístico de la Comunidad Valenciana ubicado en un entorno único con un mundo de servicios a su disposición.

    a) entorno   b) complejo   c) estilo

9. Río de Janeiro, Salvador de Bahía y Natal, en el Atlántico de Brasil. Aquí te hablamos de tres ciudades _____ maravillosas que te harán adicto a este país de la alegría.

    a) artísticas   b) costeras   c) populares

10. Córdoba: amable, tranquila, siempre con la sonrisa puesta y repleta de cosas que ver. Morisca y, a la vez, muy andaluza. Ahora se prepara para ser _____ europea de la cultura en 2016.

    a) ciudad   b) comunidad   c) zona

APELLIDO Y NOMBRE _____

CENTRO _____

CIUDAD / PAÍS _____

FECHA EXAMEN _____

HOJA DE RESPUESTAS (Señale la casilla correspondiente, <u>solo una casilla</u>).

2. CONOCIMIENTOS ESPECÍFICOS DEL IDIOMA

2a. Opción múltiple sobre problemas gramaticales

	a	b	c		a	b	c
1	☐	☐	☐	11	☐	☐	☐
2	☐	☐	☐	12	☐	☐	☐
3	☐	☐	☐	13	☐	☐	☐
4	☐	☐	☐	14	☐	☐	☐
5	☐	☐	☐	15	☐	☐	☐
6	☐	☐	☐	16	☐	☐	☐
7	☐	☐	☐	17	☐	☐	☐
8	☐	☐	☐	18	☐	☐	☐
9	☐	☐	☐	19	☐	☐	☐
10	☐	☐	☐	20	☐	☐	☐

2b. Completar cuestiones de léxico

	a	b	c
1	☐	☐	☐
2	☐	☐	☐
3	☐	☐	☐
4	☐	☐	☐
5	☐	☐	☐
6	☐	☐	☐
7	☐	☐	☐
8	☐	☐	☐
9	☐	☐	☐
10	☐	☐	☐

3a.- **Redactar una carta o un escrito comercial.** (Tiempo: 40 minutos).

Redacte <u>una carta</u> respondiendo a la correspondencia que Iberia le ha enviado en referencia a la pérdida de su equipaje.

Madrid, a 13 de Junio de 2006
N.Ref.: E06B1328623 MUSARIRI
N. PIR: OPOIB16136

Estimado/a Sr./ Sra.,
    Ante todo le rogamos acepte nuestras más sinceras disculpas por las molestias que pueda haberle ocasionado la incidencia con su equipaje en el vuelo IB2609 e IB8724 de fecha 09/06/2006 de Barcelona a Oporto.
    Correspondemos al escrito que nos dirigió y le comunicamos que para el estudio de su caso y, si procede, tramitación de la correspondiente indemnización, resulta imprescindible que aporte Vd. la siguiente documentación no recibida hasta el momento:
- Original del PIR (Parte de Irregularidad del Equipaje) que se le haya facilitado en el aeropuerto donde comunicara la incidencia.
- N.º de DNI, Pasaporte, Tarjeta de Residencia...
- Billete (original o copia).
- Tarjeta de embarque (original o copia) solo si dispone de ella.
- Escrito de reclamación firmado por el titular del billete.
- Etiquetas de facturación (originales o copia).
- Factura/s original/es de gastos por la compra de artículos imprescindibles de primera necesidad (durante el tiempo que no disponía de su equipaje).
- Teléfono y dirección completa de la persona a indemnizar: calle, número, piso, (si vive en una casa o chalet, especifíquelo), código postal (de no disponer en su país del mismo, indíquelo), ciudad, país, con el fin de facilitar el envío del cheque bancario de la indemnización, de ser esta procedente tras el estudio del caso.
    No dude de que, en cuanto la misma obre en nuestro poder, y teniendo en cuenta que algunas solicitudes pueden requerir más tiempo de estudio que otras, procederemos a su inmediato análisis conforme a la actual legislación aplicable en su caso.
    En el caso de enviarnos un escrito le rogamos nos indique en el sobre si es titular de una tarjeta Iberia Plus y su número, el número del PIR (OPOIB16136) y la referencia interna de su expediente (E06B1328623)
    Reiterando el hecho de que lamentamos las molestias que se le hayan podido ocasionar, aprovechamos la ocasión para saludarle muy atentamente.

Cristina Trapote
Supervisora

CAT IBERIA EQUIPAJES
Apartado de Correos 36299
28080 Madrid (España)
catequipajes@iberia.es

CERTIFICADO SUPERIOR DE ESPAÑOL DEL TURISMO

APELLIDO Y NOMBRE _____

CENTRO _____

CIUDAD / PAÍS _____

FECHA EXAMEN _____

3.- **PRODUCCIÓN DE TEXTOS ESCRITOS** (Tiempo: 55 minutos).

3a.- Redactar una carta o un escrito comercial. (Tiempo: 40 minutos).

3.- **PRODUCCIÓN DE TEXTOS ESCRITOS** (Tiempo: 55 minutos).

3b.- Redactar un escrito profesional conciso. (Tiempo: 15 minutos).

Redacción de un <u>anuncio turístico</u> para ser incorporado en la página web de una empresa turística de su elección.

Galápagos: una experiencia con la naturaleza

El archipiélago de Galápagos, la provincia ecuatoriana situada a mil kilómetros del territorio continental en el océano Pacífico, tiene 14 islas mayores, – 4 de ellas habitadas: San Cristóbal, Santa Cruz, Isabela, Floreana–, 17 islotes y 47 rocas de diferentes tamaños. La temperatura oscila entre los 18 y 22 grados centígrados.

El 97% de la superficie terrestre corresponde al Parque Nacional Galápagos; el restante 3% incluye todas las zonas urbanas y rurales ocupadas por asentamientos humanos donde están concentradas las áreas productivas de la provincia, como son, fincas en el caso de la zona rural; y hoteles, restaurantes, bancos, en el área urbana. El estimado poblacional de las Islas, de acuerdo al último censo realizado en el 2001, es de 18 640 habitantes.

Es una zona turística por excelencia, donde destaca la belleza del mar que lo baña y la gran diversidad de fauna. Aunque existe una temporada alta o baja para viajar, las visitas llegan en cualquier temporada del año, pero una normativa restringe la entrada masiva a esta zona.

CERTIFICADO SUPERIOR DE ESPAÑOL DEL TURISMO

APELLIDO Y NOMBRE _____

CENTRO _____

CIUDAD / PAÍS _____

FECHA EXAMEN _____

3.- **PRODUCCIÓN DE TEXTOS ESCRITOS** (Tiempo: 55 minutos).

3b.- Redactar un escrito profesional conciso. (Tiempo: 15 minutos).

4.- PRUEBA ORAL

A.- Lectura de un texto escrito. (Tiempo: 3 minutos).

Una encuesta mundial para elegir las siete maravillas modernas del mundo

De las antiguas siete maravillas del mundo descritas por los clásicos (Antipater de Sidón, 150, a. C.) no queda ni rastro: solo sobreviven las pirámides de Egipto. Al Faro de Alejandría, la estatua de Zeus, los jardines colgantes de Babilonia, el templo de Artemisa, el Coloso de Rodas, el mausoleo de Halicarnaso, etc., se los tragó el tiempo.

El mismo mal tiempo que impidió ayer al cineasta suizo Bernard Weber sobrevolar en globo la Alhambra de Granada con el fin de pedir votos para el monumento nazarí. Weber es el alma del proyecto *Las nuevas Siete Maravillas* que, a través de la Red, pide el arbitrio popular para designar los «siete símbolos de unidad del mundo». La aventura está auspiciada por la UNESCO.

Las Acrópolis de Atenas, la Torre Eiffel e incluso el edificio del Kremlin en Moscú. Estos son algunos de los 21 lugares que actualmente compiten para convertirse en una de las nuevas 7 maravillas del mundo.

La iniciativa ha sido lanzada por una organización privada, la Fundación de las Nuevas Siete Maravillas. A través de una página web, este grupo ha recolectado durante varios años las opiniones de personas de todo el mundo. La pregunta era sencilla: "¿Cuáles deberían ser las nuevas siete maravillas?". Así, millones de personas empezaron a construir lo que hace más de dos mil años se dejó en manos de unos pocos intelectuales.

Por ahora, más de 19 millones de personas han votado en esta particular encuesta. Son 19 millones de opiniones que han servido para ir descartando posibilidades. Las cribas han sido varias, pero el criterio no ha variado en ningún momento: solo pasaban los monumentos que contaban con mayor apoyo del público.

El proceso ha sido seguido en todo momento por un panel de expertos liderados por el ex presidente de la UNESCO, Federico Mayor. Tras varios años de filtros, este 1 de enero se hizo pública la última lista con 21 candidatos.

Ahora, esos 21 lugares estarán expuestos a votación pública durante todo este año. Durante doce meses, todo el que quiera podrá dejar constancia de cuales son, en su opinión, las siete mejores obras del ser humano.

A principios del año próximo, se hará pública la decisión de la audiencia y quedará establecida la llamada nueva lista de las "Siete Maravillas Modernas".

En la Antigüedad, algunos escritores griegos y romanos escribieron sobre las "Siete Maravillas" con la intención de hacer una especie de "guía del viajero" para sus contemporáneos.

Entonces, la lista fue la siguiente:
1. El faro de Alejandría.
2. El templo de Artemisa en Éfeso.
3. La estatua de Zeus en Olimpia.
4. El coloso de Rodas.
5. El Mausoleo de Mausolo en Halicarnaso.
6. Los jardines colgantes de Babilonia.
7. La Gran Pirámide de Giza.

La famosa enumeración ha permanecido intacta hasta nuestros días. Algo que no se puede decir de los monumentos que cita, pues las únicas que quedan en pie son las majestuosas pirámides de Giza.

La Acrópolis de Atenas y el coliseo de Roma, pasando por el castillo de Neuschwanstein, la Estatua de la Libertad o la Casa de la Opera de Sydney. Si algo caracteriza a los 21 candidatos a "maravilla", es precisamente su heterogeneidad: edificios modernos y antiguos, espacios de culto o zonas de entretenimiento mundano. Entre los nuevos candidatos se encuentra también una candidata española: La Alhambra.

Según sus organizadores, la elaboración de la nueva lista pretende no solo reconocer el mérito de los nuevos trabajos, sino también concienciar a la gente sobre la belleza y la importancia de preservar la herencia artística de antes y de ahora.

Adaptado de *La Vanguardia*